# 翰墨留香

——"初中语文项目学习的实践与评价研究"
优秀教学设计与案例集锦

王毅　杜在琴　主编

西南交通大学出版社
·成都·

#### 图书在版编目（CIP）数据

翰墨留香："初中语文项目学习的实践与评价研究"优秀教学设计与案例集锦/王毅，杜在琴主编. —成都：西南交通大学出版社，2020.9
ISBN 978-7-5643-7441-9

Ⅰ. ①翰… Ⅱ. ①王… ②杜… Ⅲ. ①中学语文课－教案（教育）－初中 Ⅳ. ①G633.302

中国版本图书馆 CIP 数据核字（2020）第 096212 号

Hanmo Liuxiang
——"Chuzhong Yuwen Xiangmu Xuexi de Shijian yu Pingjia Yanjiu" Youxiu Jiaoxue Sheji yu Anli Jijin

**翰墨留香**
——"初中语文项目学习的实践与评价研究"优秀教学设计与案例集锦

王 毅 杜在琴 主编

| 责任编辑 | 梁 红 |
|---|---|
| 助理编辑 | 李 欣 |
| 封面设计 | 原谋书装 |
| 出版发行 | 西南交通大学出版社<br>（四川省成都市金牛区二环路北一段 111 号<br>西南交通大学创新大厦 21 楼） |
| 发行部电话 | 028-87600564　028-87600533 |
| 邮政编码 | 610031 |
| 网　　址 | http://www.xnjdcbs.com |
| 印　　刷 | 成都蜀通印务有限责任公司 |
| 成品尺寸 | 185 mm × 260 mm |
| 印　　张 | 16.75 |
| 字　　数 | 417 千 |
| 版　　次 | 2020 年 9 月第 1 版 |
| 印　　次 | 2020 年 9 月第 1 次 |
| 书　　号 | ISBN 978-7-5643-7441-9 |
| 定　　价 | 112.00 元 |

图书如有印装质量问题 本社负责退换
版权所有 盗版必究 举报电话：028-87600562

## 编委会

主　编　王　毅　杜在琴

副主编　冉泊涯　钟世民　周晓红　文　豪
　　　　陈章宇　祝永红

编　委　（按姓氏拼音排序）
　　　　陈　凤　陈小刚　程　粤　代　沛
　　　　党晓梅　傅雪梅　黄　璐　黄路容
　　　　雷云丽　李　月　李莉萍　林小波
　　　　刘昌平　刘陶容　骆　涛　罗小容
　　　　唐文婷　唐玉玲　王亚玲　吴　娟
　　　　吴　鑫　吴天维　谢　娇　杨光奇
　　　　杨文静　曾　敏　左永秀　张艾琳
　　　　张淑梅　赵旭东　赵祖勇　朱　佳

# 前言

课堂教学需要变革和发展，教师的任务不再是单一的知识传授。如何引导学生学会学习，提升其问题解决能力及创新实践能力，并以此来促进学生学习基础素养的发展，是学界专家和老师一直深思的问题。

项目化的学习方式为解决这一问题提供了可行性。项目学习是目前最前沿的一种学习方式。它不是急功近利的迎合考试需要的学习，而是新形势下最大程度提高学生语文素养的迫切需要的学习，是有利于学生终身学习、终身发展的浩大工程。

2015年，我校开始了项目学习的研究。首先实施了"语文项目主题学习"的课改实验，并在此基础上申报了市级课题"初中语文项目学习的实践与评价研究"。语文项目学习既是我校"阅读、思考、表达"的学风体现，又是我校"平民情怀，世界眼光，精英气质"育人目标的具体表达。

几年来，老师们尊重语文教育基本规律，合理有序地安排学习内容，切实做到"守正"，抓住语文教学的根本，构建了初中语文"两抓手一支架一阶梯"（即以"阅读、写作为抓手，学生活动为支架，学习评价为阶梯"）的"四位一体"项目学习课程体系。开发出"主题凸显课""主题鉴赏课""主题写作课""主题专题课""主题综合课"和"主题展示课"六种项目学习的基本课型。建构了语文项目主题学习教学设计理念：（1）项目主题——围绕某一项目主题选择几篇相关、相近、相似，甚至相反或相连续性的文章，组合在一起形成一个主题；（2）项目选文——兼顾古今中外、文学体裁、文化思想、写作方法等等；（3）项目框架——结合部颁课程目标、单元目标和文本特质（即"两目标一特质"）来考虑，从而形成"语文项目学习"框架和思路，即课前活动（自主预习）、课中活动（师生合作）、课后活动（深化延伸）；（4）项目目标——注重对一篇文本学习方法的习得，进而获得同类文体学习的方法；注重对作者一篇作品的解读，牵动对作者其他作品的整合阅读；注重对一篇作品多角度阅读，进而拓展为整本书阅读……这就形成有一定水准和较高品质的项目主题阅读学习模式，从而提高学生自主、合作、探究的高效学习能力。这种学习充满了乐趣，体现了学习的高阶思维。以有意义的创造性活动，代替机械的识记、背诵；以互动的人际交流方式，取代传统的讲授；以多元智能的发展，打破学科单一能力的培养。

本书按阅读涵养篇、写作实践篇和活动探究篇三大板块编排。值得一提的是，每个设计中老师的指点不是精雕细刻，不是掘地三尺的琐碎低耗，而是充分体现学生的主体性、能动性、体验性和学习的过程化（即"三性一化"），特别是课中活动评价量表的设计，让学生对目标的把握有了可操作的反馈评价，更利于教师针对学生的学习效果及时诊断补救，极富创意，从而真正体现了以项目为核心，以主题为依托，以自主学习为主要策略，以分享感悟为核心价值，以探索发现为乐趣的项目主题学习模式。本书的编写注重实践，有很强的操作性，是重庆市字水中学老师们呕心沥血的结晶，既适合教师教学时做借鉴，也适合学生训练时当范例。不仅能教学观念的更新，或许还能激发老师们的科研热情。

　　教无定法，艺无止境。语文改革还在路上，探索的脚步永不停歇！但学识有限，书中难免存在不足之处，希望专家及同仁们提出宝贵意见！

王 毅

2020 年 5 月

# 目 录

## 阅读涵养篇

| | | |
|---|---|---|
| 杨花悠悠是别离——古诗意蕴鉴赏 | 吴 鑫 | /001 |
| 一声怀念一声秋 | 刘陶容 | /008 |
| 埋下一颗种　愿开未来花 | 唐文婷 | /014 |
| 平凡的母亲　伟大的母爱——"母爱"类散文整合教学 | 黄路容 | /019 |
| 平凡散步蕴深情 | 张淑梅 | /024 |
| 消除与经典的隔膜——《朝花夕拾》导读课教学设计 | 程 粤 | /031 |
| 聚焦矛盾读鲁迅——《从百草园到三味书屋》到《朝花夕拾》 | 张艾琳 | /039 |
| 跳跃前行效率高　精思鉴赏体味深——《朝花夕拾》中的民俗文化 | 陈 凤 | /045 |
| 幸运地遇见了你 | 曾 敏 | /050 |
| 驿路梨花处处情 | 雷云丽 | /054 |
| 不动笔墨不读书——《植树的牧羊人》阅读方法学习 | 吴 娟 | /060 |
| 做一只自由之"鸟" | 钟世民 | /067 |
| 一花一世界　一草一人生——托物言志类文本整合教学 | 李 月 | /072 |
| 品人·品情·品文——回忆性散文阅读方法 | 王 毅 | /078 |
| 言志抒情用象征 | 祝永红 | /085 |
| 闲人情怀话苏轼 | 代 沛 | /091 |
| 平淡百味人生　凡人小事聚美——《昆明的雨》教学设计 | 罗小容 | /098 |
| 入语境·品意境·悟心境——散文诵读三部曲 | 文 豪 | /105 |
| 懂你，代价是沧桑——父爱类散文整合教学 | 钟世民 | /113 |
| 抓要点　理顺序——说明顺序探究 | 陈章宇 | /118 |
| 蝉的世界——文学性说明文的阅读 | 傅雪梅 | /124 |
| 四年苦工　一月灿烂——科学小品文阅读方法 | 朱 佳 | /130 |
| 青青子衿——品读诗歌三部曲 | 杜在琴 | /134 |
| 悟景悟情　情景相生 | 李莉萍 | /144 |
| 父亲·成长助推人 | 骆 涛 | /149 |

## 写作实践篇

| | | |
|---|---|---|
| 编拟提纲　选好材料 | 杜在琴 | /153 |
| 眼处心生句自神——学习描写景物 | 黄 璐 | /160 |

抓住特征写美景　融情于景寄深情 ································· 周晓红 / 168
仿写坊 ············································································· 左永秀 / 174
向名家借诗情 ······································································ 赵祖勇 / 181
纵横对比，衬托形象——学习对比手法 ································· 谢　娇 / 189

## 活动探究篇

西游之旅——《西游记》整本书阅读 ····································· 吴天维 / 195
寸寸山河寸寸金 ··································································· 王亚玲 / 202
以新闻的方式学习新闻——新闻单元学习活动设计 ················ 杜在琴 / 211
以读写的方式认识新闻特写 ··················································· 唐玉玲 / 220
听说读写话演讲 ··································································· 周晓红 / 227
即席讲话提能力 ··································································· 杜在琴 / 238
走进小说天地 ······································································ 杨文静 / 243
一个人·一座园·一本书——《刘姥姥进大观园》阅读设计 ····· 陈小刚 / 248
附　　录 ············································································ /256
后　　记 ············································································ /259

# 阅读涵养篇

## 七年级上册一单元·阅读

## 杨花悠悠是别离
### ——古诗意蕴鉴赏

吴 鑫

【学习课型】

主题鉴赏课

【学习主题】

诗歌鉴赏

【学习内容】

统编教材七年级上册第一单元：《闻王昌龄左迁龙标遥有此寄》

"语文主题学习"丛书（上海教育出版社，2018年，下同）七年级上①《诗词意蕴》：《淮上与友人别》

【设计意图】

《语文课程标准》（人民教育出版社，2019年，下同）对第四学段提出要求："诵读古代诗词，阅读浅易文言文，能借助注释和工具书理解基本内容。注重积累、感悟和运用，提高学生的欣赏品味。"学习这一单元，要重视朗读，想象文中描绘的情景；把握好重音和停连，感受汉语声韵之美。《闻王昌龄左迁龙标遥有此寄》是一首七言绝句，这首出自"诗仙"李白笔下的诗歌在抒情言志之时把主观的意念和感受赋予客观事物，形成情感上的交流与共鸣，很适合作为学生学习诗歌鉴赏的范例。

【学习目标】

1. 能正确、流利、有感情地朗读背诵诗歌，准确理解诗歌内容。
2. 品析"杨花""子规""明月"等景物的深刻意蕴，体会诗人对友人的深切同情与关怀。
3. 通过对意象的探究学习，深入探究诗歌中情景交融的写作手法，体会诗歌"一切景语皆情语"的奇妙意境。

【课前活动】

1. 翻阅书籍，温故知新。

通过翻阅小学语文教材，收集小学学过的送别诗，如：《送元二使安西》《赠汪伦》《芙蓉楼送辛渐》等，体会这些诗歌中诗人送别友人的情感。

2. 查阅资料，走进课文。

（1）李白（701—762年），字太白，号青莲居士，唐代诗人，出生于西域，幼时随父迁居绵州昌隆（今四川江油）。他是继屈原之后最具个性特色、最伟大的浪漫主义诗人，有"_____"之美誉，与杜甫合称"_____"。其诗以抒情为主，诗风雄奇豪放，想象丰富，语言流转自然，音律和谐多变。他善于从民间文艺和神话传说中汲取营养，使其诗歌具有独特的瑰丽绚烂的色彩。代表诗作有《将进酒》《蜀道难》《行路难》《望庐山瀑布》《望天门山》等。

（2）王昌龄（698—757年），字少伯，盛唐著名边塞诗人。与高适、王之涣齐名，因曾任江宁县丞，谓之"王江宁"；与李白、高适、王维、王之涣、岑参等人交往深厚。其诗以七绝见长，尤以登第之前赴西北边塞所作边塞诗最著，被后人誉为"七绝圣手"。代表作有《从军行七首》《出塞》《闺怨》等。

（3）《闻王昌龄左迁龙标遥有此寄》是一首_____诗（体裁），此诗大约作于唐玄宗天宝十二载（753年）。当时王昌龄从江宁丞被贬为龙标县（今湖南洪江西）尉，《新唐书·文艺传》记载王昌龄左迁龙标尉的原因是"不护细行"，即生活小节失于检点。在《芙蓉楼送辛渐》一诗中，王昌龄就巧用鲍照《白头吟》的妙喻——"一片冰心在玉壶"以言心志，表明自身光明磊落、廉洁高洁的操守。李白当时在东南地区漫游，得悉好友的不幸遭遇，当即写了此诗，遥寄给他。

3. 初读感知，提出疑问。

4. 预估学情：学生基本能读懂诗歌大意，感知诗人思想情感；但不能深入领会"杨花""子规""明月"等意象的意蕴。

【课中活动】

导入：

同学们回忆一下，小学时学过的送别友人题材的诗歌有哪些？

——《赠汪伦》《送元二使安西》《芙蓉楼送辛渐》。其中《赠汪伦》是著名的唐代诗人李白送给好友汪伦的一首诗，这节课我们要走进李白赠予友人王昌龄的另一首诗——《闻王昌龄左迁龙标遥有此寄》。

## 活动一：整体感知 把握情感

### 第一环节：检测预习 了解学情

（一）学生试读 同学互评

（二）听读录音 感知情感

### 第二环节：朗读课文 整体把握

（一）根据范读 体悟感情

（二）再读诗歌 理解大意

1. 从题目《闻王昌龄左迁龙标遥有此寄》中能得出哪些信息？
2. 整首诗的情感基调是怎样的？表现出诗人怎样的情感？

参考：

1. 得出信息：诗人是在遥远的地方听闻友人——王昌龄被贬龙标县尉的不幸遭遇之后写的这首诗。
2. 整首诗的感情基调：凄凉、悲哀、叹惋。表现出诗人对友人遭遇的同情、担忧和思念。

## 活动二：探究意象　深入鉴赏

### 第一环节：研读诗歌　品味景语

问题：

1. 这是一首赠予友人的诗，为何开头第一句不写人却写到"杨花""子规"这些景物？能否将"杨花""子规"替换成"桃花""百灵"等其他景物呢？为什么？以小组为单位进行探讨，然后派代表阐述看法。
2. 首句已于景中见情，"愁"又从何而来呢？
3. 请结合前两句所体会到的情感，品析诗歌的三、四句（提示：可从写法、情感两方面进行品析）。例：怎么理解"寄愁心与明月"？

参考：

1. 交流后得出结论。

开头第一句运用了比兴的手法；不能将"杨花""子规"替换成其他景物。

杨花：即柳絮；落尽，"尽"是补语，落尽即已到暮春时节，古来暮春皆是伤怀之时。"杨花落尽"写景兼点明时令。且柳絮纤细如缕，随风飘零、前路未知，也是王昌龄漂泊身世、前途未卜的写照。子规：布谷鸟，叫声像是在说"不如归去"，又称杜鹃。

这一句虽为写景，但选取的景物本身就饱含飘零之悲，离别之恨，采用了情景交融的手法，拥有特定的含义，因此不能用其他景物替换。

2. 从"闻道龙标过五溪"一句，愁绪暗藏其中。

"闻道"，即"听说"；可想见诗人得知挚友被贬时的惊愕痛惜；且迁谪之路荒远、艰难，让诗人对朋友的前途命运充满了担忧。

此句不着悲痛之语，而悲痛之意自见。

3. 例："与"，给；我将自己装满了一腔愁绪的心寄托给明月。这里用了拟人的修辞手法，将明月客观人格化。

"我"自己心中充满了愁思，但这份担忧和思念无可诉说。唯有这明月能够分照两地，自己和朋友都能在同一时间、同一空间看到它。因此，也只有依靠明月，才能将诗人对朋友的担忧、关怀寄予传递过去。同时，明月的纯洁也象征着二人的心灵都像明月一样纯洁光明，而且只要明月还在，二人的友谊就能如皓月般长存。

## 第二环节：深入意象　拓展文化

以小组为单位，每组从"杨花""子规""明月"中选择其一，根据从前所学知识及工具书，深入探究每个意象的深刻意蕴。（每个意象最多被选四次；学生探究后老师补充。）

**知识链接：**

1. 意象

所谓意象，就是客观物象经过创作主体独特的情感活动而创造出来的一种艺术形象。它是分析诗歌散文时的用语，指构成某种意境的各个事物，这种事物往往带有作者的主观情感，意象组合起来就会构成意境。

2. 柳絮

① 和柳一起表达别离和思念。因为"柳"有"留"的谐音，古人送别之时往往折柳相送，以表依依惜别之情。这一习俗始于汉而盛于唐。

例：隋代民歌《送别》诗："杨柳青青着地垂，杨花漫漫搅天飞。柳条折尽花飞尽，借问行人归不归？"

这便是借用柳枝和柳絮传达了盼望离人早归的思绪。

② 柳絮轻扬，从树上飘下，悠悠落地，摇曳生姿。这在富有闲情的诗人看来，无疑是一种雅致、一种柔美。

例：韩愈《晚春》中的"杨花榆荚无才思，惟解漫天作雪飞"，生动地写出了柳絮飘飞时的神韵。

晏殊笔下"梨花院落溶溶月，柳絮池塘淡淡风"，展示了柳絮淡雅的风姿。

欧阳修笔下的柳絮"群芳过后西湖好，狼藉残红，飞絮濛濛，垂柳阑干尽日风"，这里虽写暮春景色，却无伤春之感，以疏淡轻快的笔墨描绘了西湖的暮春景色，词人的安闲自适，就在这种境界中自然地表现出来了。

③ 因杨花、柳絮具有随风飘舞、漂泊无定的特点，与远离故乡、漂泊他乡的游子极具相似性，所以柳絮又是飘零的象征。

例：文天祥《过零丁洋》中"山河破碎风飘絮，身世浮沉雨打萍"，将破碎的山河比作风中飘飞的柳絮，一种飘摇不定的危机感跃然纸上。

④ 作为愁情的凭借，不只是离愁。

例：贺铸《青玉案》："试问闲愁都几许？一川烟草，满城风絮，梅子黄时雨。"无边的愁绪正如漫天飞舞的柳絮。

3. 子规

杜鹃鸟外形：身体呈黑灰色，尾巴有黑色横纹。春末夏初时常昼夜不停地鸣叫，又被称为杜宇、望帝、鶗鴂等。

这一意象的神话由来：蜀王杜宇因被迫让位给他的臣子，自己隐居山林，死后灵魂化为杜鹃，每当桃花盛开之际，便一声声地叫喊着"不如归去"，日夜鸣叫，直到口中滴血，其声凄切。蜀国人一听到这个声音，就知道他们的国君又在思念自己的故国了。

① 伤春、惜春。

例：苏轼《浣溪沙》："松间沙路净无泥，潇潇暮雨子规啼。"

曹雪芹《葬花吟》："杜鹃无语正黄昏，荷锄归去掩重门。"
② 乡愁、思念。
例：王维《送梓州李使君》："万壑树参天，千山响杜鹃。"
柳永《安公子》："听杜宇声声，劝人不如归去。"
③ 倾诉悲苦、哀怨。
白居易《琵琶行》："其间旦暮闻何物？杜鹃啼血猿哀鸣。"
李商隐《锦瑟》："庄生晓梦迷蝴蝶，望帝春心托杜鹃。"

4. 明月

"月"在作品中往往达不到画面式的丰富和连贯，只是一个孤立景物。然而，如王国维先生所言："一切景语皆情语"，月传达出诗人内在的情志，意与景皆产生出主观性很强的形象，所以同一轮明月能呈现出不同的意境。

A. 馆阁月。"云飞送断雁，月上净疏林。""鹊飞山月曙，蝉噪野风秋。"在这里，月亮衬托出诗人自得、闲适的心境。

B. 隐士月。"深林人不知，明月来相照。""野旷天低树，江清月近人。""觉后不知明月上，满身花影倩人扶。"月亮既像隐士般高洁空明、爽朗通脱，也有一些禅意，对月观心，明月在天光云影中空灵而自然，清幽而飘逸。

C. 醉者月。李白是诗仙，本有怀才济世之志，却只能借酒消愁，此时最感亲切之物便是月亮。"月"这一意象在他笔下往往是他自由人格的象征，是高洁孤独的化身，是他的知己。如"俱怀逸兴壮思飞，欲上青天揽明月"，"举杯邀明月，对影成三人"。

D. 闺中月。很少写爱情的杜甫，也有望月动情之时，"今夜鄜州月，闺中只独看。遥怜小儿女，未解忆长安"。白居易《上阳白发人》写了一位因貌美而被妒"潜配上阳宫"孤守四十四年的宫女，"唯向深宫望明月，东西四五百回圆"。月在此处又成了尘世中情意的寄托。

## 活动三：悟读丛书　拓展迁移

过渡语：

我们接下来以"语文主题学习"丛书中的《淮上与友人别》为题，鉴赏品析这首送别诗，并思考以下问题：

1. 联系注释，想想渡江人所"愁"为何？只有他一人有此"愁"吗？
2. 品味第三、四句，探究"离亭"这个景物的特殊意蕴。

参考：

1. 因"柳"有"留"的谐音，渡江的游子们所"愁"即为离别之悲。

此句虽单提"渡江人"，但彼此羁旅漂泊，南北乖离，君愁我亦愁，不言自明。

2. 从江头景色转到离亭别宴，笛声凄清哀婉、即景抒情；最后一句"君向潇湘我向秦"，戛然而止，情韵十足。

离亭，古代建于离城稍远的道旁供人歇息的亭子，古人往往于此送别。这也是表现离别之恨的特定意象之一，亭子本无离别意，但离人恨别情，将一腔离愁赋予亭子，情景交融。

**【课后活动】**

1. 阅读《旅夜书怀》,抓住诗歌意象,体会情景交融的巧妙。

2. 假如你是月亮,到了龙标,你会对王昌龄说些什么呢?发挥你的想象,写一段文字。优秀作品在"字水书院·直播间"展出。

表1 重庆市字水中学语文项目学习·诗歌意蕴鉴赏评价量表

| 维度 | 状况 很准确 ★★★ | 状况 较准确 ★★ | 状况 不够准确 ★ | 总评（据星评级） | 主要问题 | 再读建议 |
|---|---|---|---|---|---|---|
| 诗歌的整体感知 | | | | | | |
| 意象的深入挖掘 | | | | | | |
| 鉴赏方法的迁移运用 | | | | | | |

(说明 总评优秀:8~9★;良好:6~7★;不太好:少于6★)

**【学习反思】**

### 在情与景中漫步

"不学诗,无以言。"古诗是我国文学宝库中一朵璀璨的奇葩,或咏物寄情,或抒情启思。一首首脍炙人口的诗歌往往从情感上就能打动人心,引起读者的共鸣。这也是诗词歌赋历经几千年来仍魅力十足长盛不衰的原因。作为"缘情"而作的文学作品,鉴赏诗歌的方法有很多,我采用的便是抓住景物,深入意象,探究诗歌所营造的悠远意境,从而体悟情感。

在教学中,我对整体教学内容进行了筛选、整理和补充,体现了教学过程的合理性和创造性。这节课我认为有四个环节设计较好:

首先是课前活动:① 翻阅书籍,温故知新;② 查阅资料,走进课文;③ 初步感知,提出疑问。学生在小学阶段学过不少送别诗,通过课前预习达到温故知新的目的;在此基础上查阅资料,了解作家生平思想、写作背景等。这就让学生对诗歌有了初步感知,再让学生质疑,会更有价值。

其次是整体感知环节。学生通过预习已经对整首诗有了初步感知,再通过试读、同学互评、听读录音、教师点评环节,就能较为准确地把握文章情感了,并且这个过程还有利于教师检测预习效果,了解学情。

再次是研读诗歌,品味景语。这个环节的设计意图是让学生找出诗中的景物,思考能否用其他景物替换,再经过合作探究交流,发现"一切景语皆情语"的奥秘。这是学生上初中以来第一次学习诗歌,务必让他们体悟到景物与情感交相缠绕的意境,理解情景交融的写作手法,并学会体会诗歌之美,享受发现美、体验美、感受美、欣赏美的过程,以期提高他们的欣赏品味和审美情趣。

最后就是拓展迁移环节。要知道所有的学习最终都要回归到学生的主体地位上来,学生在教师的引导、点拨与激发下得到一些方法的指导和知识的补充，再学以致用，这才是有价值的教学。

本节课的教学中有认知有理解，有分析有比较，有欣赏有评价，有拓展有迁移。课堂完整性较高，目标达成度较好。教学中师生互动、同学交流引发的思维碰撞、情感体验和思考感悟是较好的，学生的知识能力、情感态度和审美能力也得到了一定的提高。

虽然这节课基本达到了预期目标，但还有不尽人意之处。比如过于强调关于方法的训练，对朗读的指导不够充分，对诗歌"意境"的体味引导也不够到位，这削弱了学生和诗歌情感的共鸣，容易导致学生思维僵硬。且学生是课堂学习的主人，"以生为本"的课堂教学应更加关注学生的自主学习、主动发展。最初的教学设计中就没能处理好这个问题，还是应该在充分尊重学生主体地位的前提下来组织教学。师生共同漫步于诗中的情与景，感知美，感受美，体验美，领略美，以此让学生真正学会赏读诗歌，提高他们的语文核心素养。

## 七年级上册第二单元·阅读

# 一声怀念一声秋

刘陶容

**【学习课型】**

主题凸显课

**【学习主题】**

感知母爱父爱

**【学习内容】**

统编教材七年级上册第二单元：《秋天的怀念》

相关主题文章：《孩子，我为什么打你》（毕淑敏）、《我的母亲》（胡适）、《爸爸的花儿落了》（林海音）、《忆母亲》（肖复兴）

**【设计意图】**

《语文课程标准》中指出：学生应"具有独立阅读的能力，学会运用多种阅读方法""注重情感体验"。《秋天的怀念》一文是一篇感人至深的文章，通篇洋溢着作家史铁生对母亲的无尽怀念和对母爱的深情赞颂。这是一篇精读课文，因此，在教学本课时，我先创设情境，触动学生的情感，让学生通过多种方式的朗读、交流，并引导学生抓住文中人物的动作、神态、语言，体味人物的内心情感，从而培养学生的阅读能力。

**【学习目标】**

1. 抓住人物的动作、神态、语言等描写，体会人物形象。
2. 体悟作者在字里行间蕴涵的深沉与无私的母爱。
3. 激发学生的感恩之情，学会感受爱，表达爱。

**【课前活动】**

1. 学生自读《秋天的怀念》、《孩子，我为什么打你》（毕淑敏）、《我的母亲》（胡适）、《爸爸的花儿落了》（林海音）、《忆母亲》（肖复兴）。

2. 自读课文，将不理解的字词和感受深的句子做上不同的标记。

参考：

瘫痪　憔悴　淡雅　整宿　深沉　砸碎　捶打　诀别

烂漫　暴怒无常　絮絮叨叨　泼泼洒洒

3. 查阅资料，走进课文。

（1）文章标题是《秋天的怀念》，作者在怀念谁？为什么怀念？又为什么会在秋天怀念呢？

（2）说说课文讲了一件什么事。

参考：本文讲述了双腿瘫痪后的"我"内心极其痛苦、焦虑，失去理性，随意发脾气，母亲用体谅、宽容、无私来默默忍受着"我"的坏情绪,用自己的生命来呵护"我",安慰"我",直到生命的尽头。"我"在母爱的感召和影响下,变得坚强勇敢,决定要好好地活儿。

4. 预估学情:

描写母爱的文章不胜枚举,浓浓亲情总能唤醒学生心底温柔的情愫。学生受阅历的影响,容易浅层次地解读母爱,无法深刻地理解本文中母爱的无私与厚重。因此,在教学中,我们要选择适宜的教学视角,引导学生走进文本深处,读出作者对母亲的感念之情及对生命意义的思考。

**【课中活动】**

导入:

常言道:"老母一百岁,常念八十儿。"似曾忆起,雨夜中迷茫的那个身影;似曾想起,屋檐下眷盼的那双眼睛;似曾记起,面朝黄土劳苦的那个背影……我们有太多的理由去回报父母,只是无言去表达对他们的爱。然而每个人都应该懂得去感恩父母、回报父母,因为父母是唯一的!他们曾经为你的生长而付出,为你的淘气而忍辱,为你的努力而欣慰,为你的进步而高兴……也许,他们还有更广阔的、更无私的爱将为你付出!正因如此,我们应该以更无私的爱去爱他们,回报他们,所谓"十月胎恩重,三生报答轻"!

**第一环节:明确看花原因　理解文章主旨**

问题:本文以"看花"为线索展开叙事和议论,文章共几次写到看花?其背景和结果有什么不同?

明确:三次。

参考:重点点拨第三次看菊花,体会文章的主旨及借景抒情手法的运用。

1. 速读课文,完成下列表格。

表1　速读课文参考表

| 次数 | 背景 | 结果 |
| --- | --- | --- |
| 第一次 | 母亲为了安慰激励因双腿瘫痪而暴怒绝望的儿子 | 被儿子拒绝 |
| 第二次 | 已重病缠身的母亲为宽慰儿子,和儿子约定去北海看花 | 未能实现 |
| 第三次 | 在母亲去世后又一个秋日,作者与他的妹妹一起去北海看了菊花 | 表达对母亲的无比怀念 |

2. 写"我"和妹妹秋天一起看菊花时,着意写了各色花给人的感受,这能使人联想到什么?

参考:同是开放的菊花,虽然它们各有各的色彩,各有各特点,可它们在这个开放的季节中,都尽情地绽放出了自己的灿烂,展现出了自己的精彩。人的境遇不也似这花儿般各不相同,何不也像这花儿般热烈地绽放出自己的精彩。

**教师点评:**尽情地绽放出自己的灿烂,就像那各色的菊花一般,人生也要活出各种色彩!史铁生达成了母亲临终的愿望,决定"好好儿活",也象征着对生命的渴望与眷恋!尽管病魔缠身,却坚持不懈,努力创作,成为当代中国令人敬佩的作家之一。他的写作与他的生命完全融合在了一起,在自己的"写作之夜",史铁生用残缺的身体,道出了极为健全而丰满的思想。

他体验到的是生命的苦难，表达出的却是明朗和欢乐，他用睿智的言辞，照亮了我们的内心。

**资料链接：**

1. 史铁生简介：1951年出生于北京。1967年毕业于清华大学附属中学，1969年去延安一带插队。因双腿瘫痪，于1972年回到北京。后来又患肾病并发展到尿毒症，靠着每周3次透析维持生命。后历任中国作家协会全国委员会委员，北京作家协会副主席，中国残疾人联合会副主席。自称职业是生病，业余在写作。

2. 韩少功评史铁生：史铁生是一个生命的奇迹，在漫长的轮椅生涯里至强至尊，是一座文学的高峰，其想象力和思辨力一再刷新当代精神的高度，一种千万人心痛的温暖，让人们在瞬息中触摸永恒，在微粒中进入广远，在艰难和痛苦中却打心眼里宽厚地微笑。

### 第二环节：品味写人语句　体会深沉母爱

（这一环节，以学生感知、品味为主，教师做点拨和总结，同时也是本文教学的重点）

1. 问题：本文用含蓄质朴的语言表达了母爱的深沉与厚重，试从文中找出描写母亲动作、语言、神情、心理的语句，并结合上下文做具体分析。

（1）用删除法分析"悄悄""偷偷"的表达效果。

A. 调整前："……母亲就悄悄地躲出去，在我看不见的地方偷偷地听着我的动静。当一切恢复沉寂，她又悄悄地进来，眼边儿红红的，看着我……她比我还敏感。她又悄悄地出去了。"

B. 调整后："……母亲就躲出去，在我看不见的地方地听着我的动静。当一切恢复沉寂，她又进来，眼边红红的，看着我……她比我还敏感。她又出去了。"

参考：母亲"悄悄"出去是为了让"我"尽情地发泄心中的苦痛，期待"我"能恢复平静和理智，而无声地离开，突出母亲的谨慎小心，怕自己让儿子痛苦，是对儿子的理解，为儿子伤心。"偷偷"则表现了母亲不放心"我"，关注着"我"，体现母亲的慈爱和细心。

（2）抓住动作、语言等分析人物性格、品德。

例如：母亲扑过来抓住我的手，忍住哭声说："咱娘儿俩在一块儿，好好儿活，好好儿活……"

参考答案：从母亲"扑"过来，"抓"我手的动作，可以体会到母亲非常在意"我"的内心感受，害怕儿子禁不住打击，失去生活的勇气。"忍"字写出了母亲尽管自己十分悲痛，却抑制悲伤鼓励儿子珍惜生命，坚强地活下去。母亲说"好好儿活"，带着几分无奈，几分顽强，母亲知道自己的生命也许不长了，却仍在不屈地与病魔抗争，不希望看到身怀病痛的儿子失去与病魔抗争的自信，失去继续生活下去的勇气。（由此可见母爱的无私与伟大，顺势可对学生进行感恩教育。）

2. 总结：塑造人物时，可以通过肖像、动作、语言、心理等方面，来刻画人物形象。

### 第三环节：品读其他文章　感受别样母爱

过渡语：

史铁生的母亲尽管重病缠身，但身体力行，安慰和鼓励儿子去看花，竭尽全力爱着自己的孩子，所谓"世间爹妈情最真，泪血溶入儿女身。殚竭心力终为子，可怜天下父母心"！天下父母，谁不爱自己的孩子呢，只是爱的方式各不相同。

快速阅读《孩子，我为什么打你》（毕淑敏）、《我的母亲》（胡适）、《爸爸的花儿落了》（林海音）、《忆母亲》（肖复兴），思考：四篇文章的主题分别是什么？并说说读后有什么启示？学生速读后小组合作探讨，交流心得。

《孩子，我为什么打你》：主要写了父母打孩子的原因和到了非打不可时的无奈和痛苦的心情。打孩子是情非得已，是为了让孩子改正错误和缺点，是一种爱。

《我的母亲》：选取几个与母亲有关的重点事例做陈述，以委婉平实的言语描述了母亲爱子情深、教子有方、气量大、性子好、待人仁慈、温柔又不失刚气的个性，将中国传统农村典型的单亲母亲的形象生动地展现在读者面前。作为后母，母亲含辛茹苦教子成龙的同时，又要维系家庭关系，非常辛苦，表达了儿子对母亲的深深敬意和绵绵无尽的怀念。

《爸爸的花儿落了》：通过写英子小学毕业典礼那个特定的日子，回忆以往亲情给她带来的启发，和她的父亲对她的严格要求和殷勤教诲，培养了她自立自强的性格来突出父亲对她的爱。她清醒地意识到爸爸的花儿真的落了，自己已经长大了。

《忆母亲》：我以执拗而冷漠的态度对待后母，却无法削弱她的一大堆关怀和体贴，背着我把我送到医院……在她人生灯盏的油将要耗尽之时，她想的依旧是孩子们。为了不给孩子留下一丝麻烦，在去世前整理好自己的全部东西，哪怕是一件脏衣服、一条脏毛巾都没有！

**教师稍做点拨**：其实，我们的身边都有这么一位母亲，她们把自己仅有的那一颗心分成三部分，一部分装着在外辛苦工作的父亲，牵挂父亲的身体健康；一部分装着家庭，每天起早摸黑，把家里的活儿都揽在自己身上，把家打理得井井有条；而另一部分装的则是我们，担心我们在学校是否守纪律，是否与同学和谐相处，是否认真听课。她们自己呢？却从不多考虑，总爱对亲人"说谎"："我很好，没事""我不累""我不喜欢吃这些东西"。

## 第四环节：抓住今朝岁月　及时回报父母

**过渡语**：

年幼无知的我们常常不理解爱我们的人的良苦用心，正如陆川导演在他的《读懂父爱》里反复强调的："当读懂父爱时，我已经30多岁了。"在我们的成长过程中，父母对我们默默关注，甚至用当时的我们完全不理解的方式爱着我们，指引着我们的人生道路的　方向。

**资料助推**：

（1）我坐在小公园安静的树林里，闭上眼睛，想，上帝为什么早早地召母亲回去呢？很久很久，迷迷糊糊的我听见了回答："她心里太苦了，上帝看她受不住了，就召她回去。"我似乎得了一点安慰，睁开眼睛，看见风正从树林里穿过。——《合欢树》

（2）我一直有着一个凄苦的梦……在梦中，我绝望地哭喊，心里怨她："我理解你的失望，我理解你的离开，但你总要捎个信儿来呀，你不知道我们会牵挂、你不知道我们是多么想念你吗？"但就连这样的话也无从说给她，只知道她在很远的地方，并不知道她在哪儿。这个梦一再地走进我的黑夜，驱之不去。——《有关庙的回忆》

（3）摇着轮椅在园中慢慢走，又是雾罩的清晨，又是骄阳高悬的白昼，我只想着一件事：母亲已经不在了。在老柏树旁停下，在草地上在颓墙边停下，又是处处虫鸣的午后，又是鸟儿归巢的傍晚，我心里只默念着一句话：可是母亲已经不在了。把椅背放倒，躺下，似睡非睡挨到日没，坐起来，心神恍惚，呆呆地直坐到古祭坛上落满黑暗然后再渐渐浮起月光，心里才有点明白，母亲不能再来这园中找我了。——《我与地坛》

教师总结：树欲静而风不止，子欲养而亲不待。所以，爱要及时，而且，爱要大声说出来！

## 活动一：激情朗诵表达爱

男生：我们沐浴着父爱的阳光长大。
女生：我们滋润着母爱的真情成长。
男生：是他们让我们体验了生命。
女生：是他们让我们茁壮成长。
男生：父爱是灿烂的阳光，炽热而光明。
女生：母爱是蓊郁的绿地，芳菲而宜人。
男生：父爱是一座高山，是我们永远的依靠。
女生：母爱是无边的大海，任我们永远翱翔。
合：我们是展翅的雏雁，永远感念父母的深情！父爱之恩，与江河同流，母爱之情，与日月同辉。让我们铭记父母的恩情，愿天下父母健康快乐！

## 活动二：牛刀小试 书写爱

以"爸妈，我想对您说"为话题，可给父母写一封信、改编一首歌、画一篇漫画等，把你最想说的写出来，唱出来或画出来，及时表达你的爱。

【结束语】
钢筋水泥改变了城市，淡漠了人与人之间的感情，也淡漠了儿女与母亲的感情，但母亲对儿女的爱却是亘古不变的，即使在钢筋水泥包围里，母爱依旧是宽容的，无私的。无微不至的关怀与温声细雨谱写成一本充满温情的书，一本永远都写不完的书！

【评价阅读效果】

表2 重庆市字水中学语文项目学习·感知母爱阅读课评价量表

| 维度 | 状况 | | | 总评（据星评级） | 主要问题 | 再读建议 |
|---|---|---|---|---|---|---|
| | 很准确 ★★★ | 较准确 ★★ | 不够准确 ★ | | | |
| 内容的理解 | | | | | | |
| 主题的把握 | | | | | | |
| 人物形象分析 | | | | | | |
| 书写爱表达爱 | | | | | | |

（说明　总评优秀：11~12★；良好：9~10★；不太好：少于9★）

【课后活动】

1. 请用自己喜欢的方式表达对父母的爱，学会感恩。
2. 将写给父母的信读给父母听，改编的歌曲唱给父母听，画的漫画给父母看，增进亲子感情。

**附板书设计：**

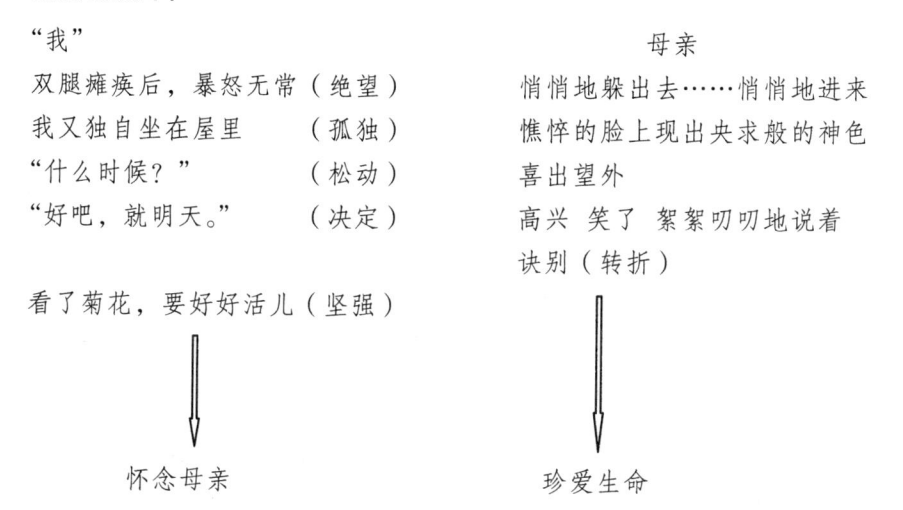

| "我" | 母亲 |
|---|---|
| 双腿瘫痪后，暴怒无常（绝望） | 悄悄地躲出去……悄悄地进来 |
| 我又独自坐在屋里　　（孤独） | 憔悴的脸上现出央求般的神色 |
| "什么时候？"　　　　（松动） | 喜出望外 |
| "好吧，就明天。"　　（决定） | 高兴　笑了　絮絮叨叨地说着 |
|  | 诀别（转折） |
| 看了菊花，要好好活儿（坚强） |  |
| ↓ | ↓ |
| 怀念母亲 | 珍爱生命 |

【学习反思】

### 触动学生心灵　感知父母深爱

根据初一学生的年龄特点、认知水平和情感基础，我选择了主题凸显阅读这种课型，由《秋天的怀念》对母爱的体会，转入到其他四篇课文的阅读学习，从而让学生深深地体味父母之爱，感知父母之爱的无私与伟大。

在教学过程中，首先，主要通过对母亲的动作、语言、神态的细致描写的语句来分析形象，从细微处入手，引导学生体会"扑""抓""忍"动作背后母亲的心情，让学生感受到母亲对作者那种深沉的爱。抓住"央求""喜出望外""高兴""敏感"等词语，让学生反复品读，分析母亲心情变化的原因，从而感受到母爱是小心翼翼，母爱是善解人意，母爱是一种担心，母爱是一种坚持，母爱是一种力量……于是学生终于明白，原来母爱就是平凡中的伟大。其次，通过史铁生的《合欢树》等，告诉孩子们珍惜当下，爱要及时，否则"子欲养而亲不待"；最后，我安排了这样一个说话的环节，让学生以《爸妈，我想对您说》为话题，通过写、唱、画等方式，表达自己对父母的感激之情。在学生们一字一句地倾诉中，课文的情感目标得到了深化。

本堂课虽然基本达到了预期效果，但还有不尽人意的地方。因为老师的教学水平还不够高，驾驭课堂的能力还有待提高。在以后的教学中，我会更加认真琢磨，全心教学。学无止境，教学亦无止境，"路漫漫其修远兮，吾将上下而求索"！

## 七年级上册第二单元·阅读

### 埋下一颗种　愿开未来花

唐文婷

**【学习课型】**

主题凸显课

**【学习主题】**

体悟亲情　传递家风

**【学习内容】**

统编教材七年级上册第二单元：《散步》《〈世说新语〉二则》

**【设计意图】**

《语文课程标准》对第四学段阅读要求：欣赏文学作品，有自己的情感体验，初步领悟作品的内涵，从中获得对自然、社会、人生的有益启示。对作品中感人的情境和形象，能说出自己的体验；品味作品中富于表现力的语言。

散文，以其曼妙的语言传达情思。《散步》是莫怀戚的代表作，以家中老、中、少三代散步一事，表现平常人家的深情。《〈世说新语〉二则》亦聚焦家中事，《咏雪》源自高门氏族谢安带领家中小辈因雪起兴，《陈太丘与友期行》记载陈太丘与友相邀出行，因友人迟到，其子与友的一番论答，也是常人琐事。虽然两篇文言较现代文有时代差异，但表达浅近，篇幅短小，学生也能自行理解。加之生动有力的表现，学生更为感兴趣。但是为了让易懂能懂的文章变得有意思、有意义，甚至让其影响能够伴随孩子一生，我准备从三个角度激发学生自行品味：（1）活用方法，概括形象；（2）品析文章，推及成因；（3）结合材料，树立意识。

**【学习目标】**

1. 通过比较学习，感知人物形象。
2. 通过比较分析，树立正确的家庭观。

**【课前活动】**

表1　不同群体对不同孩子的看法表

|  | 家长 | 老师 | 自己 |
|---|---|---|---|
| 熊孩子 |  |  |  |
| 好孩子 |  |  |  |

**【课中活动】**

过渡语：

我们总是会用聪明、可爱、乖巧、听话等来形容我们眼中的好孩子，那什么是熊孩子，我们先看网络上盛传的一段视频。

（设计意图：视频导入，以思促读）

过渡语：

原来那些爱乱发脾气、乱骂脏话、不懂礼貌、屡教不改的孩子，我们称之为熊孩子。我们今天也要认识三个孩子，我们一起去看看他们究竟是熊孩子还是好孩子。

## 任务一：细读文本　赏识人物

过渡语：

请大家自行阅读《散步》《〈世说新语〉二则》，利用我们已知的描写方法：动作、语言、心理、神态、外貌，概括文中的小儿子、谢道韫、陈元方这三个人物形象。

预估学情：

1.《散步》中的儿子：聪明，可爱，活泼。学生可能会扣住文本中的"前面也是妈妈和儿子，后面也是妈妈和儿子！"这一语言。其中的标点符号表示惊叹，显示儿子的意外发现，更加凸显人物的活泼、聪明、招人喜爱。

2.《咏雪》中的谢道韫：聪慧，有才情。学生可能会扣住文本中的"未若柳絮因风起"一句，以及文末的"即公大兄无奕女，左将军王凝之妻也"。前一句正面描写，通过以雪喻絮这一语言描写来表现人物，同时后一句的侧面描写，以人物的身份补充，来强化人的聪慧。

3.《陈太丘与友期行》中的元方：聪慧，机智，爱憎分明。学生可能会扣住文本中"过中不至，则是无信。对子骂父，则是无礼"这一语言描写和"入门不顾"的动作描写来评价人物。

（设计意图：抓住文中生动的语言、动作描写，达到对人物形象的感知）

## 任务二：深入文本　细品家风

过渡语：

穿越历史的尘埃，那些别致生动的小可爱们再一次出现在我们眼前。我们都说一个人的性格离不开他的生长环境，那么再去看看，怎样的家庭环境才会孕育这些小精灵们？请大家再次阅读文本，看看写了关于父母的哪些事情？

表2　细读文本作业参考表

| 篇目 | 与父母有关的事 |
| --- | --- |
| 《散步》 | 父亲：1. 体谅自己母亲带领全家散步；2. 发生分歧时要求走大路；3. 背自己母亲<br>母亲：1. 顺从自己爱人走大路的选择；2. 主动背自己的小儿子<br>奶奶：1. 体谅小孙子，主动提出走小路；2. 体谅儿子孝心，愿意出去散步 |
| 《咏雪》 | 谢安：与儿女讨论文义 |
| 《陈太丘与友期行》 | 陈太丘：1. 与友期行，友不至，太丘舍去；2. 借教诲祖孙巧妙点化小偷 |

参考：

1.《散步》一文，出现的有"我"、母亲、妻子、儿子，整个家庭氛围和谐。从"我"体谅母亲，母亲疼爱孙子，妻子顺从"我"的几个片段中都能发现家庭氛围和谐，妻贤子孝，其乐融融。这样家庭的孩子自然懂得体贴，性格健全。

2.《咏雪》一文，从言简意赅的叙述方式而言，从"寒雪日内急，与儿女讲论文义"出发，谢家乃高门，且是魏晋时期极富声望的名门，谢家以谢安（太傅）为首，王家以王羲之为首。王谢家族的风采一时无人能出其右。名门子弟消遣的方式也较为特殊，大雪天大家聚集起来一起赏雪作诗。在一旁的胡儿谢朗也是不凡，一句"撒盐空中差可拟"，想必让谢太傅开怀。小小年纪的谢道韫一句"未若柳絮因风起"，则让谢太傅大为赞赏。出身高门，有才情有天赋，与其是谢道韫个人的写照，不如说是整个家族的写照。所以有文学修养与积淀的家庭方能孕育谢道韫这个小小妙人。

3.《陈太丘与友期行》一文。该文的陈太丘与友相约，朋友没有按时到达，陈太丘直接就走了，可见陈太丘是一个性情刚直之人。在陈太丘的影响下，陈元方为人也刚正不阿，故有"入门不顾"之行。

**资料助推**：

有一天晚上，有一小偷溜到陈寔家里，躲藏在屋梁上面，想趁机偷窃。陈寔知道屋梁上面有人，并未喊人捉拿他，而是把子孙们叫到面前训示："今后每个人都应该要努力上进，勿走上邪路，勿做'梁上君子'。做坏事的人并不是生来就坏，只是平常不学好，慢慢养成了坏习惯。本来也可以是正人君子的却变成了小人，不要学梁上君子的行为！"小偷感惭交并，下地叩头请罪。陈寔勉励他改恶向善，并赠丝绢布匹于屋梁上的盗贼。

## 任务三：拓展阅读　良好家风

**过渡语**：

良好的家教家风有助于形成健康积极的人格，而拥有健康人格的人才能在人生大道上看到属于自己的独特风景。试猜想，如果没有来自父母的言传身教，没有良好家风的积极影响，文中拥有优越生活条件的他们会有怎样的结局？

**资料助推1**：

陈元方：汉献帝建安初年（196年），陈纪被拜为大鸿胪（掌管外交事务的官员，汉晋时期一般由有才华又有名望的人担任）。建安四年（199年）陈纪去世，享年71岁。汉末风云变幻，陈纪恪守本心，不趋炎附势。

**资料助推2**：

谢道韫：《三字经》有载，"蔡文姬，能辨琴。谢道韫，能咏吟。"在卢循孙恩之乱时，丈夫王凝之为会稽内史，但守备不力，逃出后被抓被杀。谢道韫听闻敌至，举措自若，拿刀出门杀敌数人才被抓。孙恩因感其节义，故赦免道韫及其族人。王凝之死后，谢道韫在会稽独居，终生未改嫁。

**资料助推 3：**

儿子：莫怀戚之子莫乐哥，未有其父之风，然而一生安平喜乐。为人不争不抢，行事不偏不倚。淡然闲适，静享人生。

## 任务四：课后总结　跟"熊孩子"说再见

过渡语：

通过阅读，我们认识了几位可爱可敬的人物，走进了几个亦温亦暖的家庭。老师猜想，通过今天的学习，对自己，以及对自己所处的家庭，你们一定会有自己想说的话，请写下来吧！

表 3　学生作文选摘表

| 学生 | 学生作品选摘 |
| --- | --- |
| 学生 1 | 我生活在一个单亲家庭，父母在我一年级的时候就离婚了。我跟妈妈生活在一起，妈妈把全部的生活重担都扛在了自己身上，也把所有的希望都寄托在我的身上。妈妈很爱我，我知道，只是这份爱有时候压得我喘不过气来。我不想今后像妈妈一样，我想跟妈妈说："妈妈，我什么都懂，我会做一个好孩子，但是希望你有自己的幸福。因为你不快乐，我也不快乐。" |
| 学生 2 | 我很羡慕《散步》里的那个小儿子，因为他有一个幸福的家庭，他有一个细心体贴有家庭责任感的爸爸，也有一个温顺关爱他的妈妈。我的妈妈在我很小的时候就离开我了，爸爸常年在外，我寄宿在学校，我知道我要学习，但是我也想回家。妈妈你在天上还好吗？ |
| 学生 3 | 我很幸运，也很幸福，因为我有一个幸福的家庭，妈妈每天给我准备营养早餐，爸爸每天开车送我上学。我的妈妈有时候会唠叨，但是我很爱她，爸爸也很爱她。我感谢我的父母为我营造了一个温馨的家庭，也许在大家眼中开朗真诚的我，也是因为我的家庭吧。谢谢我的父母，我会努力学习，我要守护我的家庭 |

表 4　重庆市字水中学语文项目学习·"体悟亲情　传递家风"活动评价量表

| 维度 | 状况 很准确 ★★★ | 状况 较准确 ★★ | 状况 不够准确 ★ | 总评 （据星评级） | 主要问题 | 再读建议 |
| --- | --- | --- | --- | --- | --- | --- |
| 利用方法 概括人物 | | | | | | |
| 概括事件 分析成因 | | | | | | |
| 结合材料 树立意识 | | | | | | |

（说明　总评优秀：8~9★；良好：6~7★；不太好：少于 6★）

**【课后活动】**

完成作文:《写给未来的自己》,侧重于家庭教育方式的思考,优秀作品在"字水书院"厅展出。

**【学习反思】**

幸运的家庭　幸运的人

幸运的人一辈子被童年治愈,不幸的人一辈子都在治愈童年。童年对一个人的发展尤其重要,而童年的愉快与否直接由家庭影响。笔者以课堂为载体,意图为孩子们培养一个健康的家庭观。

纵观整个课堂,以各种活动相衔接,任务具体而明确,孩子们配合默契。课前活动中,孩子们作为孩子本身去与大人、老师沟通,乃至反问自己:好孩子与熊孩子的标准是什么?所以在初期,就有了一个初步判断。课中活动以完成任务来推动课堂。任务一聚焦人物概括,部分孩子能有意识地阅读文章,快速完成人物评价,但是也有一些孩子因为对人物描写方法掌握不够,所以概括形象的时候略有欠缺。今后课前需更了解学情。任务二在任务一的基础上有所提升,要求提炼事件,因为文章记叙的事件相对单一,所以提炼并不是难点,只是在分析家庭氛围的过程中,孩子们能够有效联系实际,对文中家庭氛围都流露出歆羡之意。任务三属于拓展性阅读,为了降低难度,笔者在材料的选取上进行了一定的筛选,选择了相对较短的篇章。虽然篇幅较短,但也能辅助思考的深入。同时,为了强化家庭教育的实际影响,笔者让孩子们立足现实发挥想象,凭借优越的生活条件,文中人物可能走向的结局,不少孩子结合现实大胆说出自己的猜想。在强烈的对比下,为树立、践行有益的家庭教育埋下了种子。也为任务四的有效开展奠定了基础,不少孩子写得很动情。

整个课堂贴近实际,基本实现与人物、与作者的对话。以目的明确的活动来推进课堂,有效改善课堂气氛,强化了阅读。

### 七年级上册第二单元·阅读

## 平凡的母亲　伟大的母爱
### ——"母爱"类散文整合教学

黄路容

【学习课型】

主题凸显课

【学习主题】

伟大的母爱

【学习内容】

统编教材七上二单元:《秋天的怀念》

相关主题篇目:《合欢树》《我的母亲》《寻梦》

【设计意图】

《语文课程标准》对第四学段"阅读"的要求是:"欣赏文学作品,有自己的情感体验,初步领悟作品的内涵,从中获得对自然、社会、人生的有益启示。对作品中感人的情境和形象,能说出自己的体验;品味作品中富于表现力的语言。"统编教材七年级上册第二单元的单元目标要求把握文章的感情基调,重视朗读。在整体感知全文内容的基础上,体会作者的思想感情。建议运用比较的方法阅读,分析作品之间的相同或不同之处,以拓宽视野,加深理解。所以本单元我准备进行"伟大的母爱"类文章的整合教学。

【学习目标】

学会阅读分析"伟大的母爱"类文章。

【课前活动】

1. 学生自读《秋天的怀念》(史铁生)、《合欢树》(史铁生)、《我的母亲》(胡适)、《寻梦》(季羡林)。

2. 文学常识。(学生梳理)

史铁生,当代作家、散文家,代表作:《我与地坛》《务虚笔记》《病隙碎笔》。

3. 预估学情。

学生虽接触过不少母爱类主题文章,但却不能很好地完成这类文章的阅读分析。

【课中活动】

导入:

一滴水里看世界,半瓣花上说人情。有人说:"母亲如春蚕,到死丝方尽;母亲如蜡炬,成灰泪始干;母亲如春雨,润物细无声。"其实,母亲的形象不仅仅是奉献,还有智慧干练、勤劳节俭……在儿女的笔下，她们是各具特色的鲜活形象，她们用自己的优良品行，指引着儿女成长。让我们一起去了解那让人印象深刻的母亲形象，感受母亲的伟大吧！

（设计意图：唤起学生曾有的情感体验，为下文的学习创设情境，做好情感铺垫）

### 第一环节：扣题朗读　整体感知

1. 问题设置：

根据题目，设计几个阅读思考题。

参考：

（1）《秋天的怀念》问题设计：作者怀念谁？为什么会怀念？为什么在秋天怀念？课文主要写了什么事？

（2）《合欢树》问题设计：为什么写合欢树？主要内容是描写合欢树吗？

（3）《我的母亲》问题设计：我的母亲是一个怎样的人？作者是如何描写母亲的？

（4）《寻梦》问题设计：寻什么梦？为什么寻梦？

（设计意图：通过让学生自主设计问题，引发学生的好奇心和求知欲）

2. 指定1～2位同学分段落朗读课文，教师朗读最后几段。针对刚才设计的思考题，全班交流，感知文章主要内容。

参考：互问互答，理清主要内容：文章记叙了"我"双腿瘫痪后，母亲强忍住内心极度的痛苦和重病的折磨，无比关怀爱护病残儿子的感人情景。

（设计意图：教师示范朗读，有助学生获得初步的情感体验，锻炼、培养学生对文本的提炼、概括能力）

### 第二环节：研读赏析　把握主旨

1. 自由散读课文，圈划令你感动的词句、段落。

要求：（1）时间：3分钟；（2）有感情地朗读；（3）适当批注。圈划、朗读有关母亲的神态、动作、语言等描写，做好简单批注。

2. 读一读感动你的句子，说一说感动你的理由。

（引导学生抓住人物细致的动作、神态、语言等方面的描写，体会深沉无私的母爱，并指导学生读出真情）

参考：

（1）第一节中母亲"悄悄地躲""偷偷地听""悄悄地进来、眼边红红的"，表现母亲时时关注着、无私地呵护着儿子。

（2）第二节中母亲"扑过来"，劝慰我"好好儿活"，通过动作、语言等描写，刻画了一位坚强而感人的母亲形象。

（3）第三节中母亲"挡在窗前"并"央求"我去看"北海的菊花"时，一个"挡"字将母亲唯恐我会因看到窗外落叶而触景伤情的心理刻画得真切感人；尤其是母亲直至生命的最后一刻，仍惦念着儿子和女儿，热情讴歌了深沉无私的母爱。

（设计意图：最令人感动的部分体现在"母爱"的点点滴滴，设计本环节就是为了把学生引入到对这一重点部分的解读。通过自由朗读、自由感悟，获得真实的情感体验，并抓住句中有关神态、动作、语言等的关键字、词体会深沉而无私的母爱，进而把握文章主旨）

3. 儿子又是怎样来表达对母亲的深切怀念之情的？（引导学生从两个方面感悟作者对母亲的深情怀念）

（1）母亲细小的动作，细微的神情，只言片语，都使作者记忆犹新。

（2）最后一个自然段：

① 全班有感情地齐读。

② 小组讨论：作者为什么浓墨重彩地描写那些菊花？（借景抒情的写作手法）

③ 请试着把"母亲没有说完的话"说完整。

参考：

从文章最后一个自然段中有关菊花的描写，来感受作者对母亲的深切怀念：从菊花在"秋风中正开得烂漫"，可以看出"我"已经驱走了心头的阴霾，增加了生活的勇气和信心，而这正体现了母爱的伟大；写菊花的淡雅、高洁、热烈而深沉，正象征了母亲对子女的那种纯洁高尚、深沉无私、感人至深的爱。

借景抒情是指让感情依附于一定的景物，通过景物描写来抒发情感，它能使情和景互相感应，互相交融。

（设计意图：对于菊花，大多人认为这是儿子的深深歉疚和以直面人生的决心来烘托母爱的伟大，但菊花象征母爱一说也是言之有理，是一种较独到的见解，引导学生多角度思考）

## 第三环节：深化主旨　拓展交流

1. 幻灯片展示：

"树欲静而风不止，子欲养而亲不待。"请同学理解句意。

参考：感叹人子希望尽孝双亲时，父母却已经亡故，而无以言孝。告诫天下的儿女们，抓紧父母健在的光阴，及时尽孝，哪怕是一句体贴的言语、一个关爱的眼神。

2. 母亲走了，带着对子女深深的挂念；母亲走了，遗留给儿子永无偿还的心结。联系你的生活实际，回忆你的父母为你做的点点滴滴，此时此刻，你想对他们说些什么呢？你又打算怎么回报他们呢？

参考：爸爸妈妈，之前不听话的日子请你们原谅，你们为我的付出我也感受着、享受着。在以后的日子里，我会尽我所能不惹你们生气，好好学习，也会用一点一滴的行动来报答你们。

（设计意图：一句古语，加深理解，进而深化文章主题，唤起学生的感恩情怀。联系生活实际，真实情感自然流露的同时，锻炼学生的口语表达能力）

3. 拓展延伸。

阅读《合欢树》（史铁生）、《我的母亲》（胡适）、《寻梦》（季羡林），完成下表。

表1　拓展延伸作业参考表

| 篇目 | 比较点 |  |  |  |
|---|---|---|---|---|
|  | 朗读课文<br>感知主题 | 研读课文<br>赏析感动点 | 相同点<br>（表达主题） | 不同点<br>（写作手法、表达方式） |
| 《合欢树》 | 以合欢树为抒情线索，借物抒情，通过拟想别人对合欢树的态度，含蓄地表达对母亲的爱 | 1. 母亲的全副心思却还放在给我治病上，到处找大夫，打听偏方，花很多钱。<br>2. 母亲惶恐了几个月，昼夜守着我…… | 对母亲的怀念之情 | 托物言情 |
| 《我的母亲》 | 回忆母亲对自己的教育和母亲与家人和睦相处，表达了对母亲的爱和感激之情 | 1. 她不骂一个人，只哭她的丈夫，哭她自己命苦，留不住她丈夫来照管她。<br>…… | 对母亲的怀念之情 | 语言含蓄、细腻感人 |
| 《寻梦》 | 以对母亲、对故乡深深的怀念为线索，借助梦境表现了母子间深挚的关爱，凸显了作者对母亲的怀念 | 1. 母亲对我的爱和帮助至今还历历在目。<br>…… | 对母亲的怀念之情 | 虚实结合、联想、想象 |

**【课后活动】**

迁移阅读：浏览"语文主题学习"丛书七年级上②中涉及伟大母爱类文章，关注文中优美和细节描写的句子，再次感受母爱的伟大。回顾自己生命中与母亲相处过程中的感人片段，并以小作文的形式写下来，下节课与同学们分享。

（设计意图：扩大知识面，使课内知识与课外知识紧密结合，使学生获得更深刻的情感体验）

表2　重庆市字水中学语文项目学习·"伟大的母爱"类文章阅读评价量表

| 维度 | 状况 |  |  | 总评<br>（据星评级） | 主要<br>问题 | 再读<br>建议 |
|---|---|---|---|---|---|---|
|  | 很准确<br>★★★ | 较准确<br>★★ | 不够准确<br>★ |  |  |  |
| 主题理解 |  |  |  |  |  |  |
| 感动点的赏析 |  |  |  |  |  |  |
| 异同的概况 |  |  |  |  |  |  |

（说明　总评优秀：8~9★；良好：6~7★；不太好：少于6★）

**【学习反思】**

教无止境　且学且进

本次教学使学生基本学会了欣赏"母爱"类文章作品,并结合自己的情感体验,初步领悟了文本对母爱的赞颂,有了珍爱母亲、感恩伟大母爱的人生感悟。

学习过程中充分发挥了学生的主体地位,问题的设计有针对性且难度层层递进,贴近学生的学情,增强了学生对母爱的感知和理解,课堂氛围比较活跃,小组讨论参与度较高。但学生对文本细节描写的把握还不足,无法准确地扣住文本理解文章主题;对于文章的写作手法、表达方式等分析不太准确;因时间有限,小组合作讨论也不够深入,所以在时间设置上应有所调整;学生课后活动作业质量也有待提高。

教无止境,且学且进!

# 七年级上册第二单元·阅读

## 平凡散步蕴深情

张淑梅

【学习课型】
主题凸显课

【学习主题】
感知亲情

【学习内容】
统编教材七年级上册第二单元：《散步》
相关主题文章：《秋天的怀念》《爸爸的花儿落了》

【设计意图】
《语文课程标准》认为语文课程丰富的人文内涵对学生精神世界的影响是广泛而深刻的，应该重视语文课程对学生思想情感所起的熏陶感染作用，注意课程内容的价值取向，同时也要尊重学生在语文学习过程中的独特体验。

《散步》一文内容比较浅显易懂，却体现了故事美、情感美。我运用"自主、合作、探究"的学习方式，寻找美点，培养学生对语言文字之美、情感之美的感悟能力，关注学生的价值取向和民族精神并通过比较阅读来体验。当然，语言的学习、情感的体验远远不是一篇课文所能完成的。在教学中，我希望通过课堂教学、课外阅读，能让学生聚焦课堂，关注生活，走向更广阔的学习空间。

【学习目标】
1. 抓住人物的动作、神态、语言等细节理解一家人解决分歧的办法。
2. 体悟作者在字里行间蕴涵的浓浓亲情，培养尊老爱幼、勇担责任、珍爱亲情的思想，学会感受爱，表达爱。

【课前活动】
1. 学生自读圈点勾画《秋天的怀念》《爸爸的花儿落了》《散步》。
2. 自读课文，将不理解的字词和感受深的句子做上不同的标记。
预设：信服　嫩芽　霎时　拆散　委屈　水波粼粼　各得其所
3. 查阅资料，走进课文。
（1）文章标题是《散步》，谁在散步？为什么散步？散步过程中发生了什么？
（2）莫怀戚，1951年生于重庆，当过知青、士兵（中国人民解放军）、摩托车手和小提琴演奏员。经历复杂，意志坚强，随和、豁达，原则性强。1982年毕业于四川大学中文系，曾任重庆师范大学文学院教授。从事文学创作二十余年，视写作为生活的一部分，能胜任多种体裁，尤擅长写小说，1994年获全国庄重文文学奖。散文《散步》和《家园落日》被选进了中学语文课本。作品有长篇小说《经典关系》、系列小说集《大律师现实录》、短篇小说《孪生中提琴》、中篇小说《透支时代》、中篇小说《陪都旧事》、中篇小说《花样年月》、中篇小说《六弦的大圣堂》、中篇小说《诗礼人家》、中篇小说《隐身代理》等一系列小说。2008年又完成了一部新的长篇小说《白沙码头》。

预估学情：

教材中描写家庭的文章很多，浓浓的亲情总能唤醒学生心底对父母的爱。但是学生因年龄经历的影响，容易浅层次地解读亲情，还无法深刻地理解文章中母亲的爱。另外，文章中上有老下有小的中年人顾全大局的深义，这是需要学生细细品读的。

【课中活动】

导入：

同学们，大家都和父母一起到郊野散过步吧？当路不好走的时候，父母是怎样做的？你当时又是怎样想的？（2～3名学生回答）今天，我们一起学习《散步》，看看一个既是儿子又是父亲的中年人，在与家人散步时遇到的问题，是怎样想的，又是怎样做的。

（设计意图：激起学生的回忆，从而培养他们理解父母、挚爱父母，体验亲情的可贵。）

## 活动一：明确内容　理解主旨

### 第一环节：初读课文　整体感知

梳理内容，学生抢答。

参考：

散步的人有：母亲、"我"、妻子、儿子

散步的地点是：田野

散步的季节是：南方的初春

散步的过程中发生了什么（用原文中的一个词来回答）：争执

### 第二环节：精读品味　理解亲情

问题：散步过程中发生了什么？如何解决的？

参考：发生分歧——选择大路小路的分歧；"我"背母亲，妻背儿子；在不好走的地方，"我"和妻子分别背起母亲和儿子。

### 第三环节：深读感悟　体悟内涵

1. 为什么"我"感到责任的重大？

参考：我为什么感到了责任的重大——表现出一个中年人在家庭中承担着承上启下的中坚作用；我决定委屈儿子——体现出一个中年人在处理家庭事务时应把握的基本原则。

2. 分析人物形象。

参考："我"有责任感、孝顺；妻子贤良、尊老爱幼；母亲谦让、疼爱孙子；儿子听话、懂事。从中也可看出这一家人和和美美，相亲相爱，非常幸福。

## 活动二：品读字词句　体会妙处（巧妙、精练）

过渡语：散步非常平凡的生活小事，但是作者抓住了瞬间的美丽，写出了散步时特有的温馨和美好。请你也找出文章中的美点。

### 第一环节：品析词句

1. 大词小用。

"分歧""决定"（透露作者想说的意思超出了事情的本身，是在借散步这件事讲一个道理）

2. 有感染力、表现力的动词。

"挺""熬"（流露对生活的酷爱，对生命的珍爱）

3. 景物描写的句子。

① "南方初春的田野"景象，显示出春天苏醒时的生机勃勃。

② "金色的菜花""整齐的桑树"和"水波粼粼的鱼塘"，字里行间透露出对生命的珍爱和人物的愉悦的心情。

4. 传情、内涵深的句子。

"母亲本不愿出来的……便去拿外套。"写出了母子二人的情态，母亲的老迈、顺从、谦让，儿子的孝敬、对母亲的关心。

5. 美丽的对称句式。

（让学生自己找出来，体会它们的对称美，互相映衬，富有情趣）

参考：

——有的浓，有的淡。

——我和母亲在前面，我的妻子和儿子走在后面。

——前面也是妈妈和儿子，后面也是妈妈和儿子。

——母亲要走大路，大路平顺；儿子要走小路，小路有意思。

——我的母亲老了，她早已习惯听从她强壮的儿子；我的儿子还小，他还习惯听从他高大的父亲。

——我蹲下来，背起了母亲，妻子也蹲下来，背起了儿子。

——我的母亲虽然高大，然而很瘦，自然不算重；儿子虽然很胖，毕竟幼小，自然也轻。

这些句子中显示出对称美，而且互相映衬，富有情趣。

### 第二环节：品读段落

最后一段："我和妻子都是慢慢地，稳稳地，走得很仔细，好像我背上的同她背上的加起来，就是整个世界。"

参考：从字面上看，这个段落形容他们走小路时很小心，唯恐哪一步有闪失，特别是母亲，是经不起摔跌的，非稳当不可。也象征着中年的责任，既要赡养老一代，又要抚养下一代，一个家庭是这样，一个民族、一个国家又何尝不是这样？

## 活动三：拓展阅读 比较提升

### 第一环节：比较阅读

1. 速读短文《秋天的怀念》《爸爸的花儿落了》。与本文比较，哪个故事更感动你？说说你的理由。

过渡语：比较是研究性学习经常用到的方法，《散步》与《秋天的怀念》等的主题相近，又有差异，情节差别较大，语言风格也就各有千秋。这几篇文章作为一组教学材料，比较它们的语言风格，是一个很好的学习角度。阅读是个性化行为，"感动"这种情感更是个性化的，说《散步》更感动人，可以；说《三代》等更感动人，也可以，能言之成理就好。

2. 请同学们以表格的形式谈谈这一组短文带来的收获与启示。

提示：可从字词、句子、情感入手

表1 比较阅读作业表

| 篇目 | 字词 | 句子 | 情感 | 启示收获 |
| --- | --- | --- | --- | --- |
| 《散步》 | | | | |
| 《秋天的怀念》 | | | | |
| 《爸爸的花儿落了》 | | | | |

### 第二环节：反思小结

1. 通过这节课的学习，你学到了什么，感悟到了什么？

提示：可以从字词、句子、段落、篇章构思、尊老爱幼传统美德等角度分析散文。

2. 莫怀戚的《散步》是一篇蕴藉丰富、内涵深刻的精美散文，也是一曲真善美的颂歌。读完这篇文章，犹如接受了一次道德的洗礼。读这篇文章的历程，是学生在心灵、在亲情、在人性、在生命轨迹上的一次愉悦而高尚的旅行。让我们珍爱亲情，珍爱生命吧！

## 活动四：牛刀小试 书写爱

以"给父母的信"为话题，可给父母写一首诗，把你最想说的写出来，表达你的爱。
学生习作选摘：

### 写给父母的信

爸爸妈妈
自从我来到这个世界
你们为我穿衣裤，为我洗衣

当我年小无知时
你们为我传播知识，教授道理
当我蹒跚学步时
你们牵着我的小手，带着我一步一步
尽管我一次又一次地跌倒，但你们却
带我继续走

现在我长大了，你们却已满头白发
我想对你们说，爸爸妈妈你们辛苦了

等　待

清晨的集市里过往的人行色匆匆
走街串巷的吆喝声遍布整个街道
你说要给我买糖葫芦，让我乖乖待着
一个小时，两个小时
我抱着布偶站在路口
你让我在这等你
这一等便是七年

一封信

我要给你们写封信
我要用行动作笔
用真情做信纸
用言语做信封
贴上一张用花做的邮票

我要在上面写
你们为我做的每一件事
可能我写不完
但是这是我对你们的感谢

春天，你们教我走路
夏天，你们教我做人
秋天，你们带我学习
冬天，你们给我温暖
一年四季你们为我操劳

希望这封信可以

飞过大海

越过山峦

跨过平原

飞到你们身边

尽管我写得不好

这也是我对你们的感谢

结束语：亲情不只要在今天课堂上片刻时间来体会，它更需要我们用一生的光阴来感悟。家，是一个幸福的摇篮，需要我们用心灵来呵护。家，更是一副沉沉的担子，需要我们每个人用责任来担当。亲情不单是父母无条件的付出，它更应该是儿女们无言的回报。让我们的家永远洋溢着浓浓的亲情，让我们的家永远充满爱！

**【评价阅读效果】**

表2　重庆市字水中学语文项目学习·珍爱亲情阅读课评价量表

| 维度 | 状况 | | | 总评（据星评级） | 主要问题 | 再读建议 |
|---|---|---|---|---|---|---|
| | 很准确 ★★★ | 较准确 ★★ | 不够准确 ★ | | | |
| 字、词、段的理解 | | | | | | |
| 写作手法的理解 | | | | | | |
| 主题思想的理解 | | | | | | |
| 书写爱表达爱 | | | | | | |

（说明　总评优秀：8~9★；良好：6~7★；不太好：少于6★）

**【课后活动】**

1. 亲子时光：大家把文章带回家和爸爸妈妈一起读，也许会有更多的收获。（与父母共读，亦是多角度阅读的一种形式，也是孩子与成人的一种交流）

2. 观察自己的生活，想一想是否真的有许多值得一写的"生活细节"？展现语言魅力，描绘生活之美。

附板书设计：我——诚恳、孝顺

　　　　　　母亲——顺从、有涵养　　　家庭和美温馨

　　　　　　妻子——贤良、温顺

　　　　　　儿子——听话、懂事

**【学习反思】**

尊老爱幼　真爱颂歌

　　由于对教材的分析较为透彻，学生学情的定位比较准确，新课程改革的理念在本课的教学中得以很好地贯穿，实施得也较为理想，目标的达成还是基本令人满意的。《散步》一文的线条明晰，事情简单，作者却将它写得饶有兴味，发人深思，是因为采用了尺水兴波，一波三折的写法，由此折射出亲情、人性的亮丽之光。

　　无论是选择道路时的分歧，还是最终矛盾的解决，再次传达爱幼更尊老的情感表达。这一家三代人的温和、谦让与体贴都融进了这深深的爱之中，人的真诚善良得到了充分的体现，这也是本堂课想要传达给学生的——那种以血缘构成的家庭最稳定、最能持久也是最为宝贵的东西便是亲情。

七年级上册第三单元·阅读

# 消除与经典的隔膜
## ——《朝花夕拾》导读课教学设计

程 粤

【学习课型】
主题专题课

【学习主题】
名著阅读导读

【学习内容】
统编教材七年级上册第三单元：《〈朝花夕拾〉消除与经典的隔膜》

【设计意图】
《〈朝花夕拾〉消除与经典的隔膜》是七年级上册第三单元的名著导读部分，这个单元重点学习默读，其中《从百草园到三味书屋》就选自鲁迅的《朝花夕拾》，这就需要在《从百草园到三味书屋》学习基础上，开启名著阅读的导读学习。

学生在小学时接触过《少年闰土》，有一定的关于鲁迅的文学常识积累，但比较浅显。《朝花夕拾》是统编教材七年级上册第一部必读名著。学生在自主阅读时往往会出现以下问题：① 集中在散文的部分情节上，无法自主理解与分析主要内容、主要人物、主题思想；② 望文却步，部分学生认为鲁迅的文章很难，不愿意沉下心来细读；③ 学习水平参差不齐，有的学生课堂思考效率较低，缺乏自主思考的积极性。

所以《朝花夕拾》需要利用课堂时间，在老师的组织带领下，就几个主问题的提出及探讨，默读、粗读、细读课文，将知识串联起来，形成一个整体。《语文课程标准》中提到"欣赏文学作品，有自己的情感体验……对作品中感人的情境和形象，能说出自己的体验"，可从鲁迅的童年经历与故乡回忆入手，运用联结阅读策略（联结策略是读者在文本和文本之外的背景知识之间所做的联结，这种联结可以分为三种类型。文本与文本之间的联结；文本与自我之间的联结；文本与作者的联结），举办读书交流会，将《阿长与〈山海经〉》《五猖会》《从百草园到三味书屋》这三篇联结，消除学生与经典的隔膜。

【学习目标】
1. 默读，了解《阿长与〈山海经〉》《五猖会》的主要内容。
2. 了解鲁迅生平及作品的文化历史背景，理解作品内容。
3. 从童年鲁迅和成人鲁迅两种视角，找到与鲁迅童年的共通点，拉近与鲁迅的距离，消除与经典的隔膜。

**【课前活动】**

1. 收集鲁迅的相关资料,制作鲁迅名片(个性化设计),了解本书的写作背景。
2. 默读《朝花夕拾》中的以下篇目:《阿长与〈山海经〉》《五猖会》。
3. 预习检测(采用抢答式):

①《朝花夕拾》是鲁迅唯一一本_____集。《朝花夕拾》原名《_____》,全书共十篇文章,是鲁迅回忆童年、少年和青年时期不同生活经历与体验的文字。(答案:散文;《旧事重提》)

②《五猖会》记述了作者儿时盼望观看_____的急切、兴奋的心情,父亲让"我"背《_____》,让"我"感到痛苦。(答案:迎神赛会;鉴略)

③根据书中内容填写表格:

表1 鲁迅在不同时间及地点涉及人物篇目参考表

| 年份(年龄) | 所在地 | 涉及篇目 |
| --- | --- | --- |
| 1881—1896(1~16岁) | 绍兴 | 《阿长与〈山海经〉》《五猖会》《无常》《从百草园到三味书屋》《父亲的病》 |
| 1898—1901(18~21岁) | 南京 | 《琐记》 |
| 1902—1909(22~29岁) | 仙台 | 《藤野先生》 |
| 1909—1911(29~31岁) | 绍兴 | 《范爱农》 |

4. 根据提供的《阿长与〈山海经〉》阅读片段,小组改编排练课本剧。

**【课中活动】**

## 活动一:课文与名著联结

请同学们看一个小片段:

油蛉在这里低唱,蟋蟀们在这里弹琴。翻开断砖来,有时会遇见蜈蚣;还有斑蝥,倘若用手指按住它的脊梁,便会啪的一声,从后窍喷出一阵烟雾……

我不知道为什么家里的人要将我送进书塾里去了,而且还是全城中称为最严厉的书塾。也许是因为拔何首乌毁了泥墙罢,也许是因为将砖头抛到间壁的梁家去了罢,也许是因为站在石井栏上跳下来罢……都无从知道。总而言之:我将不能常到百草园了。

问题:作者怀着怎样的感情写下了这段文字?你读出了什么?

参考:《从百草园到三味书屋》选自鲁迅的唯一的散文集《朝花夕拾》。《朝花夕拾》回忆的是作者童年、少年和青壮年时期的生活,大多与故乡的人和事有关联。中央电视台有一个关于鲁迅的专题片,其中开篇就说:"对于故乡绍兴,鲁迅一直怀有一种复杂而又矛盾的心情。"在他的一系列作品里,鲁迅对故乡表现出热爱、崇敬,甚至终生的眷恋,而另一面则又充满了憎恶、决绝,甚至诅咒。一方面这是鲁迅走进自己的童年对家乡温馨的回忆,是感性的,一方面这是成人鲁迅一种理性的批判。故在对百草园的愉悦温馨的回忆中,我们也读出了对枯燥乏味的三味书屋私塾教育的理性的批判。

## 活动二：名著与作者、背景联结

拿到一本新书，首先看什么？孟子说过这么一句话："颂其诗，读其书，不知其人，可乎？"所以我们看一本书，首先要了解作者。那大家对本书的作者鲁迅又了解多少，将制作的鲁迅名片拿出来，分小组相互交流，将小组做得最好的展示给大家。

**第一环节：鲁迅我来讲**

一组：

二组：

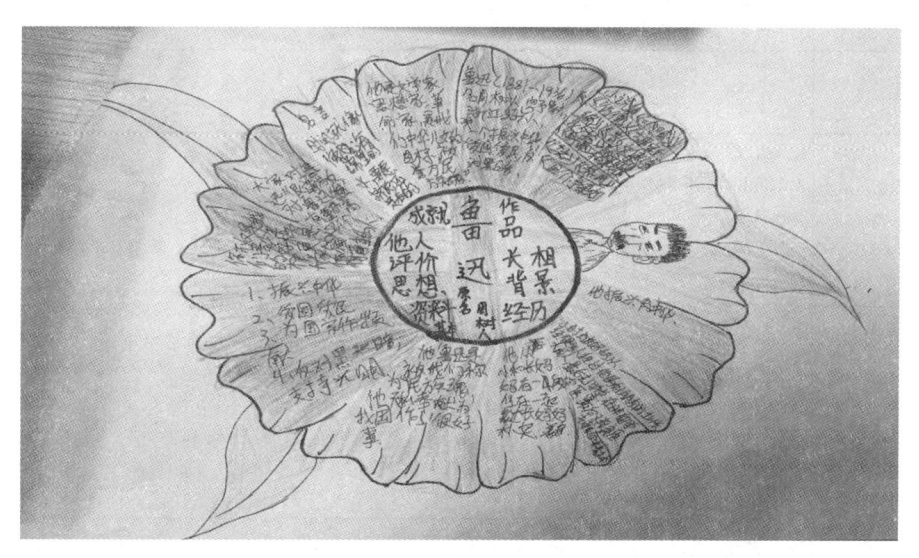

三组：

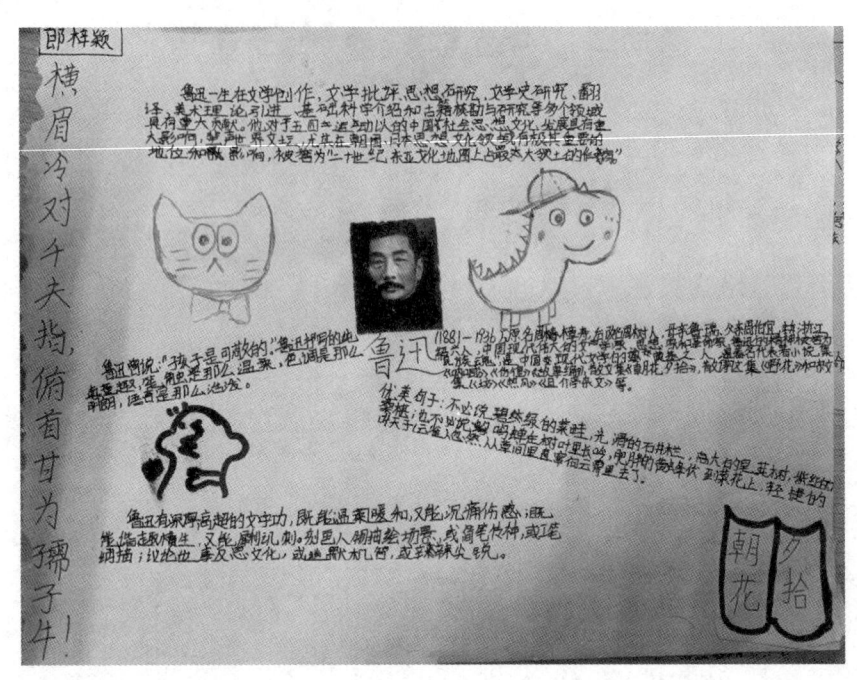

参考：

表2 鲁迅资料表

| | 要　点 |
|---|---|
| 《朝花夕拾》中的成长经历 | ① 1881—1896年（1~16岁）：绍兴；② 1898—1901年（18~21岁）：南京；③ 1902—1909年（22~29岁）：仙台；④ 1909—1911年（29~31岁）：绍兴<br>什么原因使他离开日本？"幻灯片事件"，弃医从文 |
| 基本资料 | 鲁迅（1881.9.25—1936.10.19），曾用名周樟寿，后改名为周树人，曾字豫山，后改豫才。"鲁迅"是他1918年发表《狂人日记》时所用的笔名，也是他影响最为广泛的笔名，浙江绍兴人。文学家、思想家、革命家，民主战士，五四新文化运动的重要参与者，中国现代文学的奠基人 |
| 作品 | 第一部白话小说《狂人日记》；小说集《呐喊》《彷徨》《故事新编》；散文集《朝花夕拾》；散文诗集《野草》；杂文集《坟》《热风》《且介亭杂文》 |
| 家庭背景 | 祖父：周福清（1838—1904年），原名周致福，字震生，又字介孚，清同治十年（1871年）辛未科进士，翰林院庶吉士，曾任江西金溪县知县，此时正在北京任内阁中书<br>父亲：周伯宜（1861—1896年），字伯宜，曾改名文郁，秀才，闲居在家。因肺结核而死<br>母亲：鲁瑞（1858—1943年）当地举人鲁希曾孙女，思想颇为开通，出身于绍兴平桥村一户官宦人家，没念过书，但以自修得到能够看书的能力<br>二弟：周作人（1885—1967年），暮年译《希腊神话》<br>三弟：周建人（1888—1984年），曾任浙江省省长，全国人大常委会副委员长<br>鲁迅的祖父周介孚，出身翰林，做过江西一个县的知县老爷，后来又到北京当上内阁中书。但是在鲁迅13岁那年，周介孚因故入狱，鲁迅的父亲又长期患病，终至死亡，家境便迅速败落 |

| | 要　点 |
|---|---|
| 社会贡献 | 鲁迅一生在文学创作、文学批评、思想研究、文学史研究、翻译、美术理论引进、基础科学介绍和古籍校勘与研究等多个领域具有重大贡献。他对五四运动以后的中国社会思想文化发展具有重大影响，蜚声世界文坛，尤其在韩国、日本思想文化领域有极其重要的地位和影响，被誉为"二十世纪东亚文化地图上占最大领土的作家" |

童年的鲁迅经常拿着医生为父亲开的药方到药店去取药，经常拿着东西到当铺去典当。在过去家境好的时候，周围人是用一种羡慕的眼光看待他这个小"公子哥儿"的，话语里包含着亲切，眼光里流露着温存。但现在他家穷了下来，周围人的态度就都变了：话语是凉凉的，眼光是冷冷的，脸上带着鄙夷的神情。周围人这种态度的变化，在鲁迅心灵中留下的印象太深刻了，对他心灵的打击也太大了。也因此多少年后鲁迅还非常沉痛地说："有谁从小康人家而坠入困顿的么，我以为在这途路中，大概可以看见世人的真面目。"

补充介绍这些，可以让我们更好地了解鲁迅，了解鲁迅性格成因，也便于了解鲁迅作品里所表现的思想。

## 第二环节：背景知多少

正如鲁迅说的："我总以为倘要论文，最好是顾及全篇，并且顾及作者的全人，以及他所处的社会状态，这才较为确凿。"强调顾全作者的全人，那么除了了解作者本人以外，还得了解什么？提示：看他所处的社会状态，也就是时代背景。

参考：创作《朝花夕拾》时，鲁迅已是文坛举足轻重的作家。1925年，鲁迅在北京担任大学讲师期间，因支持学生运动而受到当时所谓"正人君子"的流言攻击和排挤。1926年，北洋军阀政府枪杀进步学生，制造"三·一八"惨案。鲁迅写下《纪念刘和珍君》等一系列文章，热情支持学生的正义斗争，控诉北洋军阀政府的残暴，结果遭到当局的通缉而不得不远走避难。尽管生活艰苦，鲁迅依然坚持写了不少的散文诗和《二十四孝图》《五猖会》《无常》等三篇散文，它们后来与鲁迅在惨案发生之前写作的《狗·猫·鼠》《阿长与〈山海经〉》一起被收录进了散文集《朝花夕拾》。《朝花夕拾》中的作品虽然都是在追忆往事，但也是"借题发挥"，影射、讥讽当时的社会现实。

1926年9月鲁迅接受了厦门大学的聘请，南下教书，但他在厦门大学只待了四个多月，因为他发现厦门大学的空气和北京一样，也是污浊的。鲁迅在这里见识了种种知识分子的丑恶嘴脸，毫不留情地进行抨击。鲁迅虽然不喜欢厦门大学，但他对自己担任的课程却倾注了全力，他上的课很受学生的欢迎。在繁忙的教学之余，鲁迅写了很多作品，这其中就包括《从百草园到三味书屋》《父亲的病》《琐记》《藤野先生》和《范爱农》五篇散文。这五篇散文与在北京创作的另五篇散文就构成了《朝花夕拾》。

## 活动三：走进文本　理解内容

过渡语：《阿长与山海经》《五猖会》《父亲的病》《从百草园到三味书屋》这五篇记叙鲁迅童年、少年时期的生活经历，地点都在鲁迅的故乡 s 城，也就是绍兴。童年和故乡，在每个人的回忆中是永不缺失的，故乡留着童年的足印和欢笑，故乡是成长的摇篮。鲁迅虽离开童年的故乡，但鲁迅的童心藏在内心那个小小的记忆里。

小组交流主要内容：明确文中的人物和事件，尽量说出人物的性格及心情、感受等。

预设：

《五猖会》：记述作者儿时盼望观看迎神赛会的急切、兴奋的心情和正要出发时父亲命令他背诵《鉴略》的扫兴和痛苦的感受。

《从百草园到三味书屋》：描述作者儿时在家中百草园得到的乐趣和在三味书屋读书的乏味生活。

《阿长与〈山海经〉》：记述作者儿时与保姆长妈妈相处的情景，描写了长妈妈善良、朴实而又迷信、唠叨、"满肚子是麻烦的礼节"的性格；对她寻购赠送自己渴求已久的绘图《山海经》，表达感激。

## 活动四：名著与自我联结

《阿长与〈山海经〉》《从百草园到三味书屋》《五猖会》都对鲁迅的童年生活有所叙述，我们不妨将这些内容联系起来，并与自己的童年相联系，有助于破除我们对鲁迅先生的隔膜感。

### 第一环节：说故事

1. 阅读片段，小组表演课本剧。

片段：

大概是太过于念念不忘了，连阿长也来问《山海经》是怎么一回事。这是我向来没有和她说过的，我知道她并非学者，说了也无益；但既然来问，也就都对她说了。

过了十多天，或者一个月罢，我还记得，是她告假回家以后的四五天，她穿着新的蓝布衫回来了，一见面，就将一包书递给我，高兴地说道：

"哥儿，有画儿的'三哼经'，我给你买来了！"

我似乎遇着了一个霹雳，全体都震悚起来；赶紧去接过来，打开纸包，是四本小小的书，略略一翻，人面的兽，九头的蛇，……果然都在内。

这又使我发生新的敬意了，别人不肯做，或不能做的事，她却能够做成功。她确有伟大的神力。谋害隐鼠的怨恨，从此完全消灭了。

2. 自由点评，联系自己童年谈感受，小组代表总结发言。

3. 说故事。

提示：长妈妈保留了许多迂腐的习俗，如在新年的早晨要吃福橘，喜欢切切察察，喜欢告状，还盲目地对"长毛"的故事妄加评论，甚至还踩死了"我"喜爱的隐鼠，但目不识丁的她居然为"我"买回了一直渴望得到的《山海经》。你是否也曾在意外的人手里得到期盼已久的礼物，或因为一件小事改变对身边某个人的看法。请说说你的故事。

## 第二环节：谈心情

片段：

我忐忑着，拿了书来了。他使我同坐在堂中央的桌子前，教我一句一句地读下去。我担着心，一句一句地读下去。

两句一行，大约读了二三十行罢，他说：

"给我读熟。背不出，就不准去看会。"

他说完，便站起来，走进房里去了。

我似乎从头上浇了一盆冷水。但是，有什么法子呢？自然是读着，读着，强记着，而且要背出来。

粤自盘古，生于太荒，

首出御世，肇开混茫。

就是这样的书，我现在只记得前四句，别的都忘却了；那时所强记的二三十行，自然也一齐忘却在里面了。记得那时听人说，读《鉴略》比读《千字文》《百家姓》有用得多，因为可以知道从古到今的大概，那当然是很好的，然而我一字也不懂。"粤自盘古"就是"粤自盘古"，读下去，记住它，"粤自盘古"呵！"生于太荒"呵！……

应用的物件已经搬完，家中由忙乱转成静肃了。朝阳照着西墙，天气很晴朗。母亲，工人，长妈妈即阿长，都无法营救，只默默地静候我读熟，而且背出来。在百静中，我似乎头里要伸出许多铁钳，将什么"生于太荒"之流夹住；也听到自己急急诵读的声音发着抖，仿佛深秋的蟋蟀，在夜中鸣叫似的。

他们都等候着；太阳也升得更高了。

我忽然似乎已经很有把握，便即站了起来，拿书走进父亲的书房，一气背将下去，梦似的就背完了。

"不错。去罢。"父亲点着头，说。

大家同时活动起来，脸上都露出笑容，向河埠走去。工人将我高高地抱起，仿佛在祝贺我的成功一般，快步走在最前头。

我却并没有他们那么高兴。开船以后，水路中的风景，盒子里的点心，以及到了东关的五猖会的热闹，对于我似乎都没有什么大意思。

提示：鲁迅对自己从"笑着跳着"到感觉一切"都没有什么大意思"的心情变化写得很细致，体现了一位儿童心情的伤感与困惑，"我"对父亲是没有一句谴责之词，只是流露出对长辈不能理解的心情。想必大部分同学都有类似的生活经历，老师抽背书时、父母强迫完成某项任务时……你的心情如何呢？请给大家分享一下吧！

结束语：消除与经典的隔膜，很有必要。读经典作品，会丰富我们的人生感受和经验。鲁迅以一个文学家特有的敏锐，捕捉到种种富有情趣的童年生活场景。《朝花夕拾》中有快乐，有迷惘，有温暖的回忆，也有理性的批判，阅读这一经典，会丰富我们每个人对童年的体验。读经典作品，读鲁迅的作品，会比读当下流行的那些"文化快餐"有更多的收获。读经典作品，或许会有隔膜，但只要读，便会常读常新，可以涵养性情，启迪人生。

《朝花夕拾》不是为少年儿童写的，但鲁迅写了许多关乎少年儿童的事，同学们尽可以随便翻翻。待他年长大成人，有了自己的人生阅历，回忆所及，再来细读，掩卷三思，定会唏嘘不已。

**【评价名著阅读效果】**

表3　重庆市字水中学语文项目学习·名著阅读评价量表

| 维度 | 状况 ||| 总评（据星评级） | 主要问题（原因） | 再读建议 |
|---|---|---|---|---|---|---|
| | 很准确 ★★★ | 较准确 ★★ | 不够准确 ★ | | | |
| 鲁迅名片 | | | | | | |
| 文章内容理解 | | | | | | |
| 名著与自我联结的表述 | | | | | | |

（说明　总评优秀：8~9★；良好：6~7★；不太好：少于6★）

**【学习反思】**

反思成就自我

初一阶段让学生自己阅读《朝花夕拾》，是有一定困难的。教师意在将本课作为学生自主阅读的起点，为之后的自我阅读奠定基础，以及尽量消除其与经典的隔膜。

虽尽心竭力，但此设计的漏洞仍多。一在于资料太多，提炼太少。在课堂上就应重在对学生理解的引导、归纳和总结；二在于老师讲得太多，学生说得太少。在课堂上就要放开让学生去说故事、谈感想；三在于知识与情感灌注太多，方法指导太少。名著阅读指导课要关注于整本书阅读方法的提炼，让学生有可操作性。

深思之后，发现《朝花夕拾》指导课有很多切入点，如时空轴线——聚焦书中鲁迅的人生历程；如人物名片——切入人物涉及的主要事件；如从书中各类的民俗活动入手等。如果和"小伙伴"一起多角度切入并付诸学习实践活动，定能有更多收获吧！

七年级上册第三单元·阅读

# 聚焦矛盾读鲁迅
## ——《从百草园到三味书屋》到《朝花夕拾》

张艾琳

【学习课型】
主题专题课

【学习主题】
消除与经典的隔膜

【学习内容】
统编教材七年级上册第三单元:《从百草园到三味书屋》及名著导读

【设计意图】
　　《语文课程标准》指出:"阅读是学生的个性化行为。阅读教学应引导学生钻研文本,在主动积极的思维和情感活动中,加深理解和体验,有所感悟和思考,受到情感熏陶,获得思想启迪,享受审美乐趣。要珍视学生独特的感受、体验和理解。"本单元课文是要让学生了解不同时代少年儿童的学习状况和成长经历,体会童年生活的美好和学习生活的乐趣。《从百草园到三味书屋》作为单元首篇,具有研讨价值;《朝花夕拾》作为初中阶段第一部必读的名著,如何帮助学生"消除与经典的障碍"也值得研磨。本课设计旨在深入文本,引导学生从"小鲁迅"美好的童年记忆走到"大鲁迅"芜杂的内心深处,激发学生进行多维的思维碰撞,体会少年鲁迅的成长历程,感受成年鲁迅的情思。由"篇"到"本",让"篇"的学习有"本"的视野,"本"的学习又有"篇"的积累和关照,二者之间彼此呼应与联系,体现单元整体架构。
　　本设计旨在通过学习《从百草园到三味书屋》第二课时,达到与本单元名著导读的衔接。在学习本课之前,学生应已通过查找资料和教师讲解了解文章的写作背景,通过预习掌握基本字词、字义,并且自主阅读过通篇文章。从学生的兴趣点和问题点出发,聚焦"矛盾",让学生去找本篇课文和《朝花夕拾》当中看不懂的地方,先记录下来,以期通过本课的学习,学会分析整理的方法。

【学习目标】
1. 学习默读、研读的方式,增强分类、概括与整理文章中要点的能力。
2. 聚焦文中"矛盾"点,分析出并不"矛盾"的鲁迅与寿镜吾先生的形象。
3. 体会鲁迅在《从百草园到三味书屋》及《朝花夕拾》中夹杂的复杂情思。

【课前活动】
1. 让学生去找本篇课文和《朝花夕拾》当中看不懂的地方,先记录下来。
2. 预估学情:七年级的学生在思维上仍有局限性,对课上老师提出的问题和布置的任务往往会向非预期的方向发展,小组合作探究的效率也不会太高,这个时候课堂上的引导就显得尤为重要。

【课中活动】

导入:

在上一课时的学习中我们了解到,百草园在少年鲁迅的时光里是充满趣味性的,回顾一下这一部分都有哪些内容、哪些乐趣?

参考:探寻自然之乐;听民间传说之乐;雪地捕鸟之乐。

追问:这是百草园的真实照片,你喜欢这座园子吗?(展示PPT)

参考:不喜欢,因为什么都没有。

## 活动一:找百草园之"乐"

对于同样一处百草园,鲁迅之弟周作人也有一段描写:

予家会稽,入东门凡三四里,其处荒僻,距市辽远,先人敝庐数楹,聊足蔽风雨,屋后一圃,荒荒然无所有,枯桑衰柳,倚徙墙畔,每白露下,秋草满园而已。

问题:你看到了一个怎样的园子?

参考:"荒荒然无所有"的荒园。

其实《从百草园与三味书屋》当中也有类似的描述,PPT展示:

其中似乎确凿只有一些野草;但那时却是我的乐园。

单是周围的短短的泥墙根一带,就有无限趣味。

问题:读读这两个句子,你有什么发现?

参考:

① 只有"野草",却是"乐园"。

② 小范围的"泥墙根",却有无限趣味。

问题:这两处矛盾能让你感受到什么?(需要教师引导才可以)

参考:百草园的自由快乐,少年鲁迅的天真和童趣;鲁迅对百草园的无忧无虑生活的怀念。

小结:荒园却是乐园,看似可怖的蜈蚣和斑蝥,却极其有趣。看来我们只要在文中矛盾的地方多读读,就能够发现文字中童年鲁迅的自由快乐,还能捕捉到文字背后成年鲁迅的深沉情感。

## 活动二:品三味书屋之"趣"

出了百草园,出门向东,不上半里,走过一道石桥,便来到了三味书屋,这里有鲁迅的另一段深刻回忆。接下来,我们继续通过聚焦矛盾,去解读鲁迅记忆中的三味书屋。

PPT展示阅读小贴士,引导学生回顾、巩固默读策略。

问题:有谁还记得默读的要求是什么?

明确：

1. 不出声、不动唇、不指读、不回看，一口气读完全文。
2. 关注开头、结尾及文段中的关键语句。

学生自主默读3分钟，边读边圈划表达矛盾的地方。

学生自主默读3分钟后，教师出示小组合作要求，展示PPT：

小组成员轮流分享与解读发现的矛盾，并记录在发现单上。

小组展示组内最有价值的矛盾发现，选一人代表汇报，一人板书矛盾点与解读。其他组则可补充，可质疑。

（小组讨论）

（小组汇报，生成板书）

小结：刚才，大家带领老师，重新感受了一次活泼可爱的小鲁迅，再次回忆了严中有爱的寿镜吾先生。而这些，都是成年后的鲁迅的温馨的回忆。

这些记忆里有对童年逝去的悲叹、有对封建教育的丝丝批判，更多的则是对寿镜吾先生的深切怀念与真挚感激。

问题：为什么是怀念和感激呢？有没有人知道寿镜吾先生读的内容究竟是什么？（目的在于让学生清楚寿镜吾先生对于鲁迅产生了怎样的影响，由此可以扩展到《朝花夕拾》当中父亲对于鲁迅的影响。）

参考：这个故事讲的是一位誓死都要恢复李唐江山的热血男儿，在孩童们此起彼伏的背书声中，他为什么要诵读这个？想象一下，已度过大半生，满头白发垂垂老矣，宅在乡间书院中教授一群无心向学的孩童，我想寿镜吾那时的心境和李商隐写"一弦一柱思华年"的时候应该有几分相似。年轻时候的寿镜吾，是否也曾经和后来的鲁迅一样，心中常怀着家国天下？看自己的国家一日日沉沦下去，心中升起那样的豪情壮志。这些我们都无从可知了，而那时坐在讲台下偷偷描画绣像的鲁迅，又怎会懂得？鲁迅怪中国人太沦落，太不争气，谁知道当时端坐在讲台上的寿镜吾看那周姓少年时，是不是也是一样的心境？

先生仰头，"拗过去"的沉醉模样仿佛就在我们眼前，让我们再一次跟着先生读一次书吧。

**PPT展示：**

后来，我们的声音便低下去，静下去了，只有他还大声朗读着："铁如意，指挥倜傥，一座皆惊呢；金叵罗，颠倒淋漓噫，千杯未醉嗬……"我疑心这是极好的文章，因为读到这里，他总是微笑起来，而且将头仰起，摇着，向后面拗过去，拗过去。

小结：鲁迅追忆当年的三味书屋，写到这里，一定是嘴角含笑的。所以才有了这么调皮活泼的文字，文中才有了这么可笑可亲的先生。

## 活动三：悟成年之"情"

从"矛盾"的解读中，我们追寻到了少年鲁迅的踪迹。但其实当他执笔书写过去童年时，也抑制不住地显露了自己成年后的情思，我们一起来看看。

**PPT 展示：**

后来，因为要钱用，卖给一个有钱的同窗了。他的父亲是开锡箔店的；听说现在自己已经做了店主，而且快要升到绅士的地位了。这些东西早已没有了罢。

**追问：** 什么东西没有了？

**参考：** 绣像没有了，百草园的无忧时光和读书时光的独特乐趣已无从追忆。

**追问：** 你读出了鲁迅什么样的情思？

**参考：** 伤感、怀念、追忆、无奈。

**问题：**《朝花夕拾》中哪些篇目也让你感受到了作者如此复杂的情思？

**参考1：**

《父亲的病》中儿时的小鲁迅一定是十分悲伤的，他目睹父亲死时的场景，回想自己的过失，内心的愧疚必然如一根刺深深扎进他心里，久久难以拔去。

**参考2：**

《五猖会》中小鲁迅当时很想去看，可惜一直没有看上，他一定存着遗憾。

**参考3：**

《藤野先生》中鲁迅离开藤野先生的时候，藤野先生送给了他一张照片，上面写着"惜别"二字，日后，鲁迅一定时时感念他的恩师。

**教师配乐朗读：** 是啊，过去已经过去了，还好我们可以通过记忆，将其留存，反复品味。正如鲁迅在《朝花夕拾·小引》中的一段独白所说：

我常想在这纷扰中寻出一点闲静来，然而委实不容易。目前是这么离奇，心里是这么芜杂。……我有一时，曾经屡次忆起儿时在故乡所吃的蔬果：菱角，罗汉豆，茭白，香瓜。凡这些，都是极其鲜美可口的；都曾是使我思乡的蛊惑。后来，我在久别之后尝到了，也不过如此；惟独在记忆上还有旧来的异味留存。他们也许要哄骗我一生，使我时时反顾。

**小结：** "哄骗"这个词很好。因为现实里，童年和成年不可能同时存在一个时空里，唯独回忆里可以做到。因此在回忆性散文集《朝花夕拾》中童年与成年的情思是相互交织的，其中不仅有着儿童快乐的体验，还有着成人深沉的思考。这些复杂的情思在成年后的鲁迅的芜杂心境中开了一朵朵美丽的小花，抚慰与温暖了他奔波沧桑的心灵。

《朝花夕拾》里还有好些其他篇目，比如《无常》《二十四孝图》《范爱农》等等，这些记忆的小花又是怎样的姿态呢？接下来的课程，我们将继续走进《朝花夕拾》，一起采撷散落在鲁迅先生内心深处的那些记忆之花。

**【课后活动】**

1. 阅读《从百草园到三味书屋》《琐记》《藤野先生》，整理鲁迅先生求学的轨迹。（目的在于引入《朝花夕拾》专题研读）

2. 各小组分专题阅读《朝花夕拾》，绘制思维导图或制作《字水心语报》，完成后在班级内分享。

（参考专题：追忆求学苦与乐，树人当学周树人；细数鲁迅身边人，道是无情却有情；嬉笑怒骂皆文章，批判思想闪光芒；童真童趣稚子心，至善至美爱国情；跟着大师学作文，我

用我笔写我心等）

附：阅读方法指导

1. 略读。例如回忆的人和事。

2. 精读。例如了解细节，交代事情的来龙去脉、前因后果等。

3. 研读。例如人物形象的分析、写作特色的分析等。

4. 比读。例如为了得到更多的发现和感悟，有时就需要进行综合比较阅读，将整本书前后勾连，整合比较。

表1 重庆市字水中学语文项目学习·名著导读评价量表

| 维度 | 状况 优秀 ★★★ | 状况 良好 ★★ | 状况 不太好 ★ | 总评（据星评级） | 主要问题 | 再读建议 |
| --- | --- | --- | --- | --- | --- | --- |
| "矛盾"处的理解和解读 | | | | | | |
| 学习单完成满意度 | | | | | | |
| 文中人物及情感的分析 | | | | | | |
| 小组汇报及板书成果 | | | | | | |
| 思维的延展性 | | | | | | |

（说明　总评优秀：13~15★；良好：10~12★；不太好：少于9★）

【学习反思】

## "篇"与"本"的联结

统编教材既注重单元的整体性，也格外注重由课内向课外名著延伸阅读。在这样的背景下，如何寻找名著阅读教学与单元课文教学的联结点就成了一个难题。这堂课关注单元"成长"的主题，让学生感受到《朝花夕拾》的复杂性，即大、小鲁迅的双重视角，温馨的回忆与犀利的批判，抒情的柔和与深沉的悲怆等，这些都需要再去深入地研读。从单篇散文里大、小鲁迅的双重视角到整本散文集里温馨的回忆与理性的批判，单篇到整本有很多的教学联结点，还可以是"鲁迅的教育观""影响鲁迅成长的人"等，这些联结点，都可以让单篇走向整本，最终会让师生打开更多的内容。然而课堂总是充满着遗憾，那正是我们不断进取、不断完善的魅力之所在。

附：《从百草园到三味书屋》第2课时——小组学习发现单

【学习目标】

1. 通过语言矛盾的品析，了解三味书屋的独特乐趣。

2. 理解美好回忆对成年鲁迅芜杂心灵的抚慰作用。

【小组学习任务】

仔细阅读三味书屋（10～24段）的部分，找出文中表达矛盾的地方，并揣摩矛盾背后的表达意图。

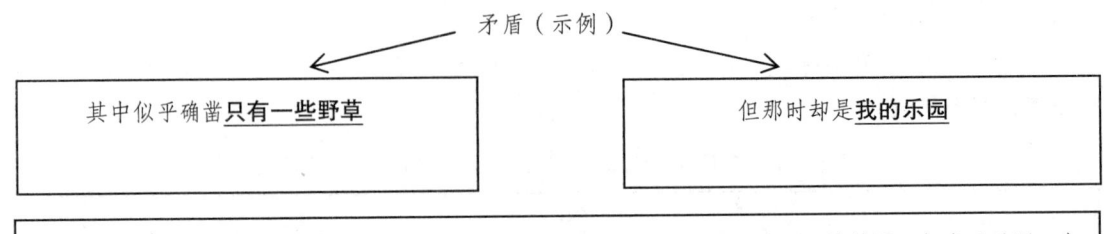

矛盾（示例）

| 其中似乎确凿**只有一些野草** | 但那时却是**我的乐园** |

**解读示例：** 此处"只有一些野草"和"乐园"表达矛盾。本就是一座人迹罕至的荒原，却成了乐园，本就是不起眼的短泥墙根，却趣味无限。看来这座百草园不是大人的乐园，是天真孩童眼中的独特世界，是无限的自由与快乐天地，在这座园里的万事万物中我都能感受到少年鲁迅的童真与童趣。除此之外，我猜想当成年后的鲁迅再次写下"乐园"两个字时，一定满是对孩童时期无忧无虑生活的怀念之情。

矛盾1

| | | |

我们的解读：

矛盾2

| | | |

我们的解读：

**阅读方法小贴士**

聚焦矛盾：

关注本文语言，捕捉词与词、句与句、内容与内容之间意思上的对立关系，揣摩其言外之意或复杂感情，往往能够帮助你深入理解文章。

> 七年级上册·阅读

# 跳跃前行效率高　精思鉴赏体味深
## ——《朝花夕拾》中的民俗文化

陈　凤

**【学习课型】**
主题专题课

**【学习主题】**
名著阅读指导

**【学习内容】**
《朝花夕拾》中的《狗·猫·鼠》《阿长与山海经》《五猖会》《父亲的病》

**【设计意图】**
《语文课程标准》对第四学段阅读的要求："欣赏文学作品，有自己的情感体验，初步领悟作品的内涵，从中获得对自然、社会、人生的有益启示。对作品中感人的情境和形象，能说出自己的体验；品味作品中富于表现力的语言。"结合七年级上册的第一部名著阅读《朝花夕拾》，准备抓住其中的民俗文化，感知鲁迅先生"温馨的回忆和理性的批判"，并进行一些阅读方法的指导。

**【学习目标】**
1. 寻找书中的民俗活动，了解《朝花夕拾》中的民俗情结。
2. 激发学生阅读兴趣，学会用跳读和精读相结合的方法进行阅读。
3. 初步感知鲁迅笔下温馨的回忆和理性的批判。

**【课前活动】**
学生上网查阅"老鼠成亲""吃福橘""五猖会""临终风俗"的资料，了解民俗活动的时间、活动形式、目的、意义等。

**【课中活动】**

# 活动一：初识"民俗"

**第一环节：学生交流，分享生活中的民俗活动**

**第二环节：老师介绍绍兴风俗**

参考：

1. 鲁迅曾经回忆到，在他出生后，按照绍兴风俗，家人依次给他尝了五样东西：醋、盐、黄连、钩藤、糖，象征着在人生道路上，要首先备尝艰辛，只有在经历苦难与磨炼之后，才能够体验到人生的甜美与幸福。

2. 绍兴还有一个让孩子拜和尚为师，以求避鬼的习俗。鲁迅是家中的长子，他的父亲怕他夭折，在他不到一岁时便带他到长庆寺拜了一个和尚为师，取法名"长庚"。

3. 绍兴民间还用"百家衣"辟邪：从各家取一块布片，将布片拼合起来做成"百家衣"，以期孩子健康成长。

鲁迅的祖母还有长妈妈给他讲述民间故事；鲁迅经常参加社戏、迎神赛会、新年等民俗活动。

总结：鲁迅生于曾经作为越国都城的绍兴，他的童年和少年时代都是在绍兴度过的。他从小就深受吴越地区民间文化的熏陶和影响，鲁迅的生活和文学创作都表现出与绍兴民俗的密切联系。

# 活动二：体验"跳读"

### 第一环节：小组合作交流

采取小组合作探究的形式，每一个小组选择一篇文章即可，交流查到的民俗资料。

1. 任务：阅读《狗·猫·鼠》《阿长与山海经》《五猖会》《父亲的病》。
2. 目的：了解民俗活动时间、形式，梳理目的意义等。
3. 方法：跳读。

（快速浏览，略知大意——根据目的，舍弃忽略）

4. 时间：5分钟。

### 第二环节：老师补充介绍

参考：

1. "老鼠嫁女""老鼠娶亲"的年画和剪纸在我国民间被视为"吉祥物"，过年过节时贴在墙上和窗户上。在江南一带的民间传说中，老鼠是害人的，不吉利，所以旧历年三十夜要把它嫁出去，以确保来年平安吉祥。上海郊区有些地方说老鼠嫁女是在正月十六，这天晚上，家家户户炒芝麻糖，就是为老鼠成亲准备的喜糖。

2. "吃福橘"是福建省等地的传统过节风俗。人们在大年初一吃福橘寓有团圆、如意、幸福等祈愿。正月初一，为春节之始，古称"元旦"，又称"新正""大年初一"，为绍兴一年中最隆重的节日。人们要吃福橘、汤团、如意糕和喝元宝茶。"福橘"之所以被称为福橘，是由于这种橘子产于福建，因为带着一个"福"字，为取吉利，江浙民间在大年初一早晨有吃福橘的习俗。对于阿长来说，吃福橘意味着她一年的好运气。这种习俗寄托着下层劳动人民对美好生活的渴望——平安、幸福，同时也是对生命的执着和热爱。

3. "五猖"又称"五通""五圣"。绍兴人把它们说成是马、猴、狗、鸡、蛇五种动物之精。五猖会是迎神赛会的一种，就是把五猖庙里的"五通神"请出来巡游。这些迎神赛会当然是迷信活动。但在当时，广大贫苦人民生活在水深火热之中，根本无法享受正常的文化娱乐活动，赛会在这个意义上说，也算作是一种群众性的娱乐活动。

## 活动三：体验"精读"

### 第一环节：学生自读

1. 任务：阅读每篇作品相应片段。
《狗·猫·鼠》第 10 段
《阿长与山海经》第 6～11 段
《五猖会》第 4 段
《父亲的病》第 25～35 段
2. 目的：读出趣味、韵味、奥妙、哲理、问题。
3. 方法：精读（细读、思考、鉴赏）。
4. 思考：儿时的鲁迅和成年的鲁迅对这些习俗所持的态度。
5. 时间：5 分钟。

### 第二环节：小组合作

小组合作，细解文本，填写表格

表1　重庆市字水中学初中语文项目学习·民俗文化评价量表

| 维度 | 状况 ||||  总评（据星评级） | 再读建议 |
||鲁迅的态度||||||
|| 儿时的态度 | 成年的态度 | 分析很准确 ★★★ | 分析较准确 ★★ | 分析不准确 ★ |||
| 老鼠成亲 | | | | | | | |
| 吃福橘 | | | | | | | |
| 五猖会 | | | | | | | |
| 临终风俗 | | | | | | | |

（说明　总评优秀：10～12★；良好：7～9★；不太好：少于6★）

参考：

1. 关于"老鼠成亲"，儿时的鲁迅是充满遐想、苦苦期盼，却又无尽失落。而成年的鲁迅却是喜爱的。鲁迅对老鼠的喜爱，不仅是由于它们外形的可爱，更多的是在它们身上看到了生命的直率本真。鲁迅先生对人类婚礼仪式的繁文缛节、虚荣铺张、聚众敛财的虚伪本质的洞见可谓一针见血。

2. 关于"吃福橘"，儿时的鲁迅是不情愿和不耐烦的，而成年的鲁迅是理性地看待。这样一个风俗对于童年的"我"来说，只是一个不得不完成的程序，自然，他不懂得这里面的文化内涵，只是觉得是元旦辟头的磨难，是不得不承受的烦琐之事。成年的鲁迅的视角并没有对这一迷信风俗给予致命的批判，福橘对阿长来说意味着一年的好运气，这样一种偶像崇拜，寄托着下层人民卑微的希望，不要有大灾大难，只求人生的平安和幸福，这是对生的执着和热望，是对生命的敬畏和体认。在长期的历史发展过程中，大部分的民俗文化都摆脱了原始的封建迷信，演变成人们的娱乐活动。

3. 关于"五猖会"，儿时的鲁迅急切、兴奋，却又扫兴，而成年的鲁迅仍然是理性地看待这一风俗。迎神赛会多为纪念神灵或遇天灾求神护佑的，寄托着不能主宰自己命运的底层人民对未来幸福生活的期盼；而对小孩子来说，迎神赛会给他们贫乏单调的生活增添了很多乐趣和色彩。

4. 关于"临终风俗"，儿时的鲁迅是厌恶的，而成年的鲁迅更是辛辣地批判这一种封建的陋习。父亲没有安心离开人世成了鲁迅的终身遗憾，也使他对封建陋习充满了厌恶。

## 活动四：温馨的回忆　理性的批判

**第一环节：细读《小引》，圈点勾画，简单批注**

**第二环节：精读文章，交流分享心得体会**

结合精读的四篇文章，交流分享在《朝花夕拾》这部散文集中读到了鲁迅先生怎样的情感态度？请以"我读出了鲁迅先生＿＿＿＿＿＿＿＿（情感态度）"来作答。

参考：

1. 我读出了鲁迅对中国民俗文化的深入思考和渗透其中的褒贬爱憎之情。

在《朝花夕拾》这部散文集中，鲁迅记叙了自己童年、少年、青年时代的生活片段。在民俗描写方面，鲁迅用了不少笔墨，展示了一幅幅带有绍兴地方色彩的民俗画卷，可以使我们了解清末民初丰富多彩的江南民俗风情。这可以看到鲁迅对中国民俗文化的深入思考，其中渗透着鲁迅的褒贬爱憎。

2. 我读出了先生对民俗文化的赞美与批判。

在《朝花夕拾》中，鲁迅以一种相对平和的心境回忆过去的生活，同时在诗意的叙述中透露出对现实的思考。鲁迅对待民俗，有着守持中华民族"固有之血脉"的愿望，又有着对民俗中糟粕的批判。在对绍兴民俗的赞美与批判这两种视角的转换中，体现了鲁迅对国民性问题的思考以及对国民性改造与重建的期待。

3. 我读出了先生对中国文化的重建、再造和复兴。

对中国文化的批判反思是鲁迅文化思想的重心和主体，然而批判的根本目的不是单纯的打倒、推翻和毁坏，它在深层意义上着眼于重建、再造和复兴。因此，鲁迅对于民俗的关注，对民俗的针砭扬弃，实质上是对民间善与美的发掘，是对民间所蕴含的自由精神和生命力的张扬，借此助国民性改造一臂之力。

小结：温馨的回忆，理性的思考。

**【课后活动】**

采用"跳读"与"精读"结合的方法，阅读余下的6篇文章，发现更多的民俗文化，思考其中渗透着鲁迅怎样的褒贬爱憎，深入体会其中的民俗情结。

【学习反思】

## 民俗与名著

  大多数学生认为鲁迅先生的文字晦涩难懂,即使想读也读不下去,这使他们缺乏阅读《朝花夕拾》的兴趣。我认为导致这一现象的原因主要有以下几个:第一,当时白话文运动兴起,现代语法规范没有完全确定下来,学生看不懂《朝花夕拾》中部分文字;第二,鲁迅先生所处的社会局势复杂,其文字中也蕴藏着深邃的思想,而学生对历史背景知识了解有限,对鲁迅先生的人生轨迹不清楚,这也就导致了学生无法认识到鲁迅先生文字中的文学性和思想性。所以学生害怕读鲁迅先生的文章,对《朝花夕拾》只能囫囵吞枣,甚至望而却步。这节课最大的目的是要通过有趣多样的民俗活动激发学生阅读《朝花夕拾》的兴趣,并且初步认识到鲁迅先生作品的思想性,以此促进学生对此书的认识。

  我自认为本堂课基本达成了学习目标。不过由于经验所致,老师讲解过多,学生的思维生长过程不很明晰,今后将努力改进。

七年级上册第三单元·阅读

# 幸运地遇见了你

曾　敏

【学习课型】

主题凸显课

【学习主题】

师生情

【学习内容】

统编教材七年级上册第三单元：《再塑生命的人》《从百草园到三味书屋》9～24自然段

"语文主题学习"丛书七年级上③：《不仅仅是左手》（第80页）

【设计意图】

《语文课程标准》第四学段阅读方面的要求："能养成默读习惯，有一定速度，阅读一般的现代文，每分钟不少于500字。能较熟练地运用略读和浏览的方法，扩大阅读范围。"教材第三单元的重点就是要学习默读，保证阅读感知的完整性和一定的阅读速度，从而在阅读中把握基本内容，了解文章大意。基于这样的准则，本次教学设计着重教会学生默读的方法以及通过默读学会抓住标题、开头、结尾和关键语句，迅速了解文章大意，体会其中的思想感情。

【学习目标】

1. 继续学习默读，在保证一定速度的前提下一气呵成地贯通全文。
2. 学会抓住标题、开头、结尾和关键语句，迅速了解文章大意。
3. 结合自己的生活体验，获得人生启示。

【课前活动】

1. 学生自读统编版教材七年级上册三单元，"语文主题学习"丛书七年级上③：《不仅仅是左手》。

自读要求：

① 不出声，不动唇，不指读，不回看，一气读完全文。

② 阅读时重点关注标题、开头、结尾及文段中的关键语句。

2. 自己动手收集资料：三篇文章的作者的生平简介。（海伦·凯勒、池莉、鲁迅）

3. 预估学情：学生可能不太理解鲁迅先生对寿镜吾先生的情感。

【课中活动】

过渡语：

在成长的路上，我们会遇到很多人，发生很多事，这些人和事会给我们全新的感受和启迪。

## 活动一：走近作者　了解背景

（以小组为单位，学生自己把课前收集到的作者资料展示出来）

表1　作者资料参考表

| 作者 | 重要评价 | 主要作品（成就） | 背景介绍 |
|---|---|---|---|
| 海伦·凯勒（1880.6.27—1968.6.1），出生于美国亚拉巴马州 | 美国女作家、教育家、慈善家。她曾被美国《时代周刊》评选为"二十世纪美国十大偶像"，还被授予"总统自由奖章" | 《假如给我三天光明》《再塑生命的人》《冲出黑暗》 | 她19个月大时因急性脑炎被夺去视力和听力，后来以惊人的毅力完成哈佛大学的学业，成为首个获得文学学士学位的盲聋人 |
| 池莉 1957年生于湖北 | 当代著名女作家。中国作家协会会员，现任武汉市文联主席 | 《来来往往》《小姐，你早》《池莉小说精选》《一夜盛开如玫瑰》《生活秀》《怀念声名狼藉的日子》 | 1974年高中毕业，为下放"知青"；1976年就读于冶金医学院。1979年毕业后，担任医生。1990年调入武汉文学院，为专业作家 |
| 鲁迅（1881.9.25—1936.10.19），曾用名周樟寿，后改名为周树人，曾字豫山，后改豫才，浙江绍兴人 | 著名文学家、思想家、民主战士，五四新文化运动的重要参与者，中国现代文学的奠基人 | 《呐喊》《彷徨》 | 光绪十八年（1892年），入三味书屋从寿镜吾读书，课余影描图画。与章闰水建立友谊 |

## 活动二：默读训练　自我评价

表2　重庆市字水中学语文项目学习·学习和巩固默读训练评价量表

| 维度 | 状况 完全达成 ★★★ | 状况 基本达成 ★★ | 状况 达成度不太好 ★ | 总评（据星评级） | 主要问题 | 学习建议 |
|---|---|---|---|---|---|---|
| 默读：不出声，不动唇，不指读，不回看。边读边思，边读边记 | | | | | | |
| 有速度地默读 | | | | | | |
| 整体性默读，整体感知和理解 | | | | | | |

（说明　总评优秀：8~9★；良好：6~7★；不太好：少于6★）

## 活动三：深入文本　合作探究

过渡语：

海伦·凯勒、池莉、鲁迅是三个背景经历完全不同的人，幸运的是在他们的学习生活中遇到了对他们一生都有影响和帮助的人。

### 第一环节：再塑生命的人——安妮莎莉文

问题：为什么海伦认为安妮莎莉文是再塑她生命的人？

通过默读并结合课文的标题、开头、结尾和关键语句感悟莎莉文老师这一形象，理解作者对莎莉文老师敬爱和感激的情意。

参考：海伦·凯勒是一位特殊的盲人，她不只盲，还听不见也不能言说，这样的身体情况，一般人都不曾经历，也无从想象。可以试着让学生闭上眼睛，捂上耳朵，通过类似"模拟"来想象海伦·凯勒的日常生活状况，体会她的困境与感受。还可以通过情景再现，激发学生体会海伦·凯勒在莎莉文老师教学过程中的心理变化和莎莉文老师的耐心、细致、温情。

### 第二环节：不仅仅是左手——王老师的双手

问题：我从王老师的那双手能做到的事中领悟到了什么？

（默读，从文中寻找关键语句，也可结合自身实际谈感悟）

参考："手"在文章中起线索作用，王老师的教书做人都靠手，蕴含了一种靠自己的双手创造自己生活的含义。在那个年代，王老师虽然穷，但用百宝箱修补自己、学校和乡邻的生活，因而活得有志气。全文充满了我对王老师的敬佩和赞美之情。

### 第三环节：三味书屋——寿镜吾老先生

1. 情景假设。

如果三味书屋里的寿镜吾老先生做你的老师，你会喜欢他吗？为什么？

小组积极讨论，派出代表发言。

学生交流情况：大多数学生认为不喜欢，并从文中找出了相应的语段来加以佐证。

（这个活动意图引导学生理解文中的一个难点，即鲁迅先生对寿镜吾老师的感情）

2. 教师解惑答疑。

同学们好像都不太喜欢寿镜吾老先生，那鲁迅先生对他是一种什么感情呢？我们走进文本来研读。

参考：童年鲁迅显然多少是怀着一种好奇心来看老师"读书"得"入神"的，但这构成了他童年记忆中终生难忘的一个神圣瞬间，或许他正是在这个瞬间，朦胧地感悟到了读书的乐趣，并影响了他一辈子的读书与写作。因此，三味书屋里的寿老先生，在童年鲁迅与成年鲁迅的心目中，都是值得怀想的。

## 活动四：一课一得　畅谈感想

过渡语：
为什么遇到他们三位是我们人生中的幸运？幸运在哪？你们人生中幸运地遇到了谁呢？
（学生自己谈感想）

结束语：
我们生活中遇见过许多人，他们的言传身教，让我们敢于扬起船帆，乘风破浪，驶向前方，驶向梦想的彼岸。很幸运遇见了他们！

**【课后活动】**

在你的学习生活中也会遇见"带给你幸运的人"，请为他写一段颁奖词，并在"字水书院·百家小讲坛"栏目里分享。

**【学习反思】**

### 幸运地遇见了你

一堂好课犹如一篇好文章，必须有清晰的条理，有充实的内容，有情感的发掘。本课是主题阅读课，内容主要是写学习生活的。三篇文章的作者都是通过回忆学习生活中对自己有重大影响的人的事迹来抒发心中的敬佩、怀念、感激之情。《再塑生命的人》《不仅仅是左手》的内容比较简单，学生通过默读勾画重点及关键性语句就能很好地体会对恩师的情感。《从百草园到三味书屋》中学生对鲁迅先生对寿镜吾老先生的情感理解有困难，我虽然通过情景假设的方式和讲解试图让学生更好地理解鲁迅的敬佩之情，但效果还不够理想。学生只是通过老师讲解，明白是敬佩之情，但还不能深刻地理解。还需要进一步通过外貌、语言、动作描写的方式，理解"先生"这个人物形象，体会鲁迅对"先生"的感激之情。

如果学生能从本课中收获一点点，能够学会理解师长，感恩老师，并发自内心地说一声"幸运地遇见了你"，这就是为人师长的最大幸福啊！

## 七年级上册第四单元·阅读

# 驿路梨花处处情

### 雷云丽

**【学习课型】**

主题凸显课

**【学习主题】**

感知美好人性

**【学习内容】**

统编教材七年级下册第四单元：《驿路梨花》

相关主题文章：《叶圣陶先生二三事》（张中行）、《最暖心的事》（美国 鲍勃·布劳顿）、《老王》（杨绛）、《伟大的悲剧》（奥地利 茨威格）

**【设计意图】**

《语文课程标准》中指出：学生应"学会运用多种阅读方法。有较为丰富的积累和良好的语感，注重情感体验，发展感受和理解的能力。""能初步鉴赏文学作品，丰富自己的精神世界。""在语文学习过程中，培养爱国主义、集体主义、社会主义思想道德和健康的审美情趣，发展个性，培养创新精神，逐步形成积极的人生态度和正确的世界观、价值观。"因此，在教学本课时，我先采用略读，使学生粗知文章梗概；再采用精读，使学生品析文章巧妙的构思及作用；最后，找出文中描写梨花的句子，使学生理解标题的妙处。这样，就顺理成章地使学生理解了本文歌颂助人为乐的精神、揭示雷锋精神代代相传的主题。

**【学习目标】**

1. 学习本文精巧的构思。
2. 体会标题的巧妙及深刻含义。
3. 学习助人为乐的雷锋精神，体悟作者在字里行间颂扬的美好人性。

**【课前活动】**

1. 学生自读彭荆风的《驿路梨花》、张中行的《叶圣陶先生二三事》、（美国）鲍勃·布劳顿的《最暖心的事》、杨绛的《老王》、（奥地利）茨威格的《伟大的悲剧》。

2. 自读课文，将不理解的字词和感受深的句子做上不同的标记。

预设：

（1）字音。

简陋（lòu）　　　　荨（xùn）　　　　竹篾（miè）　　　　撵（niǎn）走

麂（jǐ）子　　　　修葺（qì）　　　　驿（yì）路梨花

（2）词义。

陡峭：形容山势直上直下。

修葺：修理房屋。葺，用苇草覆盖房顶。

修长：长。修，也是长的意思。

恍惚：精神不集中，神志不清。

折损：指损伤，损失。

简陋：形容简单而鄙陋。

悠闲：从容闲适而无所牵挂。

晶莹：形容光亮而透明，多数是指露珠等球形物体。

3. 查阅资料，走进课文。

（1）文章标题是《驿路梨花》，这个标题有什么作用？

（2）究竟谁是小茅屋的主人呢？

（3）课文讲了一件什么事？

4. 预估学情。

描写美好人性的文章不胜枚举，但学生受阅历的影响，容易浅层次地解读文本。因此，在教学中，我们要选择适宜的教学视角，引导学生走进文本深处，读出作者对美好的人性光辉的思考。

**【课中活动】**

导入：

同学们，你们喜欢春天吗？春天一到，万物复苏，百花竞放。不必说芳华灼灼的桃花，也不必说红粉似霞的杏花，单是那洁白胜雪的梨花，就已经能引起人们的无边遐思。古往今来，多少文人墨客倾其笔力，大绘春花，留下许多不朽的篇章。今天，我们就来一起学习当代著名作家彭荆风的作品——《驿路梨花》。

（设计意图：调动学生的生活储备，创设愉悦氛围，激发学习兴趣）

**第一环节：略读课文　整体感知**

略读课文，概括本文写了哪些人？做了什么事？究竟"谁是小茅屋的主人"？

参考："我"和老余发现小茅屋——瑶族老人为小屋送米——"我们"一起修葺小茅屋——梨花妹妹照看小茅屋——梨花妹妹说十多年前解放军路过这里并建造了小茅屋——姐姐梨花照料小茅屋。小茅屋的建造者和照料者都是小茅屋的主人。

**第二环节：精读课文　构思巧妙**

1. 这篇课文何以构思如此精巧、如此波澜起伏、引人入胜呢？

明确：作者巧设两次误会和三个悬念。

两次误会：第一次是第13段和第14段，我们认为瑶族老人是主人，他说不是；第二次是第30—32段，我们和瑶族老人认为哈尼小姑娘是主人，然而又不是。

三个悬念：第一个是第7段和第8段，我们正焦急时，发现了小茅屋，里面却没人没灯，于是发出疑问：这是什么人的房子呢？第二个是第 12 段至第 14 段，我们认为是瑶族老人是主人，老人不是。到底谁是主人呢？第三个是第 29 段至第 32 段，分角色朗读一下吧（旁白、瑶族老人、哈尼小姑娘）。这一处的悬念是解放军叔叔为什么盖房子呢？

**资料助推：**

悬念：又叫"扣子"。它在心理学上是指人们急切期待的一种心理状态。悬念在小说创作中，就是把作品中的精彩部分或重要内容，先在某一部分（开头或中间）作一暗示，故意让读者不知道详情，从而促使读者以急切的心情往下看，正如美国戏剧理论家贝克所说的，它是一种使"兴趣不断地向前延伸和欲知后事如何"（《戏剧技巧》，乔治·贝克著，余上沅译，中国戏剧出版社，1985 年）的艺术手法。

2. 作者是不是完全按照事件发展的先后顺序记叙的呢？这种记叙顺序有什么好处？

参考：不是。插叙了瑶族老人借住并照料小茅屋；解放军建小茅屋；梨花姑娘照料小茅屋。好处：交代了小茅屋的建造者、照料者，以及这样做的原因，歌颂了发扬雷锋精神的人，丰富了文章内容，使故事情节曲折动人。

**资料助推：**

插叙：是在叙述中心事件的过程中，为了帮助展开情节或刻画人物，暂时中断叙述的线索，插入一段与主要情节相关的内容，然后再接着叙述原来的内容。

插叙的作用有三：

（1）在叙事时运用插叙，可使所写的内容更加充实，情节更加充分，人物形象更加丰满，使文章的主题更鲜明、更深刻。

（2）可以起到补充主要事件或衬托主要人物的作用。

（3）可使文章的结构避免呆板、拘谨，使行文起伏多变。

### 第三环节：赏读文章　情感升华

小组讨论：文章一共有几处描写梨花？各有什么含义？标题《驿路梨花》中的梨花除了自然界的梨花外，还指什么？有什么妙处？

参考："驿路梨花"是盛开在边疆驿路上的梨花，在作者笔下，这既是自然界的梨花，又是梨花姑娘，还是雷锋同志助人为乐精神的象征，也是边疆民族优良民风的体现。"驿路梨花"将标题与主题、形式与内容、梨花的自然美和人物的心灵美融为一体；同时，"驿路梨花"语出陆游的诗，这也为文章增添了古典的韵味。

**资料助推：**

1. 作者彭荆风谈写作《发现和传播生活中的美》。

"我"写"我"从前走在云南的哀牢山、无量山、乌蒙山、澜沧大黑山那些大山里，尽管山野荒僻，四周无人，但是都会在关键的地段，突然遇见这样无人看守、却能长久在风霜雨雪中存在的小茅屋，一颗悬着的心也顿时得到了安定。小屋的出现告诉"我"，今夜有了安全的宿处了，不必为无处歇宿而担心。在边地行走时，在深山大岭间错过了站头，不得不进入这类山间无人小屋过夜时，那份如在茫茫大海里获救的心情，是何等激动！所以，每一次经过那些小屋,每一次的歇宿,都给了"我"很深的印象;不仅也会在临走时积极地参与拾柴、维修小屋;而且在离开后还会时常想着,应该怎样通过文学作品去描述这些好人好事,把边地人民这种流传已久的朴实美德传播开去,与中华人民共和国成立后正在提倡的新风尚相融合。

2. 引入陆游《闻武均州报已复西京》中的诗句"悬知寒食朝陵使,驿路梨花处处开"。

## 第四环节:品读其他文章　感受美好人性

过渡语:

在这缤纷的世界里,有一样东西,它比鲜花更灿烂,比阳光更温暖,比金子更珍贵,那就是美好的人性!美好的人性不仅仅体现在哀牢山深处梨花林旁的小茅屋,还蕴含在我们生活的时时处处……

1. 快速阅读文章:《叶圣陶先生二三事》(张中行)、《最暖心的事》(美国　鲍勃·布劳顿)、《老王》(杨绛)、《伟大的悲剧》(奥地利　茨威格)。

2. 思考、讨论:

① 四篇文章的主题分别是什么?并说说读后给了你什么启示?

② 学生速读后小组合作探讨,交流心得。

表1　深入阅读作业参考表

| 篇名 | 主题 | 启示 |
| --- | --- | --- |
| 《叶圣陶先生二三事》 | 作者通过一些典型事例叙写了一个躬行君子、堪为师表的忠厚长者独具而可贵的精神风貌:宽以待人,严以律己 | 我们在学习和生活中要学习叶先生的品格,宽厚待人,严格律己 |
| 《最暖心的事》 | "我"在母亲节深夜送一个即将告别生命的老人到敬老院时,满足她的每一个愿望,最后到达目的地,不收她的出租车费,还给了她一个拥抱,她感到很快乐,"我"也感到很温暖 | 对待弱势群体要友善、有耐心。在生活中多做一些"微不足道的能帮助人的小事",也许会给别人带去很大的温暖 |
| 《老王》 | 本文通过写作者与车夫老王的交往,反映了老王艰苦的生活及其困境中善良厚道的品格,含蓄地提出了关怀不幸者的社会问题,也体现了作者平等的观念和人道主义精神 | 幸运者只有关爱不幸者的责任,没有歧视不幸者的理由 |
| 《伟大的悲剧》 | 本文写斯科特探险队一行五人精疲力竭又满怀希望地奔向南极点,却悲哀地发现挪威人已经捷足先登,只好无奈但又十分坚毅地踏上归途,最后一个个悲壮地死去。表现了斯科特探险队员在面对失败和死亡时勇敢、坦然、镇定的精神面貌 | 要学习斯科特探险队勇于探索自然的精神、献身事业的崇高品质和强烈的团队合作意识 |

3. 小结:

尽管这四篇文章的主人公身份不同,有普通百姓有探险英雄,有知识分子有人力车夫,但他们都展现出自己独特的优秀品质,他们身上都闪烁着美好人性的光芒!

【课后活动】

## 活动一：轻轻吟诵 细细品味

（朗读描写梨花的古诗名句，选择自己喜欢的背诵，至少5句）

（1）雨打梨花深闭门，孤负青春，虚负青春。——唐寅《一剪梅·雨打梨花深闭门》
（2）寂寞空庭春欲晚，梨花满地不开门。——刘方平《春怨》
（3）海棠未雨，梨花先雪，一半春休。——王雱《眼儿媚·杨柳丝丝弄轻柔》
（4）燕子来时新社，梨花落后清明。——晏殊《破阵子·景》
（5）梦回人远许多愁，只在梨花风雨处。——辛弃疾《玉楼春·风前欲劝春光住》
（6）柳絮风轻，梨花雨细。——谢逸《踏莎行·柳絮风轻》
（7）三更月，中庭恰照梨花雪。——贺铸《子夜歌·三更月》
（8）玉容寂寞泪阑干，梨花一枝春带雨。——白居易《长恨歌》
（9）水晶帘外娟娟月，梨花枝上层层雪。——杨基《菩萨蛮·水晶帘外娟娟月》
（10）雨后寒轻，风前香软，春在梨花。——仲殊《柳梢青·吴中》
（11）冷艳全欺雪，余香乍入衣。——丘为《左掖梨花》
（12）落尽梨花春又了。满地残阳，翠色和烟老。——梅尧臣《苏幕遮·草》
（13）雪粉华，舞梨花，再不见烟村四五家。——关汉卿《大德歌·冬景》
（14）莺莺燕燕分飞后，粉淡梨花瘦。——元好问《虞美人·槐阴别院宜清昼》
（15）漠漠梨花烂漫，纷纷柳絮飞残。——陈允平《红林擒近·寿词·满路花》
（16）柳叶随歌皱，梨花与泪倾。——黄庭坚《南歌子·槐绿低窗暗》
（17）强携酒、小桥宅，怕梨花落尽成秋色。——姜夔《淡黄柳·空城晓角》
（18）离恨远萦杨柳，梦魂长绕梨花。——刘迎《乌夜啼·离恨远萦杨柳》
（19）夜来能有几多寒，已瘦了、梨花一半。——黄升《鹊桥仙·春情》
（20）更落尽梨花，飞尽杨花，春也成憔悴。——汪元量《莺啼序·重过金陵》

## 活动二：牛刀小试 书写美好

以"人性中的美好"为话题写一篇作文。

要求：（1）自拟题目，如《温暖》《瞬间》《那一束光》《遇见》《美》《这可不是一件小事》《爱上一座城》等题目，尽情对美好人性进行解读。（2）抒写真情实感。（3）可学习课文运用插叙、设置悬念、正面描写与侧面描写相结合等手法。

结束语：

人性的美好无处不在！就像和煦的春风，吹拂着大地，吹暖了人们的心房，吹出了一个美丽的新世界！

**【评价阅读效果】**

表2　重庆市字水中学语文项目学习·感知美好人性阅读课评价量表

| 维度 | 状况 ||| 总评（据星评级） | 主要问题 | 再读建议 |
|---|---|---|---|---|---|---|
| | 很准确 ★★★ | 较准确 ★★ | 不够准确 ★ | | | |
| 内容的理解 | | | | | | |
| 主题的把握 | | | | | | |
| 书写美好人性 | | | | | | |

（说明　总评优秀：8~9★；良好：6~7★；不太好：少于6★）

**附板书设计：**

驿路梨花

发现小屋　　梨花

小屋　　　　解除饥饿疲劳　　周到细心

老人述说　　梨花

小屋来历　　解放军

热情赞美　　以花喻人　　雷锋精神　　美好人性

**【学习反思】**

**让课堂灵动　　让学生乐学**

通过对《驿路梨花》这篇文章的教学，我更深刻地认识到精心设计课堂问题十分重要。课堂设计的问题要能激发学生的学习兴趣，要由浅入深。本课设计的主问题如下：

1. 围绕"谁是小茅屋的主人"概括本文有哪些人？做了什么事？

2. 这篇课文何以做到如此的构思精巧、如此的波澜起伏、引人入胜呢？

3. 文章一共有几处描写梨花？各有什么含义？标题《驿路梨花》中的梨花除了自然界的梨花外，还指什么？有什么妙处？

这样的问题引起了孩子们浓厚的兴趣，促进孩子们积极思考，水到渠成地过渡到对人物形象的分析、文章主题的理解、写作特点的把握等。在一种愉快的氛围中，既实现了教学目标，达到了预期目的，又让课堂灵动起来，让学生乐于学习。

七年级上册第四单元·阅读

# 不动笔墨不读书

## ——《植树的牧羊人》阅读方法学习

吴 娟

【学习课型】

主题专题课

【学习主题】

阅读方法学习

【学习内容】

统编教材七年级上册第四单元:《植树的牧羊人》

"语文主题学习"丛书七年级上④:《绿手指》《石缝间的生命》

【设计意图】

《语文课程标准》对第四学段的阅读要求:"学生应学会运用多种阅读方法。养成默读习惯,有一定的速度,阅读一般的现代文每分钟不少于 500 字;能较熟练地运用略读和浏览的方法,扩大阅读范围,扩展自己的视野。"因此,在教学本课时,我准备在阅读中训练默读和圈点勾画、旁批的方法,借助关键语句,感受"牧羊人"对生命的渴盼与热爱,对幸福与希望的追寻,明白幸福的真谛。

【学习目标】

1. 学习默读,学会圈点勾画、旁批的阅读方法。
2. 品味"牧羊人"的精神品质,理解植树的意义。

【课前活动】

1. 自读课文《植树的牧羊人》,"语文主题学习"丛书七上④《绿手指》和《石缝间的生命》。
2. 解决不认识的字词,并旁批在书上。
3. 归纳主要内容并旁批在题目旁边。

【课中活动】

导入:

由同名绘本引出课文。

(设计意图:同名绘本展示,吸引学生的注意力,创设愉悦的阅读氛围,激发学习兴趣。)

### 第一环节:初读课文 整体感知内容

1. 快速默读课文,明确主要内容。

**课件展示：**

按"课文讲述了一个_____，为了_____，用_____年时间，在_____做了_____的故事"的句式概括课文的主要内容。

参考：牧羊人；让荒地重获生命；35；普罗旺斯地区游人稀少的阿尔卑斯山地；一直种树，最终让荒地变成沃土。

**资料助推：**

默读：不出声，不动唇，不指读，不回看，一口气读完全文，保证阅读感知的完整性和一定的阅读速度。默读要做到眼到、手到、心到。眼到，就是每一个字都要认清，不能随便放过；手到，就是动手，做些标记，查阅资料，抄录摘要，写下感想等；心到，就是集中注意力，边读边想，理解词句意义和句段间的内在联系。总之，阅读是要做到边动笔墨边读书。

2. 初读课文，哪些句子能说明"牧羊人"热爱植树？

预估学情：

"三年来他一直这样，一个人种着树，他已经种下了十万颗橡子。"

"他说，这地方缺少树，没有树就不会有生命。"

"他一直在种树，种橡树，种山毛榉，还种白桦树。"

3. 朗读预习提示，明确学习目标。

学习目标：默读课文，注意做些圈点勾画，圈出关键词语，画出重点语句，标出段落层次。

**第二环节：精读课文　学习阅读方法**

1. 明确阅读方法。

**资料助推：**

圈点勾画的方法

（1）根据内容，圈点勾画、旁批。

（2）圈出关键词语，画出重点语句，标出段落层次。

（3）相同内容比较集中时不要全部勾画，注意圈点重点词语，突出重点。

2. 默读第三次见面的相关内容，进行圈点勾画。

提示：按照高原变化、评价老人、行文思路、老人特征四个方面进行圈点勾画。

参考：

"我完全认不出这条我曾经走过的路了，一切都变了，连空气也不一样了。以前那种猛烈而干燥的风，变成了飘着香气的微风；高处传来流水般的声音，那是风穿过树林的响声。"——高原变化

"每当我想起这个老人，他靠一个人的体力和毅力，把这片荒漠变成了绿洲，我就觉得，人的力量是多么伟大啊！"——评价老人

"1945年6月，我最后一次见到植树的老人。"——行文思路

"那年，他已经87岁了。"——老人特征

### 第三环节：再读课文　运用阅读方法

1. 按照第三次见面的四个方面的内容跳读第一、二次见面的内容，练习圈点勾画。

参考：

（1）行文思路的句子：

第一次："那是在1913年，我走进法国普罗旺斯地区，在游人稀少的阿尔卑斯山地，做了一次旅行。"

第二次："战争结束了，我只得到一笔微薄的酬劳。好想去呼吸一下纯净的空气啊！不由得我又踏上去往那片高原的路。"（原文过长，勾画最关键的句子即可）

（2）高原变化的句子：

初见高原："这里海拔一千二三百米，一眼望去，到处是荒地。光秃秃的山上，稀稀拉拉地长着一些野生的薰衣草。"

高原变化："这一带乍看好像没有什么变化。不过，当我来到那个废弃的村庄旁，向远处望去，看到了一片灰灰的薄雾，像地毯一样，铺在高原上。""路过山下村子的时候，我在这个曾经干旱无比的地方，看到了溪水。"

（3）评价老人：

第一次："他显得自信、平和。"

第二次："而是靠一个人的双手和毅力造就的"

（4）老人特征：

第一次："这个男人不太爱说话"

第二次："牧羊人还活着，而且，身体还很硬朗"

2. 朗读三次高原变化的内容，读出层次：第一次的沉重，第二次的惊喜，第三次的震撼，关键词语需要重读，注意语速、语调。

### 第四环节：赏读课文　把握精神品质

1. 高原的变化证明牧羊人创造了奇迹。牧羊人是靠什么精神品质创造的奇迹？从哪里可以看出？

参考：

"我从没见过他有任何动摇或怀疑，只有天知道这有多难！"——坚定

"三年来，他一直这样，一个人种着树。他已经种下了十万颗橡子。"——有毅力

"战争并没有扰乱他的生活。他一直在种树。种橡树，种山毛榉，还种白桦树。"——单纯、专一

"他停了下来，用铁棍在地上戳了一个坑。然后，他轻轻地往坑里放一颗橡子，再仔细盖上泥土。他是在种橡树！"——细心

"现在，他不再放羊。他说，羊吃树苗，就不养羊了，只留下了四只母羊。"——会取舍

"他一边数，一边又把个儿小的，或者有裂缝的拣出去。最后，挑出了一百颗又大又好的橡子，他停下来，我们就去睡了。"——认真

"房间里收拾得很整齐，餐具洗得干干净净，地板上没有一点儿灰尘，猎枪也上了油。炉子上，还煮着一锅热腾腾的汤。"——热爱生活

"他认为谷底很湿润,就种白桦树"——有智慧

"他做到了只有上天才能做到的事。"——平静

"我问他,这块地是你的吗?他摇摇头说,不是。那是谁的地?是公家的,还是私人的?他说不知道。看起来他并不在意。他只是一心一意地把一百颗橡子都种了下去。"——无私

2. 教师小结:牧羊人,这个普通人能创造奇迹,因为他有坚定的品质,从课文"我从没见过他有任何动摇或怀疑,只有天知道这有多难"这句话读出来;他有毅力,从课文"三年来,他一直这样,一个人种着树。他已经种下了十万颗橡子"这句话读出来;他有单纯、专一的品质,从课文"战争并没有扰乱他的生活。他一直在种树。种橡树,种山毛榉,还种白桦树"这句话读出来的。……所以说,坚定创造奇迹,有毅力创造奇迹,单纯、专一创造奇迹……这是幸福的境界,人生的境界。

**第五环节:深读课文　理解写作方法**

1. 老人创造了奇迹,课文也创造了奇迹。

**资料助推:**

文章的写作背景是作者于1953年应美国《读者文摘》杂志专题"你曾经见过的最非凡、难忘的人是谁"的约稿而写的。文章打动了编辑,于是派人去寻找文中描写之地,却发现那个地方并不存在,当然也不存在这位老人。故事是虚构的,却打动了很多人。

思考:

(1)为什么这篇虚构的文章能打动人呢?除了生动细腻的描写、仔细的观察、老人的品格以外,还要依靠什么方法?

参考:

叙述者的人称是第一人称,用第一人称叙述自己的亲身经历最适合,便于从旁观者的角度客观地歌颂主角的品质。

(2)如果把"牧羊人"作为第一人称来叙事好不好?

参考:

用旁观者的口吻描写"牧羊人"更让人信服。

(3)旁观者只来一次,并且来了就不走好不好?

参考:没有悬念感,无法表现高原的变化。来了三次,发现了高原的变化,"牧羊人"才显得更加伟大。

2. 小结:

文章的奇迹归功于生动细腻的描写、仔细的观察、老人的品格、第一人称的叙事。我们用《白求恩》里的一句话送给这个创造奇迹的伟大的普通人:"一个人能力有大小,但只要有这点精神,就是一个高尚的人,一个纯粹的人,一个有道德的人,一个脱离了低级趣味的人,一个有益于人民的人。"希望大家向他学习,会种树,会做人,会创造生活,给生活带来奇迹。

**第六环节:品读类文　运用学法**

1. 默读《绿手指》,感受坚守之美。

（1）解读文题："绿手指"指好园丁。

（2）浏览文章，感受坚守之美。

问题：为什么说文中的老奶奶是一个"好园丁"？圈点勾画出能体现这个结论的语句，结合文中相关语句旁批原因。

2. 默读《石缝间的生命》，品味倔强之美。

（1）找出文眼：石缝间倔强的生命，常使我感动得潸然泪下。

**资料助推：**

文眼指文中最能揭示主旨、升华意境、涵盖内容的关键性词句。文眼往往奠定文章的感情基调，以及确定文章的中心。

（2）跳读文章，品味倔强之美。

问题：从哪些语句可以看出石缝间生命是"倔强的"？请用圈点勾画旁批的方式找出相关的句子并赏析。

参考：

a. 当它们不能再找到泥土，它们便把最后一线生的希望寄托在这一线石缝里。（去掉"一线"，品析表达效果）

b. 它们的躯干就是这样顽强地从石缝间生长出来，扭曲地、旋转地，每一寸树衣上都结着伤疤。（将"扭曲地、旋转地"换为"生长着"，品析表达效果）

c. 那粗如巨蟒，细如草蛇的树根，盘根错节，从一个石缝间扎进去，又从另一个石缝间钻出来，于是沿着无情的青石，它们延伸过去，像犀利的鹰爪抓住了它栖身的岩石。

3. 小结：尽管三篇文章的主人公身份不同，但他们都展现出自己独特的优秀品质，都创造了属于自己的奇迹！

**【评价阅读效果】**

表1　重庆市字水中学语文项目学习·阅读课评价量表

| 维度 | 状况 | | | 总评（据星评级） | 主要问题 | 再读建议 |
|---|---|---|---|---|---|---|
| | 很准确 ★★★ | 较准确 ★★ | 不够准确 ★ | | | |
| 内容的理解 | | | | | | |
| 主题的把握 | | | | | | |
| 美好人性的书写 | | | | | | |

（说明　总评优秀：8~9★；良好：6~7★；不太好：少于6★）

【课后活动】

# 活动一：积累名人名言　体会优秀品质

（1）苟有恒，何必三更起五更眠；最无益，只怕一日曝十日寒。——毛泽东
（2）涓滴之水终可以磨损大石，不是由于它力量强大，而是由于昼夜不舍的滴坠。
　　　　　　　　　　　　　　　　　　　　　　　　　　　　——贝多芬
（3）无论什么时候，不管遇到什么情况，我绝不允许自己有一点点灰心丧气。
　　　　　　　　　　　　　　　　　　　　　　　　　　　　——爱迪生
（4）我们应有恒心，尤其要有自信心！我们必须相信，我们的天赋是要用来做某种事的。
　　　　　　　　　　　　　　　　　　　　　　　　　　　　——居里夫人

# 活动二：感受人物精神　书写美好品质

要求：平凡的"牧羊人"和"园丁"，凭借金子般的心创造了奇迹，石缝间那些弱小的、更为平凡的生命，它们也有惊人之举。生活中身边是否也有这样辛勤耕耘，默默坚持，种植着希望和幸福，像"牧羊人"那样默默"种树"的无私奉献的人呢？说说他们的事迹和带给你的感受，书写一段颁奖词吧。
（按人物事迹、精神品质、赞美评价的思路书写）
示例：
（1）居里夫人拒绝了为"镭"的发现申请专利，拒绝了所有可能的商业活动和经济收益。她认为只有不为外界所扰，一头埋进自己热爱的事业，才能过一种真正幸福的生活。最后她成了改变世界的人。
（2）白求恩不远万里来到中国，他把高明的医术和宝贵的生命献给了中国人民，他毫不利己且专门利人，慷慨无私的精神值得我们学习。
（3）张海迪身有残疾仍坚持创作，用乐观坚强的精神创造属于自己的奇迹。
（4）绘画者拜克先生说，他在看到让·乔诺的小说《植树的男人》之前，他自己就已经种了3万棵树！他两获奥斯卡，誉满全球，即使他一只眼睛失明，仍坚持着种树。如果说文中的艾力泽·布菲只是作家让·乔诺虚构的人物的话，那么拜克先生就是活生生、实实在在的"植树的男人"。
结束语：
原来在我们的身边还有那么多默默奉献、慷慨无私的人，他们和"牧羊人"一样，种植着希望和幸福，做着只有上帝才能完成的事。一个普普通通的人也能像上帝一样。最后，老师把绘画者拜克先生对中国读者的寄语送给大家：故事让人感动，鼓舞人们去做对我们这个地球有益的事，这个地球上神奇的人和事真是数也数不完！祝愿大家都有一颗慷慨的心，和别人分享，给自己带来幸福，成为种植希望和幸福的人，创造属于自己的奇迹！

**附板书设计：**

《植树的牧羊人》

勾画的内容：

高原变化

抒情议论

行文思路

老人特征

热爱、无私、仔细、坚持、认真、有毅力、会取舍

↓

奇迹

圈点勾画的方法：

（1）根据内容，做出圈点勾画、旁批。

（2）圈出关键词语，画出重点语句，标出段落层次。

（3）相同内容比较集中时不要全部勾画，注意圈点重点词语，突出重点。

## 【学习反思】

**授人以渔巧学习**

《语文课程标准》要求养成默读的习惯。学习"默读"，不仅是编者的意图，更是学情的需要，这一方法的训练在课堂学习中是很有必要的。教材中要求默读时要"在课本上画出关键语句""可以圈出关键词语，画出重点语句"，但是，哪些是"关键语句"，哪些是"重点语句"，这就需要教师的细化指导，只有这样，"默读"才不是浮在表面上的一个肤浅的词语，而是深入骨髓的阅读方法。课文按时间顺序，重点叙述了"我"和"牧羊人"三次见面的情形以及高原上的变化。最后一次见面内容集中，文章技法典型，足以示范，所以我选择这一部分，通过有效的示范指导"举一"，以待学生"反三"。第三次见面分别从"荒原变化""行文思路""评价老人""老人特征"四个方面入手，然后让学生用此方法对第一、第二次见面的内容进行练习，学以致用，再迁移阅读类文，达到一课一得的学习目的。所以授人以渔才能更有效地学习。

七年级上册第五单元·阅读

# 做一只自由之"鸟"

钟世民

**【学习课型】**

主题专题课

**【学习主题】**

体味"鸟"的深层意蕴

**【学习内容】**

统编教材七年级上册第五单元:《鸟》

"语文主题学习"丛书七年级上:《鸟儿中的理想主义》《鹦鹉流浪汉》《痴鸡》

**【设计意图】**

《语文课程标准》对第四学段阅读的要求:"能用普通话正确、流利、有感情地朗读。""欣赏文学作品,有自己的情感体验,初步领悟作品的内涵,从中获得对自然、社会、人生的有益启示。对作品中感人的情境和形象,能说出自己的体验;品味作品中富于表现力的语言。"

本单元课文描绘了人与动物相处的种种情形:或表达对动物的欣赏、对其命运的关注,或表现人与动物的矛盾冲突。阅读这些文章,可以增进学生对人与大自然关系的理解,加强学生对人类自我的理解和反思,培养尊重动物、善待生命的意识。基于此,本课聚焦几篇写"鸟"的文章并引导学生学习:1. 初悟文章意旨,尝试从不同角度给文章起题目。2. 理清文章脉络,把握思想情感。3. 批注精彩句段,感受散文魅力。4. 从"笼子"意象体味"鸟"的深层意蕴。

**【学习目标】**

1. 初悟文章意旨,尝试从不同角度给文章起题目。

2. 理清文章脉络,把握思想情感。

3. 批注精彩句段,感受散文魅力。

4. 从"笼子"意象体味"鸟"的深层意蕴。

**【课前活动】**

1. 学生收集写鸟的古诗 4 首。

2. 学生自读统编教材七上五单元《鸟》及"语文主题学习"丛书七上《鸟儿中的理想主义》《鹦鹉流浪汉》《痴鸡》,处理不认识的生字词,思考文章分别写了什么内容。

3. 四篇文章都出现了"笼子",你如何看待"笼子"?你如何看待这几种"笼子"中的"鸟儿"?

**【课中活动】**

调动积累,激趣导入:

（幻灯片投出四张不同鸟的背景图片，学生分别用收集的有关"鸟"的古诗印证朗诵）

教师：大自然有了鸟儿的婉转啁啾，才更加充满欢乐，充满灵气，充满生机，充满别样情韵。今天，让我们来学习四篇有关鸟儿的文章。

## 活动一：默读感知 梳理内容

### 第一环节：迅速默读 另拟题目

问题设置：

为《鸟》《鸟儿中的理想主义》《鹦鹉流浪汉》《痴鸡》各另起一个题目并陈述理由。

参考：

《鸟》预设题目：《我爱鸟》《喜悦与悲苦》《自由与挣扎》《鸟·人》

《鸟儿中的理想主义》预设题目：《扑翼的鸟》《敬仰那只扑翼鸟》《三种鸟》

《鹦鹉流浪汉》预设题目：《自由鸟》《自然鸟》《背叛鸟》

《痴鸡》预设题目：《办不服的鸡》《我就是一只母鸡》《醒鸡，鸡不醒》

### 第二环节：再次默读 梳理内容

问题设置：

1.《我爱鸟》能成为题目吗？（提示：先思考文中写了哪几类鸟？作者对鸟是什么样的感情？）

2. 你喜欢梁实秋笔下的哪种鸟？为什么？作者仅仅是写鸟吗？

3. 丛书三篇写"鸟"的文章中分别写了哪几件事或哪几种类型的"鸟"来体现作者要表达的情感或思想？

要求：

小组合作，推选代表交流展示以上问题。

参考：《鸟》结构内容

鸟 { 笼中鸟（触目惊心、同情）
     山林自然鸟（欣赏、喜悦）
     文人强加自我幻想的鸟（无诗意）
     孤苦求生的鸟（悲苦、怜悯） } 我爱鸟

## 活动二：锁定局部 旁批悟情

### 第一环节：勾画句段 体悟旁批

勾画四篇文章中你最喜欢的句子或段落，并做旁批。

示例：

鸟的身躯都是玲珑饱满的，细瘦而不干瘪，丰腴而不臃肿，真是减一分则太瘦、增一分则太肥那样的秾纤合度，跳荡得那样轻灵，脚上像是有弹簧。

批注：

这是形体的综合美，作者用拿来描写美女的说辞来描写鸟，可见鸟身躯的比例架构实在让人赞叹！最关键是其动感十足，一种健康美、运动美、自由美淋漓尽致地显露在读者眼前。

### 第二环节：交流感悟　归纳方法

1. 学生交流感悟。
2. 师生归纳批注句段方法：

赏析语言特色。（如修辞生动、动词准确、修饰语精当、哲理深刻等）

- 评点人物形象
- 生发联想想象
- 剖析写作技法
- 质疑不解之处

## 活动三：深入研讨　理解深意

过渡语：有首歌的歌词是"有时候我觉得自己像一只小小鸟，想要飞却怎么样也飞不高。"鸟儿的天空这么广阔辽远，为何它飞不高，有的甚至飞不起来呢？也许读了老师的提示大家就会明白。让我们来完成下面的任务：

1. 四篇文章都出现了"笼子"，你如何看待"笼子"？你如何看待这几种"笼子"中的鸟儿？
2. 梁实秋笔下的"笼子"代表着什么？

要求：分组讨论，拟出发言稿，推举代表交流展示。

提示："笼子"的本意是什么？寓意是什么？

**资料助推**：

梁实秋主张"文学无阶级"，反对革命文学，不主张把文学当作政治的工具，反对思想统一，要求思想自由。

他在20世纪30年代提出"抽象人性论"，因反对文学的功利性受到过鲁迅等左翼作家的尖锐批评。但梁实秋不是一个没有反帝爱国思想的人，早在1935年他就撰文批评国民党政府奉行的不抵抗政策。他曾参加慰问团亲赴前线慰劳抗日将士，写过像《记张自忠将军》那样宣传爱国抗日的文章。但在入川前后，他的思想发生了剧变。他是国民党的参议员，参政会议长汪精卫投敌不仅使他愤慨，也使他感到受了愚弄。到重庆后，又目睹达官显要在大发国难财，"前方吃紧，后方紧吃"的现象在官场比比皆是。于是一种由失望引起的幻灭感使这个本来就对老庄比较亲近的士大夫文人产生了思想危机，于是他转向独善其身，追求心境的平和。为了获得心理平衡，他采取"一切只要随缘"的态度来对待生活，寄情于巴山蜀水之间，以随遇而安的心态来处世，以超然的目光来审视尘世万象，《雅舍小品》中的散文正是在这种心境下产生的。1938年12月，他在《中央日报》的《平明》副刊上发表了"编者的话"，他说："现在抗战高于一切，所有的人一下笔就忘不了抗战。我的意见稍为不同。于抗战有关的材料，我们最为欢迎，但是与抗战无关的材料，只要真实流畅，也是好的，不必勉强把抗战截搭上去，至于空洞的'抗战八股'，那是对谁都没有益处的。"这段话在当时的文坛引起轩然大波，曾引起过文艺界的"与抗战无关论"的论争。面对左翼人士的批判和声讨，梁实秋没有做过多的辩解和回复。《雅舍小品》可以说是他上述主张的艺术实践，或者借用台湾文学史家周锦先生的话说，《雅舍小品》正是上述主张遭到批判之后他的一种"无言的抵抗"。

师生归纳、提炼主旨：

不泯灭天性，不失去个性，不失去自我，坚守自我，冲破"笼子"！

## 活动四：形在江海　心存魏阙

过渡语：有人说没有思想自由，就没有科学，没有真理。真正自由的人，形在江海之上，心存魏阙之下，故寂然凝虑，思接千载，悄然动容，视通万里。庄子的自由是"日出而作，日入而息，逍遥于天地之间，而心意自得"；陶潜的自由是"采菊东篱下，悠然见南山"；裴多菲的自由是"生命诚可贵，爱情价更高；若为自由故，二者皆可抛"。

**资料助推**：

庄子的《曳尾涂中》，陶渊明的《归园田居》，裴多菲的《自由诗》其三。

学了本课，你所理解的自由是什么？你要做一只什么样的"鸟儿"？请写150字左右感受，并给自己的感受起一个题目。

（组内互评推荐，全班展示评价）

## 活动五：阅读评价　反馈收获

表1　重庆市字水中学语文项目学习·"鸟"的意蕴阅读评价量表

| 维度 | 状况 | | | 总评（据星评级） | 主要问题 | 再读建议 |
|---|---|---|---|---|---|---|
| | 很准确 ★★★ | 较准确 ★★ | 不够准确 ★ | | | |
| 文章题目理解 | | | | | | |
| 批注精彩句段 | | | | | | |
| "笼子"意象体味，"鸟"的深层意韵 | | | | | | |

（说明　总评优秀：8~9★；良好：6~7★；不太好：少于6★）

结束语：

"少无适俗韵，性本爱丘山。"英国著名登山家乔治·马洛里在回答记者"为何想要攀登珠穆朗玛峰"提问时，他淡然回答："因为山就在那里！"因为自由就在那里，所以，我们要冲破"笼子"，做一只自由之"鸟"！

**【课后活动】**

1. 以《梁实秋，我想对你说》为题，写一篇200字左右的小作文。

2. 修改扩展课内小作文为500字以上的读后感，优秀作品在字水书院厅展出。
3. 查阅梁实秋生平及作品，摘抄自己感兴趣的内容至少五处。

**附板书设计：**

笼子 → 鸟 → 自由
笼子 → 梁实秋 → 自由

【学习反思】

## 鸟的赞歌

  梁实秋的散文《鸟》用文学的笔调描绘了鸟在不同生存状态下的形象，字里行间流露出对"在大自然中自由自在生活的鸟"的由衷欣赏，对笼中圈养、风中寒鸟的深切同情。爱鸟之情在笔尖汩汩流淌。无论是大自然中自由自在的鸟儿，还是失去了自由、处境艰难的鸟儿，作者都爱得那么深沉，那么纯粹，那么投入，为我们谱写了一曲爱的赞歌，更高唱了一曲自由的颂歌。

  在本课的教学中，我引入了"语文主题学习"丛书中《鸟儿中的理想主义》《鹦鹉流浪汉》《痴鸡》三篇文章并加以整合，让学生更深层次理解作者对鸟精神层面的关注，对渴望挣脱束缚鸟儿自由的"笼子"的关注，从而引领学生不断深入理解课文。

  统编本新教材采用双线组元的方式，兼顾人文主题和语文素养两条线索。《鸟》作为七年级上册第五单元的教读课文，要求继续训练学生的默读能力，并能勾画出重要的句段。为此，我在学生默读全文时，让他们给文章另起题目，既做到了让学生快速了解情节，又让他们初步感知文章内容。

  在辨析题目时，让学生再次默读，梳理内容，学生重点理清《鸟》的文章脉络，同时有效筛选文章信息，加深了对文章内容的理解，从而把握基本的思想情感。

  接着，锁定局部，旁批悟情。教师示范旁批，让学生勾画旁批出作者描写鸟之美的语句后即进入重点段落的精读，让爱的文字浸润学生的情感。学生在品词析句中感受到了梁实秋语言舒缓自如的韵味，感受到他对鸟的无限爱意，对自由的深深向往。

  知其然要知其所以然。在最后深入研讨、理解深意的教学中，我通过渲染情感，营造气氛，让学生从四篇文章中的"笼子"意象，揣测品味"鸟"的深层意蕴，力图点燃学生的探究学习之光。在讨论交流中，学生对自由的向往和追求这一主题有了更深的理解。教师适时资料助推，呈现作者的文学主张和不羁的个性特质，学生在朗朗的书声中，读出了梁实秋对鸟的爱恋，对自由的向往，对爱的发自心底的叹息……对主题更深刻的理解，学生更上了一层楼。

  《语文课程标准》指出："语文课程丰富的人文内涵对学生精神世界的影响时广泛而深刻的，学生对语文材料的感受和理解又往往是多元的。"阅读教学是教师、学生、教科书编者、文本之间的多重对话，是思想碰撞和心灵交流的动态过程。阅读中的对话和交流，应指向每一个学生的个体阅读。在本节课的教学中，我觉得基本上达到了我的教学预期。

  但由于教学节奏过快，对课文精彩句段的吟咏品味停留不够，比较遗憾。

七年级下册第五单元·阅读

## 一花一世界　一草一人生
### ——托物言志类文本整合教学

李　月

【学习课型】

主题专题课

【学习主题】

托物言志

【学习内容】

统编教材七年级下册第五单元：《紫藤萝瀑布》

"语文主题学习"丛书七年级下册⑤及其他相关篇目：《好一朵木槿花》《寂寞红柳》《落叶》

【设计意图】

《语文课程标准》要求："在阅读中了解文章的表达顺序，体会作者的思想感情，初步领悟文章的基本表达方法。"统编教材七年级下册第五单元的总目标为：本单元学习托物言志的手法，体会如何运用生动形象的语言写景状物，寄寓自己的情思，抒发对社会人生的感悟。由于中学生在感悟自然生活方面有所欠缺，所以我准备运用比较的方法阅读，分析作品之间的相同或不同之处，以拓宽视野，加深理解。

我准备从三个方面教学：

1. 读"花"，明确"物"的外在特征。
2. 读"人"，了解作者文中想要表达的思想情感。
3. 悟"花语"感"人生"。结合作家生平、思想、写作背景等来理解。

【学习目标】

1. 用圈点勾画法，感知课文大意。
2. 通过赏析文章，体会作者寄寓在景物描写中的感情。
3. 借助助推资料，深入理解托物言志类文章。

【课前活动】

1. 学生自读《紫藤萝瀑布》（宗璞）、《好一朵木槿花》（宗璞）、《寂寞红柳》（山谷）、《落叶》（贾平凹）。

2. 文学常识。

宗璞，当代女作家，原名冯钟璞。《紫藤萝瀑布》的体裁是散文。

3. 预估学情。

（1）学生之前接触过托物言志的文章，但是不懂得"托物言志"类文章的阅读技巧。

（2）学生容易混淆托物言志、借景抒情、借物喻人的概念。

**【课中活动】**

导入：

一滴水里看世界，半瓣花上说人情。同学们，作家常常描写花草树木，他们笔下的山水通常蕴含人生感悟。宗璞的《紫藤萝瀑布》和《好一朵木槿花》是两篇写花悟人生的经典散文，今天我们就一起来学习这两篇文章，学习阅读托物言志类散文的方法。

（设计意图：明确学习目标）

# 活动一：读"花"

### 第一环节：快速浏览　勾画句子

快速浏览，勾画出描写紫藤萝和木槿花的句子。说说这是怎样的一株紫藤萝、木槿花，并对其赏析。

参考：

《紫藤萝瀑布》

1. 只是深深浅浅的紫，仿佛在流动，在欢笑，在不停地生长。紫色的大条幅上，泛着点点银光，就像迸溅的水花。

赏析：这句话运用了拟人的修辞手法，细腻地写出了每一朵花不同部位的深浅色彩，用"流动""欢笑""生长"等动词使静态的花跃动起来，表现出花的生趣盎然，亮丽可爱，表达了"我"对花朵的喜爱之情。

2. 每一朵盛开的花就像是一个小小的张满了的帆，帆下带着尖底的舱，船舱鼓鼓的；又像一个忍俊不禁的笑容，就要绽开似的。

赏析：这句话运用了比喻的修辞手法，将"花"喻为"帆"，将"萼"喻为"舱"，生动形象地写出了花儿绽放的情态，描绘花朵美丽娇媚的特征，给人以生机勃勃的感受。把花朵比作笑容，就有美好可爱的感觉，表达作者对花朵的喜爱之情。

《好一朵木槿花》

1. 土埋大半截了，还开花！

赏析：这句话说的是产生"震撼"的原因，突出强调木槿花在重压之下顽强挣扎的勇气。

2. 仍是娇嫩的薄如蝉翼的花瓣，略有皱褶，似乎在花蒂处有一根带子束住，却又舒展自得，它不觉得环境的艰难，更不觉得自己的奇特。

赏析：这句话运用了比喻、拟人的修辞手法，通过写花瓣薄如蝉翼，突出它透薄的特点，通过写它不觉得环境的艰难，体现出花朵默默盛开时可爱的样子。

### 第二环节：赏析句子　理解特点

赏析句子，理解紫藤萝和木槿花的特点。

紫藤萝：生长繁茂，气势非凡，生机勃勃，亮丽可爱，壮丽。

木槿花：奇特，不娇气，在重压之下顽强挣扎，不畏艰难，能够面对一切苦难。

（设计意图：由外到内整体感知紫藤萝和木槿花的特点）

## 活动二：读"人"

过渡语：

分析了花的特点，现在请同学们快速浏览两篇文章，勾画出作者人生经历或者感悟的句子。

### 第一环节：再读两文　勾画语句

再读两文，勾画作者人生经历和感悟的语句。

参考：

《紫藤萝瀑布》

（1）但是我没有摘。我没有摘花的习惯。我只是伫立凝望，觉得这一条紫藤萝瀑布不只在我眼前，也在我心上缓缓流过。流着流着，它带走了这些时一直压在我心上的关于生死的疑惑，关于疾病的痛楚。我沉浸在这繁密的花朵的光辉中，别的一切暂时都不存在，有的只是精神的宁静和生的喜悦。

（2）忽然记起十多年前家门外也曾有过一大株紫藤萝，它依傍一株枯槐爬得很高，但花朵从来都稀落，东一穗西一串伶仃地挂在树梢，好像在试探什么。后来索性连那稀零的花串也没有了。园中别的紫藤花架也都拆掉，改种了果树。那时的说法是，花和生活腐化有什么必然关系。我曾遗憾地想：这里再也看不见藤萝花了。

（3）紫色的瀑布遮住了粗壮的盘虬卧龙般的枝干，不断地流着，流着，流向人的心底。

（4）花和人都会遇到各种各样的不幸，但是生命的长河是无止境的。

《好一朵木槿花》

（1）前年秋至，我家刚从死别的悲痛中缓过气来不久，又面临了少年人的生之困惑。我们不知道下一分钟会发生什么事，陷入极端惶恐中。我在坐立不安时，只好到草园踱步。

（2）我没有指望还能看见别的什么颜色。

（3）我已习惯了这类景象，知道毁去了以后，总会有新的开始，尽管等的时间会很长。

（4）我的心也震颤起来，一种悲壮的感觉攫住了我。

（5）忽然觉得这是一朵童话的花，拿着它，任何愿望都会实现，因为持有的，是面对一切苦难的勇气。

（6）我常在它身旁徘徊，期待着震撼了我的那朵花。

（7）即使再有花开，也不是去年的那一朵了。也许需要纪念碑，纪念那逝去了的，昔日的悲壮？

过渡语：

同学们在这两篇文章都找出了宗璞人生经历和思想感悟的句子，那么她到底经历了什么，才会有这样深刻沉痛的感受呢，现在我们一起来了解一下她当时的人生境遇。

**资料助推：**

1. 宗璞生活在一个书香门第，她的父亲就是著名的哲学家冯友兰先生，她和弟弟从小就在清华园中长大。但就是因为他们知识分子的出身，在"文化大革命"中，作者一家都受到了迫害。好不容易熬过了十年浩劫，作者唯一的弟弟，一个才华横溢的航天科技工作者，却身患绝症（肿瘤），生命垂危。

2. 那一段焦急的悲痛的日子，我不忍写，也不能写。每一念及，便泪下如雨，纸上一片模糊。记得每次看病，候诊室里都像公共汽车上一样拥挤，等啊等啊，盼啊盼啊，我们知道病情不可逆转，只希望能延长时间，也许会有新的办法。

你到哪里去了，小弟！自1974年沅君姑母逝世起，我家屡遭丧事，而这一次小弟的远去最是违反常规，令人难以接受！我还不得不把这消息告诉当时也在住院的老父，因为我无法回答他每天的第一句问话："今天小弟怎么样？"我必须告诉他，这是我的责任。再没有弟弟可以依靠了，再不能指望他来分担我的责任了。（《哭小弟》）

过渡语：

同学们，现在你们了解了宗璞写这两篇文章的境遇，有没有更进一步地理解这两篇文章想要表达的感情呢？

### 第二环节：分析情感　理解中心

结合作者和你的经历谈谈对下面这几句话的理解。

（1）花和人都会遇到各种各样的不幸，但是生命的长河是无止境的。——《紫藤萝瀑布》

（2）我的心也震颤起来，一种悲壮的感觉攫住了我。土埋大半截了，还开花！——《好一朵木槿花》

（3）即使再有花开，也不是去年的那一朵了。也许需要纪念碑，纪念那逝去了的，昔日的悲壮？——《好一朵木槿花》

参考：

（1）漫漫人生路，肯定会碰到很多挫折，花谢了会再开，体现了花对生命的豁达，人也要学会遇到了困难克服并学会放下，不要只铭记苦难，不然是再难得开怀。

（2）我的心被花顽强的生命力而打动。在经历如此磨难，被土埋了大半截后，还能开花，作者被这种生机和活力所震撼。

（3）"文化大革命"中遭摧残和逝去的亲人、朋友已经不能再回来了，需要用纪念碑来纪念这些人，同时也让后人铭记这段历史，使历史不再重演。

（设计意图：由寻找文中作者人生经历，通过对宗璞的资料补充，让学生理解她为何会对紫藤萝、木槿花有这样深刻的感触，从而写出这样经典的托物言志类散文。再通过分析理解文章重点句子，把握作者情感态度）

## 活动三：悟"花语"　感"人生"

### 第一环节：寻找关联

世间的花草树木有许许多多，为何宗璞选择了紫藤萝和木槿花写作成文呢？

（设计意图：明确托物言志的概念）

**资料助推**：

托物言志是古典诗词中常见的一种表现手法。所谓"**托物言志**"，也称寄意于物，是指诗人运用象征或起兴等手法，通过描摹客观上事物的某一个方面的特征来表达作者情感或揭示作品的主旨。采用托物言志法写的文章的特点是：用某一物品来比拟或象征某种精神、品格、思想、感情等。要写好这样的文章，就要掌握好"物品"与"志向"，"物品"与"感情"的内在联系。首先是物品的主要特点要与自己的志向和意愿有某种相同点和相似点。其次，描述时，自己的志向要以物品的特点为核心，物品要能表达自己的意愿。最常用的托物言志的写作方法有比喻、拟人、象征等。

### 第二环节：归纳方法

学生小组讨论、总结阅读托物言志类文章的方法。

参考：

首先是物品的主要特点要与自己的志向和意愿有某种相同点和相似点。

其次，描述时，自己的志向要以物品的特点为核心。物品要能表达自己的意愿。

阅读托物言志类文章时，首先读懂"物"的特点，然后读懂"人"的经历，最后联接物和人的相关性，读出其中的象征义。

### 第三环节：了解区别

了解托物言志、借物喻人、借景抒情之间的区别。

1. 借物喻人：通过记叙、描写一种物体来象征某个人，从而抒发自己的感情，这就叫作借物喻人。

2. 托物言志：即将个人之"志"依托在某个具体之"物"上。于是，这个"物"便具有了某种象征意义，成为作者的志趣、意愿或理想的寄托者。作者的个人之"志"，借助于这个具体之"物"，表达得更巧妙、更完美、更充分、更富有感染力。

3. 借景抒情：诗人对某种景物有所感触时，把自身所要抒发的感情，寄寓在景物中，通过描写景物予以抒发，这种抒情方式叫借景抒情。

### 第四环节："我爱阅读"拓展延伸

阅读《寂寞红柳》（山谷）、《落叶》（贾平凹），完成下表。

表1 "我爱阅读·托物言志文"拓展阅读表

| 篇目 | 维度 |||
|---|---|---|---|
| | 读"物"（勾画描写"物"的句子） | 读"人"（勾画描写作者经历感悟的句子） | 悟"人生"（了解写作背景，明确作者想要表达的人生感悟） |
| 《寂寞红柳》 | | | |
| 《落叶》 | | | |

（设计意图：通过《紫藤萝瀑布》《好一朵木槿花》对比阅读，理解托物言志类散文的阅读方法，拓展延伸阅读《寂寞红柳》《落叶》两篇文章，学习运用托物言志的写作方法）

【活动效果评价】

表2　重庆市字水中学语文项目学习·托物言志类文阅读评价量表

| 维度 | 状况 | | | 总评<br>（据星评级） | 主要<br>问题 | 学习<br>建议 |
|---|---|---|---|---|---|---|
| | 很准确<br>★★★ | 较准确<br>★★ | 不够准确<br>★ | | | |
| "物"的理解 | | | | | | |
| "人"的理解 | | | | | | |
| "人"与"物"的联系 | | | | | | |

（说明　总评优秀：8~9★；良好：6~7★；不太好：少于6★）

【课后活动】

独立完成一篇600字以上的托物言志类的作文，在"字水书院·悦读分享会"上分享。

【学习反思】

花草人生　明趣言志

托物言志这类文章的教学是由外到内，通过把握"物"的特点，对其赏析，认识其外在特征，然后明确文章中作者表达人生态度情感的句子，以及通过补充了解作者生平经历，联系本文所写"物"的内在品质，最后理解作者在文章中想要表达的"志"。

新基础教育理念贯彻"教师只是课堂教学的组织者和引导者"。"把课堂还给学生，让课堂焕发生命的活力"。教学中充分相信学生、依靠学生，鼓励他们在问题的导引下层层深入文本，各抒己见，自由畅谈。这一点在"读'花'"环节体现得最为充分。无论是学生对"花朵儿一串挨着一串，一朵接着一朵，彼此推着挤着，好不活泼热闹"的解读，还是模拟"我在开花"这情趣横生的场景；无论是对藤萝比作"瀑布"的理解，还是把藤萝花比作"帆"的品味和想象，均有来自学生的连珠妙语。在课堂教学中"为学生的智慧和潜力的发挥创造条件，为不同的学生进行选择提供可能，课堂上的'个人智慧'和'集体智慧'就会体现得很充分。

通过学习，学生以后在阅读托物言志类文章的时候，就能够运用所学方法进行自主阅读了。这种由外及内寻找关联的方法，可以让学生更容易发现自然与生活的关联性，品味花草，感悟生活，从而用更优美的语言表达生活，书写情思。

## 八年级上册第二单元·阅读

# 品人·品情·品文
## ——回忆性散文阅读方法

王 毅

**【学习课型】**

主题专题课

**【学习主题】**

文章体裁（回忆性散文）

**【学习内容】**

统编教材八年级上册第二单元：《藤野先生》

"语文主题学习"丛书八年级上册：《父亲的病》（鲁迅）

统编教材配套自读课本八年级上册：《遥远的回忆》中的《父亲的病》（茅盾）

其他相关内容：《〈呐喊〉自序》

**【设计意图】**

散文是作家对自我生命形态的叩问和咏叹，其突出特点在"散"字，但"形散神聚"。因为每一篇散文都有贯穿全文的选择材料、组织材料的脉络或描写、记叙、抒情的脉络，即线索。它把所有材料联结起来，组成一个艺术的整体。

回忆性散文具有双重视角：一是体验主体——过去的"我"；二是回忆主体——现在的"我"。文中既有过去的"我"的感受，也有现在的"我"的感受。即作者往往是以"今日之我"的立场观点来写"昨日之我"。学习时，需品味作者寄寓在人物和生活片段描写中的主观感受和情思，倾听作者本人的心声，引导学生认识和理解回忆性散文中的两个"我"及所要表达的真情实感。既品人，又品情。

不同的人写散文的风格是不同的，散文作家都有其独特的文调。在散文教学中，要帮助学生品读语言文字，体会文字间透露的信息，感受作者的文调，即"品文"。

**【学习目标】**

1. 品人、品情：理清线索，分析形象，体悟情感。（重点）

2. 品文：写作技巧——双线交织的组材方法，丰富多彩的写人技巧，灵活多变的表达方式。（略讲）

**【课前活动】**

1. 自读《藤野先生》《父亲的病》（丛书）、《〈呐喊〉自序》（补充内容）。

2. 查阅词典，注音释义。

（1）正音。

绯红（　　　）诘责（　　　）不逊（　　　）油光可鉴（　　　）抑扬顿挫（　　　）

（2）释义。

标致：_____。

深恶痛绝：_____。

3. 资料准备，走进课文。

（1）鲁迅（1881.9.25—1936.10.19），原名周樟寿，后改名_____，字豫才，浙江绍兴人。"鲁迅"是他 1918 年发表《狂人日记》时所用的笔名。著名文学家、_____、革命家，五四新文化运动的重要参与者，中国现代小说、白话小说和近代文学的奠基人之一。鲁迅 1918 年在《新青年》上发表第一篇白话小说《狂人日记》，直到 1926 年，陆续创作出版了小说集《呐喊》《彷徨》《故事新编》，杂文集《坟》《热风》《华盖集》《而已集》《二心集》，散文诗集《野草》，回忆性散文集《_____》（又名《旧事重提》）等。《藤野先生》选自_____。

（2）这篇回忆性散文表达了作者对藤野先生的真挚怀念，赞扬了他正直热诚、治学严谨、没有狭隘的民族偏见的高尚品质。作者追述了自己弃医从文的思想变化，文中洋溢着强烈的_____感情。本文依据时间的推移、地点的转换和事件发生的先后顺序来记叙。其线索有两条，一条明线：叙事线索，_____；一条暗线：感情线索，_____。

4. 初读课文，理清思路（根据时间的推移、地点的转换）。

第一部分（1~3 段）：在东京的见闻感受。

第二部分（4~35 段）：_____。

第三部分（36~38 段）：离开仙台后对藤野先生的怀念。

5. 再读课文，质疑问难。

预估学生不能解决的问题：

① 题目是《藤野先生》，那为什么第 1~5 段不写藤野先生？写清国留学生们赏樱花、学跳舞有什么作用？

② 本文究竟是要表现对藤野先生的怀念之情还是作者的爱国之情？

③ 为什么时隔 20 多年，鲁迅先生还说藤野先生"在我的眼里和心里是伟大的"？

【课中活动】

导入：

"灵台无计逃神矢，风雨如磐暗故园。寄意寒星荃不察，我以我血荐轩辕。"

这首写于 1903 年的《自题小像》表达了鲁迅先生为国捐躯、矢志不渝的决心。先生成为"中国文化革命的主将"，"他不但是伟大的文学家，而且是伟大的思想家和伟大的革命家"。（毛泽东语）他的成长经历是怎样的？他的家庭对他的成长有什么影响？他的思想变化历程又是怎样的？让我们踏着先生的足迹去深入体察他的情感世界和思想发展历程吧！

**第一环节：《父亲的病》——庸医误病　异乡求学（少年鲁迅）**

主要内容：《父亲的病》，作者用讽刺的笔调写了庸医误人，以两个"名医"的药引一个比一个独特，揭示了这些人巫医不分、故弄玄虚、勒索钱财、草菅人命的实质。通过家庭的变故表达了对庸医误人的深切的痛恨，展现了当时的人情世态和社会风貌，在感叹中让人体会人生的伤悲。

对鲁迅的影响：在父亲因庸医愚昧而去世后，为避开那无聊的流言，也为了母亲，鲁迅毅然到陌生的他乡求学。在日本留学时，为了救国图存，毅然谢绝了藤野先生的极力挽留，弃医从文，孤独地投入艰难的文艺运动。这是鲁迅思想发展的第一个转折期。

### 第二环节：《〈呐喊〉自序》——唤醒麻木　呐喊慰藉（中年鲁迅）

写作缘由：本文是鲁迅为自己1918—1922年写的短篇小说集（共14篇）作的序言，通过叙述经历来反映他的思想发展过程，从年轻时的好梦到悲哀的寂寞，再到奋起的呐喊，贯穿期间的是忧国忧民、振兴民族的思想。先前的思想发展是形成《呐喊》的深厚的思想基础，而金心异的来访则是写作《呐喊》的直接契机。同时也表达了作者的社会观、文艺观和创作态度。

写作目的：一是为唤醒精神麻木、"熟睡"的人们起来抗争而发出战斗呼喊；一是为慰藉战友，使之"不惮于前驱"的助阵呐喊。

### 第三环节：《藤野先生》——真挚怀念　弃医从文（青年鲁迅）

一、学情测查

1. 字词文常（略）。

2. 质疑解难。

以学生小组讨论不能解决的问题为切入点，糅合"品人、品情、品文"的学法来指导。

二、学法指导

（回忆性散文学习三部曲：品人、品情、品文。注意言语、情感、思维三元共生。）

（一）品人

问题：对于自己的老师，鲁迅先生只写过三个人，一个是三味书屋的寿镜吾，一个是《关于太炎先生二三事》中的章太炎，再就是这篇课文所写的藤野先生。为什么要写藤野先生呢？（此环节可糅合分析藤野先生形象、概括主要事情等）

1. 交往的事情：添改讲义、纠正解剖图、关心解剖实习、了解裹脚情况等，思考其所反映的藤野先生的思想品质。

2. 藤野先生的形象：生活俭朴、正直热诚、治学严谨、循循善诱，没有狭隘的民族偏见的日本学者。

（二）品情（重点）

问题：鲁迅离开日本20多年后的1926年才写作此文，仅仅是回忆老师、表达对老师的怀念之情吗？

（此环节可包括背景介绍、两条线索、两种情感、弃医从文的原因以及回忆性散文中的两个"我"的内容的学习。可就学生"质疑问难"情况灵活处理是否和"品人"环节糅合进行。）

写作背景：1902年3月，22岁的鲁迅为了寻求救国救民的真理，离别祖国，到日本留学。1904年8月入仙台医学专门学校学医。他想用医学"救活像我父亲似的被误的病人的疾苦，战争时候便去当医生"，为反压迫、反侵略的斗争出力；还想以医学作为宣传新思想的工具，启发人们改革社会的思想，达到改造国家的目的。但是，现实的教育，使他终于认识到"医学并非一件紧要事"，重要的是改变人们的精神，于是1906年秋便弃医从文，离开仙台去东京，决定用文艺唤醒人民，使祖国富强起来。鲁迅在仙台医专学习期间，结识了藤野先生，并建立了深挚的情谊。

鲁迅与藤野先生分别20年后的1926年，正值中国第一次国内革命战争进入高潮的时期，也是鲁迅世界观发生伟大飞跃的前夜。这年秋天，在反动军阀及其御用文人的迫害下，鲁迅离开北京，来到厦门。他在一封信中曾说："我来厦门，虽是为了暂避军阀官僚'正人君子'们的迫害，然而小半也在休息几时，使有些准备。"所谓"休息"和"准备"，乃是回顾自己走过的革命路程，清理和解剖自己的思想，总结斗争经验，以迎接新的更大的战斗。《藤野先生》就是这时在厦门大学图书馆楼上写成的。

**两条线索**：明线——我与藤野先生的交往，暗线——爱国主义思想感情。

**弃医从文的原因**：匿名信事件，看电影事件。

匿名信事件使鲁迅深感弱国弱民倍受歧视的悲哀，激发了他强烈的民族自尊心和为拯救民族、富国强民的斗争精神。"看电影事件"更深深地刺激了鲁迅。他极为沉痛而愤慨地写道："中国是弱国……也无怪他们疑惑。"用这样的反语来表达自己的自尊心所受到的挫伤，思想上所受到的极大的震撼。他由此认识到了中国民众的麻木不仁，更使他深感医学只能解救病人肉体的苦痛，要真正解救自己的民族，首先要救治人的精神，使民众的思想觉悟起来。正如鲁迅所言："而善于改变精神的是，我那时以为当然要推文艺，于是提倡文艺运动了。"所以他就改变志向，弃医从文了。

**两种情感**：对藤野先生真挚的怀念、感激、敬佩之情；爱国主义之情。

**两个"我"**：

文中的"我"——是一个忧国伤时、有救国救民思想、有强烈民族自尊心和爱国主义情感的青年。

写作时的"我"——是新文化思潮的旗手，倔强而坚定、绝不宽容、绝不妥协的革命斗士。

（三）品文

问题：藤野先生的形象栩栩如生，个性鲜明，鲁迅先生是怎样塑造这一形象的？

1. 双线交织的组材方法。

作用：明线暗线双线交织的组材方法，使这篇篇幅虽长的散文，读来却脉络分明；材料虽多，安排却井然有序。

2. 丰富多彩的写人技巧。

A 运用白描手法，勾画人物的个性特征。

B 精选典型事例，突出人物的精神风貌。文中选取了四个典型事例，从不同的侧面表现了藤野先生的高贵品质。

C 巧用正反衬托，烘托人物的高大形象。

D 设置特定背景，凸显人物的高尚人格。

3. 灵活多变的表达方式。

全文灵活运用了记叙、描写、议论、抒情多种表达方式，为塑造人物、表达情感服务。

## 三、朗诵结束

（配乐《我爱你，中国》纯音乐作背景音乐激情朗诵结束）

**我自豪，我是中国人！**

（师）我，常常沉醉。沉醉在这浩瀚无垠的星空下。

那点点闪烁的光芒，是一个个方块字构成的博大、精深。

（男领）我时时徜徉，徜徉于精美绝伦的历史长廊。

那镌刻于甲骨、青铜上的文字，孕育、繁衍几千年灿烂的中华文明。

（女领）也许我无法追溯仓颉造字，那邈远的绮丽传闻。

但我知道，是世代劳作的布衣百姓，托起了这似图似画的满天星辰。

他们才是创造中国文字的真正主人。

（男领）那镌刻在琅琊台石上的小篆真切地告诉我，

秦王嬴政不仅合并了六国，

而且还让那纷繁多样的中国汉字第一次有了统一、俊秀的面容。

（女齐）从此，横平、竖直、左撇、右捺，书写着一个民族不息的生命。

（男齐）从此，篆、隶、楷、草、行酣畅淋漓，传承着中华史册不朽的文明。

（合）中国的语言文字，因为她特有的精神和内涵，登堂入室，走上了联合国的讲台，写

进了国际公约。从此，在世界各地，在异国他乡，到处响起了中国的普通话。

（男领）中国的书法艺术，心手合一，清新高远。洒脱放达，纵横驰骋。

（合）点划里，透着祖先宁折不弯的骨气。

字行里，孕育着中华民族代代相传的神韵。

（师）好一个单音节的方块字，那抑、扬、顿、挫、平、上、去、入，

分明就像一叶叶情感的小舟，承载着中国人特有的豁达与深沉。

（男领）那一首首方块字写成的诗歌，平平仄仄，仄仄平平。

绕梁一日，掷地有声。浓缩着化不开的爱恨情仇。

（女齐）乘着韵律起伏的河流，那上游传来了《诗经》《楚辞》，唐诗、宋词和元曲。

（男齐）驾着诗文铺就的白云，那远处走来了屈原、李白、苏轼、李清照和关汉卿。

（女领）耳畔依然可闻古人《茅屋为秋风所破歌》的忧国忧民。

（男领）眼前依然可见壮士那《赤壁怀古》的雄浑和豪放。

（女齐）不会忘啊，祖先教我的方块字！

我会一生不改，"横平竖直，堂堂正正做人"。

（男齐）不会忘啊，祖国教会我普通话，

我将一辈子记着，"字正腔圆，我是中国人"！

（合）我是中国人！

（女齐）在我的骨子里，浸润着"春来江水绿如蓝，能不忆江南"的深深爱恋。

（男齐）在我的胸腔里，喷发着"待从头，收拾旧山河，朝天阙"的豪迈激情。

（合）同祖同宗，血脉相通。安国兴邦，众志成城。

我要大声地告诉世界：

我自豪，我是中国人！

我自豪，我是中国人！

**【课后活动】**

1. 活动内容：选读教材《回忆我的母亲》（朱德）八上自读课本《遥远的回忆》中《父亲的病》（茅盾）和"语文主题学习"丛书中的其他回忆性散文。

2. 写作角度：就以上内容从"读人"（文中人物或作者）或"品文"（运用所学回忆性散文阅读方法来解读）的角度写随笔或者解读文字。

3. 活动形式：开展"字水书院·悦读分享会"。

（摘选学生作品）

### 《父亲的病》（选段）解读文字

字水中学　周洋帆

同学们：

大家好！我给大家分享一下我解读茅盾《父亲的病》的感受。

从第二段可以看出身为知识分子的父亲虽病，但心志不衰，仍爱研读科学、文理。

从第三段把父亲腿拉平，"但那是妈妈倘看见，也会伤心的"和后文母亲多次流泪读出母亲的柔弱。

从父亲病情加重，母亲日夜守着父亲，翻书给父亲看，每天为父亲洗衣服等细节可读出夫妻间情意深厚，母亲任劳任怨。

父亲觉着自己是个拖累，想寻死但放弃，母亲知道后照顾得更加周密，还四处寻医（不放弃）。

从母亲对待日本女医生的大方态度（与封建保守的外祖母对比）显出母亲明事理、识大体的品质。

父亲知道看病结果后却心平气和，还笑着说话（与外祖母、宝珠的悲伤情绪对比），显出父亲淡泊生死，又与牵挂祖国的炽烈情感形成对比。

母亲在为父亲立遗嘱时喊公公来写（母亲思虑周全）。从父亲遗嘱内容上看出父亲临死却依旧看重国家大事，对中国时局分析得极为透彻（对作者以后的人生方向起到指导作用），但个人的生命在滚滚时代背景下是那样单薄。

许是日本新医学对他们的冲击，立嘱后父亲母亲加倍教导作者两兄弟，在他们懵懂的心里埋下了革命的种子。

父亲去世，母亲"一声裂帛似的号啕"，"泪如雨下"（母亲对父亲离世的悲痛）。"很小心地仍让父亲两脚支起"看出母亲在父亲死后仍深爱父亲，不愿他受罪的心理。

从母亲为父亲写的对子看出母亲博学多才，表现了母亲担负一人持家、管教孩子的重任的决心。母亲虽爱哭，但她却十分坚韧，她的坚韧都藏在她的柔弱，她的默默付出里。

全文语调平淡压抑，细节多采用白描，语言修饰少，内容照应多，回忆记叙味道浓厚。作者并没有在文中直接表露自己的情感，而是将那深深的、无法言说的悲痛藏于文章细节，藏于对母亲、外祖母、宝珠等人物的刻画中。文中的作者，依旧是当年那个在家国命运交织下不安的懵懂孩童，但握笔书写的却是个满怀悲痛的革命志士了！

**【评价品读效果】**

表1　重庆市字水中学语文项目学习·回忆性散文阅读评价量表

| 维度 | 状况 | | | 总评<br>（据星评级） | 主要<br>问题 | 再读<br>建议 |
|---|---|---|---|---|---|---|
| | 很准确<br>★★★ | 较准确<br>★★ | 不够准确<br>★ | | | |
| 品人 | | | | | | |
| 品情 | | | | | | |
| 品文 | | | | | | |

（说明　总评优秀：8~9★；良好：6~7★；不太好：少于6★）

**【学习反思】**

**品人品情品文　爱师爱国"爱身"**

　　说实话，回忆性散文真不好读，不好懂，更别说教会学生阅读此类文章的方法了。唯其难读难懂，就更需要范例的引领、老师的引路、方法的引导。叶圣陶先生说"教是为了不教"，深以为然。为贯彻之，故有以上回忆性散文三部曲"品人、品情、品文"的设计。但结果却令人不甚满意。假以时日，定会更好吧！

　　鲁迅先生令人钦佩的不仅是其深刻的思想、犀利的文笔、清醒的认识，更是那爱国的情怀、斗争的精神和不屈的灵魂。我们要学习先生真挚的爱师情感和深切的爱国情怀。要像先生一样抛却小我，让自身汇入时代的洪流，和祖国民族同呼吸、共命运，做一个像鲁迅一样顶天立地的大写的"人"。这才是真正爱师爱国"爱身"吧！

八年级上册第三单元·阅读

# 言志抒情用象征

祝永红

**【学习课型】**
主题鉴赏课

**【学习主题】**
象征手法

**【学习内容】**
统编教材八年级上册第三单元：《白杨礼赞》
"语文主题学习"丛书相关文章：《天山向日葵》

**【设计意图】**
《语文课程标准》对第四学段的阅读要求：欣赏文学作品，有自己的情感体验，初步领悟作品的内涵，从中获得对自然、社会、人生的有益启示。对作品中感人的情境和形象，能说出自己的体验；品味作品中富于表现力的语言。

八年级上册第四单元是散文单元，本单元散文类型多样，或写人记事，或托物言志，或阐发哲理，或写景抒情，展示了丰富多彩的自然景象和社会生活，表达出独特的情感体验和深刻的人生感悟。阅读这些散文，领会作品的情思，可以培养审美情趣，丰富精神世界。象征手法是文学（散文、诗歌）创作中常用的手法之一，教材中就有不少的课文都运用了这一手法。学生掌握了这一手法，能提高其文学欣赏水平和写作水平。

**【学习目标】**
1. 学习象征手法，把握白杨树的象征意义，感受中华儿女朴质、坚强、力求上进的精神。
2. 通过朗读、默读、批注方式来把握白杨树的外在美和内在美，并在交流互助中深化理解。
3. 结合具体语句分析托物言志或状物抒情的写法，掌握象征手法的运用。

**【课前活动】**
1. 学生自读《白杨礼赞》（茅盾）、《天山向日葵》（张抗抗）。
2. 文学常识（学生梳理）。

表1 文学常识参考表

| 作者 | 重要评价 | 主要作品（成就） |
| --- | --- | --- |
| 茅盾（1896年7月4日—1981年3月27日），原名沈德鸿，字雁冰，浙江省嘉兴市桐乡市人 | 现代著名作家、文学评论家、社会活动家，我国革命文艺奠基人之一 | 代表作有长篇小说《子夜》，短篇小说《春蚕》《林家铺子》，散文《风景谈》《白杨礼赞》 |

续表

| 作者 | 重要评价 | 主要作品（成就） |
|---|---|---|
| 张抗抗，女，1950年7月3日生，浙江省杭州市人 | 中国作家协会副主席，国务院参事。获"第二届全国鲁迅文学奖"，1988年英国剑桥大学国际名人传记中将其收入"世界名人录" | 代表作有长篇小说《隐形伴侣》《赤彤丹朱》《情爱画廊》《作女》《张抗抗自选集》 |

3. 自读课文，将不理解的字词和感受深的句子做上不同的标记。

预设：

恹恹　虬枝　刹那　旁逸　楠木　毡子　晕圈　秀颀
外壳　倔强　参天　无边无垠　婆娑　主宰　坦荡如砥

4. 预估学情。

学生基本能懂文章，但不知其象征意义。

【课中活动】

导入：

树是自然界的一道亮丽的风景线。"碧玉妆成一树高，万条垂下绿丝绦"是柳的风韵；"大雪压青松，青松挺且直"是松的雄姿；"墙角数枝梅，凌寒独自开"是梅的倩影。今天我们再来领略一下"叶叶皆团结，枝枝争上游"的白杨树的俊美。

## 活动一：赏读《白杨礼赞》

**第一环节：初读感知**

1. 文章标题中"礼赞"一词是什么意思？

参考："礼赞"是"崇敬""赞美"的意思。从中能很清楚地看出作者对白杨树的赞美与喜爱之情。

2. 朗读课文。要求：读出文中的激情与豪情。

思考：

（1）勾画出文中直接赞美白杨树的语句。

（2）作者为什么赞美白杨树？

参考：

（1）文中直接赞美白杨树的语句：

第1段：白杨树实在是不平凡的，我赞美白杨树！

第4段：那就是白杨树，西北极普通的一种树，然而实在是不平凡的一种树。

第6段：这就是白杨树，西北极普通的一种树，然而决不是平凡的树。

第8段：我赞美白杨树，就因为……

第9段：……我要高声赞美白杨树！

（2）因为白杨树不平凡。"不平凡"是作者抒发赞美的基础，也是结构文章的感情线索。

由"那"到"这",可以看出是从远到近地观察白杨树;由"赞美"到"高声赞美"感情是由浅入深,不仅有赞美之情还有崇敬之情。

**第二环节:再读探究**

默读课文,思考:

1. 围绕着对白杨树"不平凡"的赞美,作者展示了几幅优美的图画?

参考:高原风景图,白杨特写图,物人联想图。

2. 这些图画分别从什么方面来表现白杨树的"不平凡"的?

参考:生长环境,外部形象,内在气质。

**第三环节:细读感悟**

1. 精读第2段,思考:作者如何描写黄土高原的?目的是什么?

学生找出描写黄土高原的关键词语进行分析,如黄绿错综(色彩)、无边无垠(幅员)、坦荡如砥(地势),勾画了一幅辽阔平坦、色彩鲜艳的高原图景。

参考:交代白杨树生长的环境,以黄土高原"雄壮""伟大"的背景衬托了白杨树的不平凡。——景美

2. 引导学生细读文章第7、8自然段,然后小组讨论回答下列问题。

(1)作者难道仅仅是赞扬白杨树的外部形态吗?从哪些语句看出?

参考:难道你就觉得它只是树?难道你就不想到……

**资料助推**:

《白杨礼赞》写于1941年3月。在此之前,作者茅盾在新疆工作一段时间之后,到延安讲学。当时,是抗日战争相持阶段,国民党反动派消极抗日、积极反共,北方军民在共产党的领导下同心同德、团结抗战,多次粉碎了敌伪的疯狂"扫荡",作者从解放区的人民身上看到了民族解放的前途和希望,深受鼓舞,写下了这篇热情洋溢的散文,借白杨树这一形象热烈地歌颂他们。

(2)四个反问句的意思是怎么逐步加深的?

参考:第一个反问句由树及人,启发人们深思白杨树不仅仅只是树,为下文做铺垫。后面三个"难道",由浅入深地写出了白杨树的象征意义。"不想到""不联想到""不更远一点想到"一层一层地揭示了白杨树的象征意义。第二个反问句从白杨树的性格出发,点明白杨树至少象征着"朴质,严肃,坚强不屈"的北方农民。第三个反问句从白杨树"傲然挺立"的形象出发,把它象征为在敌后坚强不屈守卫家乡的哨兵。第四个反问句从白杨树的"靠紧团结,力求上进"的品质出发,把它象征为在中国共产党领导下的抗日军民和整个中华民族的精神和意志。四个反问句连用,气势充沛,酣畅淋漓,展示了阔大而深远的境界。

(4)文中的白杨树象征了什么?文中的楠木象征了什么?

参考:文中的白杨树不但象征了北方的农民,尤其象征了当时民族解放斗争中所不可缺的朴质,坚强,力求上进的精神。——神美

"楠木"象征了贱视民众、顽固倒退的人们(诸如国民党反动派),作者写它的目的是为

了以树比树（白杨树和楠木），以人比人（北方农民和国民党反动派），以达到艺术效果的一致、协调和完整。

**资料助推：**

象征就是根据事物之间的某种联系，借助某人某物的具体形象（象征体），以表现某种抽象的概念、思想和情感。可以赞颂美好的事物；也可以讽刺丑恶的事物。有的在文中不点明象征的含义，让读者自己去感悟；有的直接点名象征的含义。

## 活动二：比较阅读

### 第一环节：朗读体会

1. 找出两文状物（白杨树和天山向日葵的描写）最细致精彩的语段，有感情地朗读。

参考：《白杨礼赞》第5段，《天山向日葵》第5段。

2. 朗读时教师视情况进行点评或范读。

### 第二环节：小组合作学习

1. 对比分析这两篇文章的第5段，理清作者分别从哪几方面描写景物。

参考：

白杨树——干、枝、叶、皮。

天山向日葵——姿势、身形、花瓣。

2. 小组深入探究：作者描写景物时，突出其什么特点？试用词语进行概括。

参考：

白杨树——倔强挺立，不屈不挠。

天山向日葵——固执而美丽。

3. 理解象征手法的运用。

以学习小组为单位进行研讨，既动口又动手，选好代表预备发言。

说法一：《　　　》中作者借＿＿＿＿＿象征＿＿＿＿＿。

说法二：《　　　》中能表达象征义的句段是"＿＿＿＿＿"。

参考：

《白杨礼赞》中作者借 白杨树 象征 北方农民和当时民族解放斗争中所不可缺的朴质、坚强、力求上进的精神 。

《天山向日葵》中作者借 天山向日葵 象征勇敢坚持自我、特立独行、有思想的人格精神。

《白杨礼赞》中能表达象征义的句段是"我赞美白杨树，就因为它不但象征了……"

### 第三环节：学习小结

1. 两篇课文作者在状物中蕴含抒情言志，主要体现在第＿＿＿段和第＿＿＿段中。

2. 两篇课都运用了＿＿＿＿＿＿＿写法表现主题。

## 活动三：牛刀小试

选取你熟悉的某个事物（如蜡烛、莲、蜜蜂、竹子……），发挥联想，赋予它一定的象征意义，完成片段写作。

结束语：

一花一世界，一叶一菩提，一草一木总关情，在这个纷繁复杂的世界上，我们并不寂寞，每一个生命都会给我们启迪，每一个生命都会给我们生的昭示，让我们走进自然物语，运用象征手法去感悟生命的启迪。

【课后活动】

课外延伸阅读《一种云》（瞿秋白）、《海燕》（高尔基）、《秋夜》（鲁迅），主要理解作者在状物抒情时表达的象征意义。

【评价阅读效果】

表2 重庆市字水中学语文项目学习·象征手法阅读课评价量表

| 维度 | 状况 ||| 总评（据星评级） | 主要问题 | 再读建议 |
|---|---|---|---|---|---|---|
| | 很准确 ★★★ | 较准确 ★★ | 不够准确 ★ | | | |
| 主题的理解 | | | | | | |
| 象征义的把握 | | | | | | |
| 象征手法的运用 | | | | | | |

（说明　总评优秀：8～9★；良好：6～7★；不太好：少于6★）

附板书：

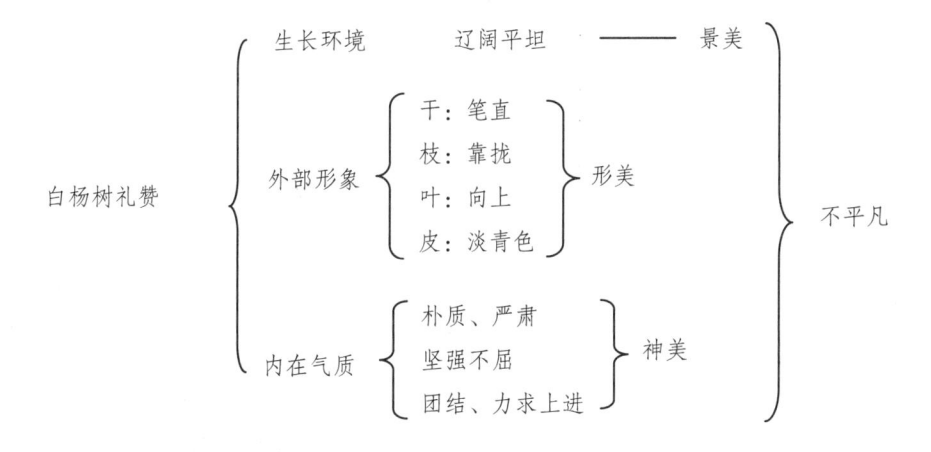

白杨树礼赞
- 生长环境：辽阔平坦 —— 景美
- 外部形象：
  - 干：笔直
  - 枝：靠拢
  - 叶：向上
  - 皮：淡青色
  　形美
- 内在气质：
  - 朴质、严肃
  - 坚强不屈
  - 团结、力求上进
  　神美

不平凡

**【学习反思】**

### 言志抒情用象征

在本节课的教学过程中，我尝试运用各种方式让学生去进行整体感知。教学过程中，我始终以学生为主体，充分发挥了学生的主动性、积极性和创造性，如："作者为什么赞美白杨树？"这一问题的提出使学生立即抓住了本文的线索："不平凡"；"围绕着对白杨树'不平凡'的赞美，作者展示了几幅优美的图画？"使学生走进文本之中，从而在阅读中体会到作者之所以认为白杨树不平凡是因为它的生长环境、外部形态、内在精神不平凡，这样就完成了对文章前半部分的感知；接着我又问"作者难道仅仅是赞扬白杨树的外部形态吗？"将学生的思维引到对文本后一部分的阅读之中；然后水到渠成地提出本文写作手法——象征。学生掌握象征手法后，我又让他们阅读张抗抗的《天山向日葵》，比较分析两篇文章象征手法的运用等教学环节，既抓住了重点，理解了文章的思想内容及象征手法，又体现了以学生为主体的原则，调动了学习的积极性。学生不断地动脑、动口、动手，课堂气氛活跃，学生的学习积极性也显现出来了。尤其是在"牛刀小试"中，学生不只是掌握了象征手法的运用，更显现了他们的创造力，所写的内容虽只有50字左右，却百花灿烂，异彩纷呈。学生理解象征意义还有一定难度，把握不够准确，教师的引导还有所欠缺，以后还要引导学生多阅读运用象征手法写作的散文。

## 八年级上册第三单元·阅读

# 闲人情怀话苏轼

### 代 沛

**【学习课型】**

主题专题课

**【学习主题】**

苏轼的生活哲学

**【学习内容】**

统编教材八年级上册第三单元:《记承天寺夜游》

统编教材九年级下册第三单元:《江城子·密州出猎》

其他相关篇目:《定风波·莫听穿林打叶声》《浣溪沙·游蕲水清泉山》《念奴娇·赤壁怀古》《苏东坡的数字人生》

**【设计意图】**

《语文课程标准》提出,欣赏文学作品,有自己的情感体验,初步领悟作品的内涵,从中获得对自然、社会、人生的有益启示。对作品中感人的情境和形象,能说出自己的体验;品味作品中富于表现力的语言。有名家曾说,要了解一个人,就进入他的作品中去,这样就进入了他的灵魂。苏轼,一位在中国文坛上占有举足轻重地位的大师值得我们慢慢去体会。

林语堂曾说:"苏东坡已死,他的名字只是一个记忆。但是他留给我们的,是他那心灵的喜悦,是他那思想的快乐,这才是万古不朽的。"也有人曾说:"每个中国人心中,都有一个苏东坡。"作为中国文学史上大名鼎鼎的人物,他一生风雨,如过眼云烟,泰然处之,他把别人眼中的苟且,活成了自己的潇洒。

本课希望通过赏美景、品闲情、知人品,引导学生深刻体会作为一代文豪苏轼的闲适情怀和旷达胸襟,并以此为突破口,获得一些人生的感悟。

**【学习目标】**

1. 引导学生感受作品优美的意境,体会作品中流露的思想感情,培养学生感知写景类诗词中作者思想感情的能力。

2. 抓住关键词句,引导学生体会作者豁达的人生态度。

3. 提高学生初步鉴赏文学作品的能力。

**【课前活动】**

1. 浏览《苏轼的数字人生》,了解其人生经历和作品。

2. 自由熟读《记承天寺夜游》《江城子·密州出猎》《定风波·莫听穿林打叶声》《浣溪沙·游蕲水清泉寺》《念奴娇·赤壁怀古》。

3. 多维思读《记承天寺夜游》。

（1）读《记承天寺夜游》，从题目中可以得出哪些信息？（提示：事情，地点，时间）

参考：读文，要根据自己的理解，在关键字处重读，拖长声调，语气舒缓，再加上一些情感，就能把一篇古文读出情感和韵味了。

（2）借助书下注释和参考书，疏通文意。

①一词多义：与。

②古今异义：但。

③重点句子翻译：

"念无与为乐者，遂至承天寺寻张怀民。"

"庭下如积水空明，水中藻、荇交横，盖竹柏影也。"

"但少闲人如吾两人者耳。"

【课中活动】

导入：猜猜他是谁？

读书："闭门书史丛，少有凌云志。"

工作："平生五千卷，一字不救饥。"

态度："人有悲欢离合，月有阴晴圆缺，此事古难全。"

一生："起舞弄清影，何似在人间。"

## 活动一：闲聊苏轼

我们来聊聊大家在阅读《苏东坡的数字人生》时读到了一个怎样的苏轼？请学生谈谈所了解到的苏轼。

1. 他长什么样？

2. 他的"Title"（头衔）你都知道吗？

3. "8341"是指苏轼怎样的从政经历？三起三落是什么意思？"123456"反映了苏轼的什么社会关系？

**资料助推**：

第一组数字："8341"，苏东坡主要的从政经历。

"8"是"八州太守"。苏东坡先后当过密州、徐州、湖州、登州、杭州、颖州、扬州、定州8个州的太守。在密州、徐州、杭州的任期稍长，两年左右；最短的是登州，任期5天；其他地方都是几个月。

"3"是"三部尚书"，先后担任吏部、兵部、礼部尚书。任期都不长，吏部7个月，兵部1个月，礼部9个月。

"4"是"四处贬谪"，先后被贬到黄州、汝州、惠州、儋州，汝州还没来得及到任。

"1"是"一任皇帝秘书"，正式职务为"翰林学士知制诰"。

第三组数字："123456"，这一组数字反映苏东坡的主要社会关系。

"1"：一位如雷贯耳的伟大父亲。苏洵是唐宋八大家之一，养育了苏轼、苏辙两个儿子。

"2"：两位情同手足的兄弟。苏轼、苏辙是中国历史上感情极好的兄弟。他们是兄弟、是诗词唱和的良友、是政治上荣辱与共的伙伴、是精神上相互勉励安慰的知己。政治上互相支持，同朝为官；生活中互相照顾、关心备至；艺术上卓尔不群，互唱互和。

"3"：三任相濡以沫的妻子。第一任妻子王弗。她去世十年后，苏东坡在密州为官，写了一首催人泪下的《江城子·乙卯正月二十日夜记梦》。王弗去世后，苏东坡又娶了第二任妻子王闰之，即王弗的堂妹，死后与苏东坡合葬在河南郏县。第三任妻子是王朝云。她一直跟随苏东坡，终身相伴，生死相依，死后葬在惠州。苏东坡为她写了一副楹联："不合时宜，惟有朝云能识我；独弹古调，每逢暮雨倍思卿。"

"4"：四位名垂青史的弟子。苏门四学士黄庭坚、秦观、张耒、晁补之，在中国文化史上赫赫有名。

"5"：五位恩威并重的皇帝。苏东坡一生经历了北宋五位皇帝：仁宗、英宗、神宗、哲宗、徽宗。仁宗，在位四十年，爱惜人才，殿试选了苏轼、苏辙两兄弟。英宗一登基就想提拔苏东坡，但当时宰相韩琦认为不合适，最后把他放到史馆里。神宗对苏东坡又爱又恨，爱他的才，恨他不听话、反对变法。哲宗在位期间对苏东坡一贬再贬。徽宗虽是北宗的亡国之君，但他还是一位出色的艺术家，创造了书法中的"瘦金体"。他继位后大赦天下、把苏东坡从海南赦免回来，只可惜苏东坡在返回途中殁于常州。

"6"：六位肝胆相照的人生知己。苏东坡的朋友很多，各行各业、各个阶层的朋友都有。如文学上的恩师欧阳修。欧阳修说："读轼书，不觉汗出，快哉快哉，老夫当避路，放他出一头地也。"政治上的盟友司马光，是反对王安石变法的代表人物。苏东坡与他同属"元祐党人"。书画界的知己米芾。隐士里的知己陈季常。佛门里的密友道潜。官员里的手足徐君猷。

4. 名家如何评价他？

宋史《苏轼传》记："神宗尤爱其文，宫中读之，膳进忘食，称为天下奇才。"

北宋词坛才子秦观满心佩服苏东坡，其言曰"生不愿封万户侯，但愿一识苏徐州"（苏轼当过徐州太守，人称"苏徐州"）。

作家林语堂在《苏东坡传》中这样写道——苏东坡，人间不可无一难能有二。

## 活动二：品读苏轼

品玩文章，方法是"字斟句酌，读出自我"。刚才我们翻译课文有相对固定的标准，而现在的品玩却是"横看成岭侧成峰，远近高低各不同。"

示例："欲"——想要。

"想要睡"又表明还未睡，灵性如东坡，总有反观自己内心的生活习惯。有此习惯，这一天不会这样就过去，冥冥中一定还有和天地的约会！幸好东坡没有睡去，不然世界就少了一段人类心灵史的记录！让我们走进苏轼的文字里，"字斟句酌，读出自我"。大家小组内交流后全班分享。

**第一环节：赏如水美景**

1. 作者是如何描写庭中月色的？"盖竹柏影也"放在"水中藻、荇交横"之后，有什么效果？苏轼用了什么手法把月亮写得如此富有神韵和诗意？

参考：清水一样澄澈透明，水中的水藻、荇菜纵横交错，把读者带入一种空灵澄澈的意境中，后面才说原来是竹子和柏树的影子。不仅使文章充满悬念，一波三折，也是作者的心理活动的细腻描写，从而使整个文章曲折波澜，妙趣横生。这里运用了比喻手法。

2. 比较体验：改动后的句子，阅读的感觉发生了哪些变化？

原文：庭下如积水空明，水中藻、荇交横，盖竹柏影也。

改文：庭下（月色）如积水空明，水中藻、荇交横，是竹柏影也。

齐读修改后的文本，感受情感变化之美。

元丰六年十月十二日夜，解衣欲睡，月色入户，欣然起行。念无与为乐者，遂至承天寺寻张怀民。怀民亦未寝，相与步于中庭。啊！（读出惊喜）庭下如积水空明，水中藻、荇交横，噢！（读出顿悟）盖竹柏影也。唉！（读出不甘、不平）何夜无月？何处无竹柏？但少闲人如吾两人者耳。

**第二环节：品闲人情怀**

1. 读出一份"闲"。

文章中，苏轼称自己为"闲人"，哪些地方能看出他的"闲"呢？苏轼真的很闲吗？

参考：苏轼以犯人身份被贬黄州，无薪俸，故租50亩荒地经营。有诗曰："不令寸土闲，饥寒未知免。""去年东坡拾瓦砾，自种黄桑三百尺。今年刈草盖雪堂，日炙风吹面如墨。"又有"自笑平生为口忙"之句。在黄州的四年又四个月，他作诗二百二十首，词六十六首，赋三篇，文一百六十九篇。

2. 悟出一份情。

"闲人"心中有何情？

参考：

闲情雅致——赏月的欣喜，漫步的悠闲。

悲凉感慨——贬谪的悲凉，人生的感慨。

"闲人"，即清闲的人，并非是指无所事事的人。

首先，"闲人"是指具有闲情雅致的人。表面上调侃自己和张怀民是清闲的人，闲来无事才出来赏月的，实际上却为自己的行为而自豪——月夜处处都有，却只有情趣高雅的人才能够欣赏它。

其次，"闲人"包含了作者郁郁不得志的悲凉心境，作者在政治上有远大的抱负，但是被一贬再贬，流落黄州，在内心深处，他又何尝愿意做一个"闲人"呢？只不过是被贬"闲人"的自慰罢了。

3. 读懂一个人。

文章读到这里，我们读出了一个有着闲情雅致的苏轼，但若仅此只是一个表层，从文中我们究竟能看到一个怎样的苏轼还得借助一些背景资料。

苏轼21岁中进士，名动天下；25岁参加制举考试，成为"百年第一"。宋仁宗曾说："我为子孙觅得两位宰相，那就是苏氏兄弟。"

"心似已灰之木，身如不系之舟。问汝平生功业，黄州、惠州、儋州。"

贬官黄州："长江绕郭知鱼美，好竹连山觉笋香。"

贬官惠州："日啖荔枝三百颗，不辞长作岭南人。"

贬官儋州："九死蛮荒吾不恨，兹游奇绝冠平生。"（读出自得与达观）

## 活动三：主题阅读 提升感悟

**第一环节：品读古诗**

品读要求：《浣溪沙·游蕲水清泉寺》《江城子·密州出猎》《念奴娇·赤壁怀古》《定风波·莫听穿林打叶声》，凭借所学到的赏析法、比较法、诵读法来思考、批注，读出语言中蕴含的苏轼的旷达胸襟和闲人情怀。

1. 自读《浣溪沙·游蕲水清泉寺》一词，体会苏轼对生活的热爱。

（1）苏轼写了蕲水清泉寺的哪些景色？给你留下了怎样的印象？

（2）此首词由景入情，字里行间表达了苏轼内心怎样的情感？

参考：

遭逢逆境，仍恬淡豁达欣赏美；饱经忧患，亦积极热情乐观活。

宠辱不惊，闲看庭前花开花落；去留无意，漫观天外云卷云舒。

2. 自读《念奴娇·赤壁怀古》，感受苏轼的豪情万丈。

（1）写了怎样的赤壁之景，有什么作用？

（2）如何理解"人生如梦"？

参考：人生如梦，自己一生算得了什么，在千古人物都被淘尽的大江之畔，想到的不应该仅仅是自己，而应该是千古不变的江月，就把这杯酒敬给了千古不变的江月。应该说他能迅速从惆怅失意中解脱出来，表达了苏轼特有的旷达洒脱的情怀。这真叫作人生短暂，江月永恒，壮志难酬，豪情长存。

3. 自读《定风波·莫听穿林打叶声》，体会苏轼的闲适恬淡。

诗人在上阕中表现的这种闲适、恬淡、开朗的心态，是否表示当时他的处境已经改善了呢？请从下阕中找出依据。

4. 自读《江城子·密州出猎》，感性体验苏轼的"狂"。

（1）这首词中苏轼的"狂"体现在哪些方面？结合朗读加深体会。

参考：

"左牵黄，右擎苍。"——对自己威风形象的得意之情。

"锦帽貂裘，千骑卷平冈。"——声势浩大。

"卷"描绘出千骑席卷山林、人欢马叫、竞逐奔争的浩大声势。

"亲射虎，看孙郎。""会挽雕弓如满月，西北望，射天狼。"——英雄气概。

（2）苏轼为何而"狂"？（"狂"一般是由于有强烈的情感需要宣泄）

参考："老夫""鬓微霜""何日遣冯唐""西北望，射天狼"

**资料助推**：

当时，北宋王朝积贫积弱，内忧外患，辽和西夏不断侵扰，边患时有发生。苏轼虽因与王安石政见不同而被贬官，但仍关心国事，坚持抵御外侮。希望报效国家，以身许国，却不被朝廷信任，报国无门，年华空老。

（3）苏轼的"狂"是积极乐观还是消极悲观？你怎么理解苏轼的这种"狂"？

参考：

"鬓微霜，又何妨？"——不服老。

"何日遣冯唐？"——对朝廷满怀希望。

面对误解、怀疑、逆境、磨难的不屈服的乐观精神，这是苏轼精神人格的体现，是真正的豪放。

后来苏轼跌跌撞撞从密州到海南，人生历程中不断被贬，却也能潇潇洒洒，秉承"一点浩然气，千里快哉风"的乐观、豁达。有诗为证：

贬官惠州："日啖荔枝三百颗，不辞长作岭南人。"

贬官琼州："抒说先生睡未足，着人休撞五更钟。"

贬官海南："九死蛮荒吾不恨，兹游奇绝冠平生。"

正如他自己所言："回首向来萧瑟处，归去，也无风雨也无晴。"

表1 重庆市字水中学语文项目学习·学生互评活动量化表

| 维度 | 状况 ||| 总评<br>（据星评级） | 主要<br>问题 | 再读<br>建议 |
|---|---|---|---|---|---|---|
| | 优秀<br>★★★ | 良好<br>★★ | 不太好<br>★ | | | |
| 《浣溪沙·游蕲水清泉寺》<br>读、赏、悟 | | | | | | |
| 《念奴娇·赤壁怀古》<br>读、赏、悟 | | | | | | |
| 《定风波·莫听穿林打叶声》<br>读、赏、悟 | | | | | | |
| 《江城子·密州出猎》<br>读、赏、悟 | | | | | | |

（说明 总评优秀：10~12★；良好：7~9★；不太好：少于7★）

### 第二环节：悟情升华

中国当代著名学者《苏东坡传》的作者林语堂曾说："像苏东坡这样的人物，是人间不可无一，难能有二的。"2000年，法国《世界报》组织评选1001—2000年间的"千年英雄"，全世界一共评出12位，苏东坡名列其中，是唯一入选的中国人。曾有歌词这样说："爱上苏东坡，爱上江风渔火；爱上苏东坡，爱上荔枝三百颗；爱上苏东坡，乘风乘月乘仙鹤；爱上苏东坡，随明月转朱阁。"苏轼告诉我们：没有如意的人生，只有看开的生活！

**【课后活动】**

背诵课中所品的苏轼的词：《浣溪沙·游蕲水清泉寺》《江城子·密州出猎》《念奴娇·赤壁怀古》《定风波·莫听穿林打叶声》，再次回味心中的文学奇才——苏轼。

**【学习反思】**

赏景品情知人品　大家境界提素养

1. 赏美景，品闲情，知人品。这堂课我从写景入手，引导学生体会苏东坡的情感。月色的空明澄澈，恰恰反映出苏轼不同常人的情怀，进而感受苏轼乐观的态度和博大的胸襟。再读苏轼的代表作，更加深刻地理解了苏轼的人生哲学，这点学生基本能体会到。但由于学生的生活经历有限，对于苏轼的人生感慨认识还不深。

2. 苏轼作为一代文人给我们留下了不少的好作品，这堂课也作为引子带领学生走进了苏轼的世界，让他们领悟到了中国传统文化的魅力，同时积累了中国传统诗词，提高了文学素养。同时，作为中国文学史上大名鼎鼎的人物，他视一生风雨如过眼云烟，泰然处之。他把别人眼中的苟且，活成了自己的潇洒。学苏轼，学习他的工作哲学，可得"欣然"；学习他的处世哲学，可得"超脱"；学习他的做事哲学，可得"负责"；学习他的生命哲学，可得"清欢"；学习他的生活哲学，可得"趣味"；学习他的艺术哲学，可得"境界"。

## 八年级上册第四单元·阅读

# 平淡百味人生　凡人小事聚美
## ——《昆明的雨》教学设计

罗小容

**【学习课型】**

主题鉴赏课

**【学习主题】**

写景抒情散文

**【学习内容】**

统编教材八年级上册第四单元：《昆明的雨》

"语文主题学习"丛书八年级上④《百味人生》相关文章：《西溪的晴雨》《故乡的元宵》

**【设计意图】**

语文课程丰富的人文内涵对学生精神领域的影响是深广的，学生对语文材料的感受和理解又往往是多元的。因此，应该重视语文课程对学生思想情感所起的熏陶感染作用，注意课程内容的价值取向，树立社会主义荣辱观、培养良好思想道德风尚，同时也要尊重学生在语文学习过程中的独特体验。汪曾祺的文章具有平淡质朴、如话家常的语言风格，拥有从"凡人小事"发现美的独特眼光。他的叙事文本拥有鲜明特色，和他超群的细节记忆是分不开的，而细节积累的两条原则：其一，用心地体验；其二，有心地记忆。阅读是学生的个性化行为，应引导学生钻研文本，在主动积极的思维和情感活动中，加深理解和体验，有所感悟和思考，受到情感熏陶，获得思想启迪，享受审美乐趣。所以，本节课试图从细节积累出发，学会在凡人小事中寻找美，发现美，写出生活的美感和诗意，在《昆明的雨》中体会凡人小事之美。

**【学习目标】**

1. 理清课文思路，体会课文形散神聚的特点。

2. 朗读品味，体会作者平淡质朴如话家常的语言特色，以及从凡人小事中发现美的独到眼光。

**【课前活动】**

1. 学生自读统编教材八上四单元：《昆明的雨》；"语文主题学习"丛书八年级上④《百味人生》《西溪的晴雨》《故乡的元宵》

2. 查阅资料，了解作者及文章内容。

**资料助推：**

① 汪曾祺（1920.3.5—1997.5.16.），江苏高邮人，现当代作家、散文家、戏剧家。早年毕

业于西南联大，历任中学教师、北京市文联干部、《北京文艺》编辑、北京京剧院编辑。在短篇小说创作上颇有成就。著有小说集《邂逅集》，小说《受戒》《大淖记事》，散文集《蒲桥集》，大部分作品收录在《汪曾祺全集》中。

②郁达夫（1896.12.7－1945.8.29），原名郁文，字达夫，幼名阿凤，浙江富阳人，中国现代作家、革命烈士。他是新文学团体"创造社"的发起人之一，一位为抗日救国而殉难的爱国主义作家。在文学创作的同时，还积极参加各种反帝抗日组织，先后在上海、武汉等地从事抗日救国宣传活动，其文学代表作有《沉沦》《故都的秋》《春风沉醉的晚上》《过去》《迟桂花》《怀鲁迅》等。

③评《昆明的雨》。

肖培东："略读《昆明的雨》这样的文章，便有莫名的感动；读到深处，悟出点散文形式与内容的处理，羚羊挂角的技法运用，以及清浅文字中蕴有的别样的深情韵味，就会更觉神清气爽。"

3. 生字词预习。

青头菌（jūn）　　鲜腴（yú）　　篱笆（lí bā）
鸡㙡（zōng）菌　　黄焖（mēn）鸡　　扳（bān）尖
炽（chì）红　　缅（miǎn）桂　　绿釉（yòu）

4. 预估学情。

学生已初步具有阅读散文的能力，但对平淡的语言接受度不高，很容易觉得淡而无味，发现不了文章之美，对于细节的把握不到位。

【课中活动】

导入：

师生一起完成雨点变奏曲游戏。

这是游戏中的"雨"带给我们的快乐，那文学作品中的"雨"又会给我们带来怎样的感受呢？今天这节课我们就跟随汪曾祺先生走进他的回忆性散文——《昆明的雨》，一起感受昆明雨季的别样风情。

## 活动一：文本阅读

### 第一环节：凡人小事寄深情——宏观看篇

1. 梳理文本，全文只写了昆明的雨吗？还写了哪些？

参考：写了昆明的仙人掌，也写了雨季的果子杨梅；写了雨季的花缅桂花，也写了酒店的一架大木香花；写了卖杨梅的姑娘，也写了送缅桂花的房东；写了"我"和朋友在莲花池边的小酒店喝酒，也写了我的乡愁。

2. 题目是《昆明的雨》，说说你找到的昆明的雨的特点，并体会作者的情感。

参考：

（1）我不记得昆明的雨季有多长，从几月到几月，好像是相当长的。但是并不使人厌烦。

因为是下下停停、停停下下，不是连绵不断，下起来没完。而且并不使人气闷。我觉得昆明雨季气压不低，人很舒服。

（2）雨季长但不使人厌烦，断断续续，人很舒服。（概括精准）

（3）昆明的雨季是明亮的、丰满的，使人动情的。（老师提问：哪位同学能动情地给大家读一下吗？能说一下这深情的话语里蕴含作者怎样的情感吗？——对昆明雨季的喜爱之情）

（4）昆明的雨季，是浓绿的。（这个句子本来是个完整的句子，为什么要加一个逗号呢？——有了停顿，情感的表达就慢下来了，这让情感变得深厚）

3. 这些内容与"昆明的雨"看似无关，而且都是极其不起眼的"凡人小事"，作者这样写是不是太随便了？

参考：

各种菌子——雨季逛菜市场；杨梅——雨季的果子；缅桂花——雨季的花；

"我"和朋友在小酒店喝酒——外面下着雨，渐渐下大了；

卖杨梅的苗族女孩、卖缅桂花的房东母女（雨中的人和事）；

雨，有时是会引起人淡淡的乡愁的。

把这些琐细的事物写得越详细，越能真实地再现一个个生活情境，作者这种喜爱、赞美、怀念等情感就越强烈。

汪曾祺心怀昆明的雨，笔下的人事景物无不笼罩在温柔的细雨中，虽然散乱，却被汪曾祺用"使人动情"这四个字牢牢地串联在一起，无一不透露着对雨季的热爱。其情感越深沉，寄托情感的载体就越小。作者特别善于捕捉细小的美，在"凡人小事中寄寓深情"，更体现了散文的特点——形散神聚。

**第二环节：自主品味悟真情——微观看句**

在汪曾祺选择的这么多事物面前，我最喜欢这句话："牛肝菌色如牛肝，滑嫩鲜香，很好吃。"大家听听，我读得对吗？

（1）原句：牛肝菌色如牛肝，滑，嫩，鲜，香，很好吃。

改1：牛肝菌色如牛肝，滑嫩鲜香，很好吃。

改2：牛肝菌色如牛肝，滑、嫩、鲜、香，很好吃。

四个逗号，一字一顿，回味悠长，感觉好像嚼一下，品一下，再嚼一下，再品一下，将"滑""嫩""鲜""香"这几种感受逐一体会，更加美味。仿佛让我们看到了年轻的汪曾祺正坐在西南联大食堂的桌子旁享受牛肝菌的美味呢！原来标点符号可以传达作者情感啊！

作者写得仔细，同学读得有情，让我们有了身临其境的感觉，也感受到了作者对往昔生活的回味与怀念之情。

请同学们从文中找出你认为最有味道的语言，在旁边进行圈点批注，并通过朗读加以品味。

（2）（　　　　），这种东西也能吃？！（　　　　），这东西这么好吃？！

（3）"这个名字起得真好，真是像一球烧得炽红的火炭！一点都不酸！

连用两个感叹号，体现杨梅好看又好吃。

汪曾祺在昆明度过了美丽的时光。他在昆明住了七年，不仅在这里学到了很多知识，还结识带他走上写作之路的沈从文老师，成就与朱德熙的友情。在这里，他还邂逅了施松卿，收获了满满的爱情。所以，他是写昆明极多的一位作家，他写过关于昆明的文章共43篇。现在，大家说一说，他除了怀念雨，还怀念什么？

参考：昆明。昆明愉快的生活。因此他那句表达情感的话反复出现了两次——"我想念昆明的雨。"

把情感融化在真真切切的生活里，把智慧寄寓在平平淡淡的叙述中，写得自然而和谐，活得从容而轻松……

### 第三环节：隽永语言话感悟——小结全文

昆明的雨弥漫成一种情调，氤成一种氛围，镌刻成一段记忆！

昆明的雨明亮丰满，使人动情，它撑破了仙人掌的笑靥，滋养了菌子的味蕾，吹胀了杨梅的肚腩，芬芳了缅桂花的香味，也浸润了游子的想念！

## 活动二：主题阅读

阅读《西溪的晴雨》《故乡的元宵》寻找作者发现的凡人小事之美。

### 第一环节：游赏中的文人雅趣——《西溪的晴雨》

两次赏游西溪的经历：一次在雨中，一次是晴日。

文章开篇以"西湖太整齐，太小巧，不够味"为铺垫，而应友人相约，在雨中游览西溪。游赏路上，天色是"阴阴漠漠的"，呼吸的是"野草花的气息"，甚或有些"霉灰的阴气"，高坐车上，所见"一派空明"，"渺渺茫茫，青青绿绿"；乘船游览，撇开风景，叙写摇船少女的风姿，回顾老人祠里的灵签，联想竹西歌吹的闲情，自有文人的浪漫情怀。

至于记叙晴日游览西溪的经历，则更是用笔婉致。晴明高照，便在弹琴楼上消磨时日；秋雪庵里赏景"原不见秋，更不见雪"；报上有"芦花怒放"的消息，而所见却不尽然；就连寺庙的老僧也求字相邀，龙妇也洞箫歌吹，凡此种种，作者在文章中营造浓重的诗意氛围，让人在品读文人雅趣中产生美的艺术感受。

### 第二环节：民俗里的情景交融——《故乡的元宵》

文中描绘了故乡元宵节的习俗，如送麒麟，吹糖人，捏面人，抖空竹，看走马灯，看围屏，放灯笼等。

文章开头"故乡的元宵是并不热闹的"，这句起到了总领全文的作用，重点突出了故乡的元宵"并不热闹"，引起以下篇章对元宵"不热闹"的描绘。"没有狮子，龙灯，没有高跷，没有跑旱船，没有'大头和尚戏翠柳'，没有花担子、茶担子。"引起好奇——这里的元宵静悄悄。

表1　细读课文作业参考表

| 时间 | 表演 | 状态 | 感受 | 细节描写 |
|---|---|---|---|---|
| 白天 | 送麒麟 | 没表演，没动作，曲调简单 | 一点也不叫人兴奋 | 状声词"格炸炸" |
| | 掷骰子 | 没有人，骰子静静地卧着，摆摊人人坐着发呆 | 没有赌兴 | 骰子、抱膝盖 |
| | 吹糖人 | 各色各样 | | 舞大刀、偷油 |
| | 捏面人 | 传奇人物 | | 蓑衣材质 |
| | 抖空竹 | 拉得很响 | | 蛮牛似的叫 |
| | 老妈妈烧香 | | | 鞋底的干牛屎 |
| 晚上 | 各屋的灯 | 点起来了 | 明亮而温柔，显得很吉祥 | 玻璃方灯、红寿字、红琉璃 |
| | 街上走马灯 | 来回转 | | 灯上小人 |
| | 孩子的灯 | 手提的灯 | | 买的、做的 |
| | 看围屏 | 照得透亮 | 年年看 | 地点、样子 |
| | 放花、红灯笼 | 升到天上 | 薄薄的凄凉 | 微微配动 |

做一个有心人，做一个有情人，从来都不需要刻意为之，而是体现在生活的一点一滴中，请大家用下列句子，说说你喜欢这三篇文章的哪些地方？

我喜欢 _____ 的 _____ ，因为它写出了 _____ 。

## 活动三：读写创造

这三篇文章，展示自己记忆中的情味。昆明等地仿佛顷刻间变成了一个让人无限神往的地方，请大家用一颗真诚的心来感受生活，发现生活中"忘不了的家乡情味"吧！试写出来，200字左右。

## 活动四：互评作文

表2　重庆市字水中学语文项目学习·学生习作评价量表

| | 评价点 | 评价记录 | 评价效果（总评：___） | | | 建议 |
| | | | 优秀 ★★★ | 良好 ★★ | 不太好 ★ | |
|---|---|---|---|---|---|---|
| 基础等级 | 符合题意 | | | | | |
| | 思想健康 | | | | | |
| | 内容充实 | | | | | |
| | 中心明确 | | | | | |
| | 语言通顺 | | | | | |
| | 结构完整 | | | | | |

续表

|  | 评价点 | 评价记录 | 评价效果（总评：___） | | | 建议 |
|---|---|---|---|---|---|---|
|  |  |  | 优秀 ★★★ | 良好 ★★ | 不太好 ★ |  |
| 出彩点 | 材料丰富 |  |  |  |  |  |
|  | 注重细节 |  |  |  |  |  |
|  | 有独特情味 |  |  |  |  |  |

（说明  总评优秀：15~18★；良好：12~14★；不太好：少于12★）

## 活动五：总结升华

这三篇文章共同点，能对读者产生强大的艺术感染力，就在于作者对凡人小事的审视，用以小见大的视角，折射出了作者内心的情怀。

作者对昆明的爱是深沉的，寄托感情的载体越小，越显得爱得醇厚，仙人掌、青头菌、牛肝菌等各类菌子，杨梅、缅桂花等作为承载感情的载体，都具有非凡的意义，它们共同昭示了汪曾祺散文的凡人小事之美，彰显着汪曾祺对昆明对生活的热爱。《故乡的元宵》描绘了故乡元宵节一系列形式多样的民间节日活动，为我们营造出其乐融融的节日氛围，从中可以体会到汪曾祺散文浓郁的生活情趣和欢乐的气息，展现了乡间的自然与纯美。而《西溪的晴雨》不仅写出西溪景色的野趣，而且捕捉到了这里晴雨变化中的美的特点。作者善于从天气的变化中抓住山水景物一刹那间出现的神采，写出了山水的个性。人有思想，有情绪，有个性，因而，景物也随之有了神韵，有了个性！

所以我们要像汪曾祺一样，爱美食，爱美景，爱家乡，爱诗意的生活。

【课后活动】

推荐阅读：

阅读文章《炒米胡同里面看夕阳》（迟子建）、《听听那冷雨》（余光中），注重细节，体会平淡语言中的无限情味。

【学习反思】

### 淡泊从容品美景　知性豁达悟人生

汪曾祺把对昆明的想念，用雨这个带有浪漫色彩的意象传达出来，化抽象为形象，带出了昆明的景、物、事、人。形散神聚，书写了昆明独特的风土人情，语言平淡质朴，如话家常。我们也看到了汪曾祺从容、淡泊的人生态度，这都是我们需要学习的，课后同学们可以继续品读。

汪曾祺是一个善于观察生活环境的人，也是一个对所生活的地方饱含深情的人。正因如此，在离开昆明多年以后，汪曾祺还能写下这样细腻优美、如诗如画的文字。我们在这个城市生活这么多年，有没有我们印象深刻的景、物、事和人呢？我们是不是也应该去发现这些事物所蕴含的浓浓情怀，也来给我们生活的地方写一段文字呢？比如重庆的云，重庆的雨，重庆的秋，重庆的雪，重庆的味道，重庆的声音，重庆的往事……

二十世纪八十年代，老作家汪曾祺复出文坛，他以传统的士大夫情怀和如话家常的写作风格，给当代文坛带来了清新的空气。几十年来，也深深影响了当代中国人的灵魂。尤其是在科技如此发达的今天，我们怎样才能在物质充盈的世界中活得更从容优雅？怎样在烟火的现实生活中欢喜自在？怎样在越来越喧嚣的世界保持一份淡泊与从容？怎样从凡人小事中发现美？我想，学了这篇课文，会对大家有所启发。

八年级上册第四单元·阅读

# 入语境·品意境·悟心境
## ——散文诵读三部曲
### 文　豪

【学习课型】
主题专题课

【学习主题】
散文学法

【学习内容】

统编教材八年级上册第四单元:《背影》《白杨礼赞》《永久的生命》《我为什么而活着》《昆明的雨》

统编教材七年级上册:《春》《济南的冬天》。

"语文主题学习"丛书八年级上④:《雨的抒情》《海燕》《父亲的半瓶酒》

【设 计 意 图】

《语文课程标准》对第四学段阅读的要求为:① 能用普通话正确、流利、有感情地朗读;② 养成默读习惯,有一定的速度,阅读一般现代文每分钟不少于500字;③ 能熟练地运用略读和浏览的方法,扩大阅读范围,扩展自己的视野;④ 在通读课文的基础上,理清思路,理解主要内容,体味和推敲重要词句在语言环境中的意义和作用;⑤ 对课文的内容和表达有自己的心得,能提出自己的看法和疑问,并能运用合作的方式,共同探讨解决问题。

散文不是诗,有时却优美得像诗;散文不是戏剧,有时却尖锐得像戏剧;散文不是议论文,有时却深邃得像议论文。散文难教,主要难在它文体不拘一格,且形态多样,没有多少成规定法,每一篇散文都是独特的,所以散文阅读教学也没有多少共性的教学方法。可以说,每一篇散文都有自己的读法,有属于它自己的个性化的学法。但是,这也并不是说散文教学就无规律可循,无原则可依。散文阅读,是一个披文入情、因言求义的过程。因此,本节课拟分三步走,体悟散文的"三美",即语言美、意境美、情思美。

【学习目标】

1. 学会诵读散文"三部曲"。

① 入语境,品味语言。

② 品意境,领略散文的意境美。

③ 悟心境,体味散文的情思美。

2. 诵读领略散文的语言美、意境美、情思美。有意识地在积累、感悟和运用中，提高欣赏品位和审美情趣。

【课前活动】

1. 学生自主温习统编教材七年级上册《春》《济南的冬天》。

2. 学生自读统编教材八年级上册第四单元：《背影》《白杨礼赞》《永久的生命》《我为什么而活着》《昆明的雨》，积累字词，勾画出你认为写得生动传神的语句并作赏析。

3. 学生自主梳理文学常识。（老师先给模版，学生依此梳理）

表1 文学常识参考表

| 作者 | 重要评价 | 主要作品（成就） | 背景介绍 |
| --- | --- | --- | --- |
| 朱自清，原名自华，号秋实，后改名自清，字佩弦，浙江绍兴人 | 中国现代著名诗人、散文家，民主战士 | 散文《背影》《春》《匆匆》《欧游杂记》等，长诗《毁灭》 | 1917年，作者的祖母去世，父亲的差事也交卸了。办完丧事，父亲送作者上火车北去，那年作者20岁。在那特定的场合下，作为父亲对儿子的关怀、体贴，使作者极为感动，这印象经久不忘，并且几年之后，父亲的影子出现"在晶莹的泪光中"，使他不能忘怀。1925年，作者有感于世事，便写了此文 |
| 矛盾，原名沈德鸿，字雁冰，浙江桐乡人 | 中国现代著名作家、社会活动家 | 《蚀》三部曲，《子夜》《林家铺子》《春蚕》 | 1940年5月，作者离开新疆返回内地，受朱德同志邀请前往延安。在延安参讲学期间，亲身体察了解放区军民的斗争生活，看到了抗日军民团结战斗的精神风貌，留下了深刻的印象。皖南事变后，作者借礼赞西北高原上的白杨树，来表达对北方抗日军民的热爱和赞美之情，便写下了此文 |
| 罗素，英国人 | 哲学家、数学家、作家，1950年获诺贝尔文学奖 | 《西方哲学史》《哲学问题》《心的分析》《物的分析》等 | |
| 严文井原名严文锦，湖北武昌人 | 现代作家、散文家、著名儿童文学家 | 《南南和胡子伯伯》《丁丁的一次奇怪旅行》《下次开船港》等 | |
| 汪曾祺，江苏高邮人 | 散文家、戏剧家、小说家 | 《受戒》《沙家浜》《大淖记事》 | 作家的内心深处有着深厚的昆明情结，就是这种魂牵梦绕的昆明情结，让作家在年近古稀的时候，还几度千里迢迢从北京赶到昆明，寻觅自己青年时代留下的"足迹"。《昆明的雨》便是这些"足迹"中一个鲜亮的"脚印" |

**【课中活动】**

导入：

重温朱自清的《春》和老舍的《济南的冬天》，导入新课学习。

同学们，我们初一时学习过朱自清的散文《春》，还记得下面的句子吗？我们一起来朗读一遍：

参考：

"春天像刚落地的娃娃，从头到脚都是新的，它生长着。"

"春天像小姑娘，花枝招展的，笑着，走着。"

"春天像健壮的青年，有铁一般的胳膊和腰脚，领着我们上前去！"

像《春》这样的散文，语言精练而准确，清新而明快，读起来感到它神韵兼备，别有韵味。我们还学过老舍的《济南的冬天》，还记得下面这句话吗？我们也一起来读一遍：

参考：

"最妙的是下点小雪呀。看吧，山上的矮松越发的青黑，树尖上顶着一髻儿白花，好像日本看护妇。山尖全白了，给蓝天镶上一道银边。"

像《济南的冬天》这样的散文，语言质朴而自然，细腻而深刻，读起来照样神韵兼备，别有一番滋味在心头。

散文阅读，其实是一个披文入情、因言求意的过程。今天我们就一起来探寻如何学习散文！

（设计意图：通过诵读重温朱自清的《春》和老舍的《济南的冬天》中优美的语句，感知散文的语言美和情思美，以美育美，激起学生学会诵读散文的强烈愿望）

## 活动一：由言及义　学习诵读散文三部曲

### 第一环节：入语境　品味散文语言美

（以《背影》为例）

过渡语：

朱自清的《背影》是平中见奇、朴中见巧的散文艺术精品。

作者以独特的视角，描写人间至情的"背影"，勾勒出父爱的特点——深层、含蓄。下面我们一起来阅读文中对父亲买橘子时的背影的描写，回答问题。

参考：

我看见他戴着（　　），穿着（　　）大马褂，（　　）棉袍，蹒跚地走到铁道边，慢慢（　　）身下去，尚不大难。可是他（　　）过铁道，要爬上那边月台，就不容易了。他用两手（　　）着上面，两脚再向上（　　）；他肥胖的身子向左微（　　），显出努力的样子，这时我看见他的背影，我的泪很快地流下来了。

1. 根据课文内容在括号内填上恰当的词语。
2. 这段话用了哪些描写方法来刻画父亲？
3. 哪些词语用得好，为什么？

过渡语：刻画特定环境下那个感人的背影，为的是表现父子间真挚的感情。接下来请同学们快速浏览课文"车站送行"部分，回答以下问题。

送行过程中父亲说了哪几句话?这几句话有什么含义？体现了父亲什么样的感情？

参考：

① "不要紧，他们去不好。"

② "我买几个橘子去。你就在此地，不要走动。"

③ "我走了，到那边来信！"

④ "进去吧，里面没有人。"

过渡语：《背影》的美，美在语言的朴实无华，美在情出自然。接下来我们来合作探究《白杨礼赞》，请同学们快速浏览课文，完成以下问题：

1. 找出作者直接赞美白杨树的语句。

参考：

第1段："白杨树实在是不平凡的，我赞美白杨树！"

第4段："那就是白杨树，西北极普通的一种树，然而实在是不平凡的一种树。"

第6段："这就是白杨树，西北极普通的一种树，然而决不是平凡的树。"

第8段："白杨树实在是不平凡的，……我赞美白杨树，就因为……"

第9段："……我要高声赞美白杨树！"

2. 从"那"到"这"，从第1段的"赞美"到第9段的"高声赞美"，说明了什么？

参考：

说明对白杨树的观察是从远到近，感情是由浅入深。这说明作者对白杨树的感情不仅仅是赞美，还有崇敬，崇敬和赞美，就叫作礼赞。所以这篇课文表达了作者对白杨树赞美和崇敬的感情。"不平凡"是作者抒发赞美的基础，也是结构文章的线索。

3. 找出描写白杨树生长环境的语句，体会白杨树的生长环境是怎样的？这样写的目的是什么？

参考：

生长环境的不平凡 { 色彩——"黄绿错综" / 幅员——"无边无垠" / 地势——"坦荡如砥" } 黄土高原的雄壮、伟大

作者之所以要着意描写黄土高原，是为了给白杨树的出现设好背景，不平凡的环境培育了不平凡的白杨树，描写黄土高原有烘托白杨树的作用。

### 第二环节：品意境　领略散文的意境美（10分钟）

过渡语：

同学们，鉴赏散文时，只有反复品读语言，才能体会到作者的匠心。同时，散文是一种以意境取胜的文体，意境是散文的生命，倾注了作者内心最真挚的情感，鉴赏散文，我们更应注意品味意境，放飞想象，大胆联想，领略散文的意境美，把握作者的绵长情思。

**资料助读 1：**

意境是作者的主观情思与客观事物相互交融的一种艺术境界，它是散文的生命。

1. 请同学们再次快速浏览《背影》后回答：课文中几次写到背影，分别是什么样情况下的背影，哪次写得最具体、最详细？

参考：

① 开篇：记忆里父亲的"背影"，"我最不能忘记的是他的背影"。

② 父亲买橘子时的"背影"，"这时我看见他的背影，我的泪很快地流下来了"。

③ 跟父亲分别时的"背影"，"等他的背影混入来来往往的人里，再找不着了"。

④ 别后追忆"背影"，"在晶莹的泪光中，又看见那肥胖的、青布棉袍黑布马褂的背影"。

2. 请同学们快速浏览《白杨礼赞》后回答：这篇课文仅仅是在礼赞白杨树吗？本文作者要通过白杨树赞美什么？你从哪里知道的？请找出有关的语句。

参考 1：

"那是力争上游的一种树。"

"当你在积雪初融的高原上走过，看见平坦的大地上傲然挺立这么一株或一排白杨树，难道你就只觉得它只是树？难道你就不想到它的朴质，严肃，坚强不屈，至少也象征了北方的农民？难道你竟一点也不联想到，在敌后的广大土地上，到处有坚强不屈，就像这白杨树一样傲然挺立的守卫他们家乡的哨兵？难道你又不更远一点想到，这样枝枝叶叶靠紧团结，力求上进的白杨树，宛然象征了今天在华北平原纵横决荡，用血写出新中国历史的那种精神和意志？"

参考 2：

表面上是写树，其实处处在写人。

参考 3：

通过某一特定的具体形象来暗示另一事物或某种较为普遍的意义，这种手法叫象征。象征体和本体之间存在着某种相似的特点，可以借助读者的想象和联想把它们联系起来。

参考 4：

象征歌诀——象征手法物先行，作者借物来抒情，从物入手写特征，由物及人写品行。

3. 请同学们快速默读《昆明的雨》，回答课文除了雨外，还写了哪些物，哪些事？这些物、事分别体现出昆明的人和生活有怎样的特点？

提示：要抓住物的特点和人所做的事来分析。

参考 1：

仙人掌，各种菌子，杨梅，缅桂花，木香花，苗族姑娘卖杨梅，房东母女送缅桂花，我和熙德在小酒馆喝酒。

参考 2：

古朴自然美，人的想法美。

### 第三环节：悟心境　体味散文的情思美（略讲）

过渡语：

古人云"感人心者，莫先乎情"。散文美，还美在它深厚的思想感情和丰富的内在意蕴。阅读散文我们不能只满足于对有限的感性的对象的理解，还应当体会散文的情思之美，那么如何体会呢？

1. 知人论世，体会作者的内心情感。散文往往与作者的生活环境、亲身经历、为人行事及思想变化息息相关。

问题1：请同学们结合朱自清写作《背影》的背景，合作探讨《背影》抒发了作者怎样的思想感情？

2. 互文比读，领悟作者的内在情思。

问题2：请同学们结合《白杨礼赞》《昆明的雨》的写作背景，合作探讨两篇文章分别表达了作者怎样的思想感情？

## 活动二：迁移学法　沉潜散文"三美"

过渡语：刚才我们学习了诵读散文三部曲的重点是入语境，领略散文的语言美；品意境，感受散文的意境美；悟心境，感悟散文的情思美。下面我们就迁移学法，来诵读散文领略散文的"三美"吧！

（一）开启"寻美之旅"——小组合作，迁移学法。

选读"语文主题学习"丛书④：《永久的生命》《我为什么而活着》《雨的抒情》《海燕》《父亲的半瓶酒》中的一篇，沉潜散文"三美"。（10~15分钟）

请以"＿＿＿＿＿之美，美在＿＿＿＿＿＿＿＿＿＿"的句式说说你们小组领略到的散文之美。

（二）结束语：

同学们，散文是形散而神聚的，我们在诵读散文时，一定要学会入语境、品意境、悟心境，反复诵读，深入探究，细细咀嚼，用心去感受散文的"三美"。

附：板书设计

散文之美：美在语言，美在意境，美在情思，美在写法。

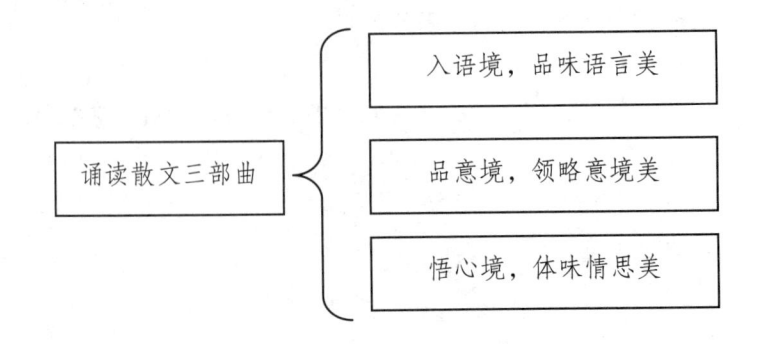

诵读散文三部曲 ｛ 入语境，品味语言美 / 品意境，领略意境美 / 悟心境，体味情思美 ｝

（三）评价品读效果

表2　重庆市字水中学语文项目学习·散文诵读三部曲评价量表

| 维度 | 状况 | | | 总评（据星评级） | 主要问题 | 再读建议 |
|---|---|---|---|---|---|---|
| | 很准确 ★★★ | 较准确 ★★ | 不够准确 ★ | | | |
| 语言的理解 | | | | | | |
| 意境的把握 | | | | | | |
| 情感的感悟 | | | | | | |

（说明　总评优秀：8~9★；良好：6~7★；不太好：少于6★）

【学习反思】

## 由言及义　披文入情

散文阅读，是一个披文入情、因言求意的过程。我认为本节课的设计有以下亮点：

一、纲举目张，思路清晰

本教学设计立足于本单元的学习内容的特点及要求——本单元四篇散文体现了散文的多种样式，或叙事、或描写、或抒情，或表达人生思考、或描绘风土人情。但均是作者内心独特的感受，语言质朴、华丽等特色依主旨、文风而定，学生通过本单元学习将有新收获。对学生的学情做了深入细致的分析，紧扣散文这种文体语言美、意境美、情思美的特点，遵循语文项目单元学习——一课一得，"1+x"方法，单元整合的思路，我对教学内容进行了筛选、整合与加工，体现了教学过程的有效性与创造性。

二、重点突出，守住语文学习的根

本节课我遵循散文学习由言及义、披文入情的学习规律，以温习散文优美的语言入课，第一步设计为：入语境，指导学生品味语言，用心琢磨、推敲其中的字词，找出关键词句，感受散文的语言魅力；第二步：品意境，大胆联想，领略散文的意境美，把握作者的绵长情思。第三步：悟心境，体味散文的情思美。以小组合作、迁移学法领略散文之美收尾。落脚点在于教会学生学会诵读散文的方法：入语境、品意境、悟心境，反复诵读，深入探究，细细咀嚼，体会散文的"三美"。

三、教师主导、学生主体，学有所获

本节课以"学生诵读——点拨引导——小组合作交流——展示汇报——迁移拓展"的思路安排环节，学生的主体地位得到了极大的体现，所有内容都是学生在教师的引领下积极参与完成的。学习过程中有认知、有感悟、有理解、有分析、有比较、有赏析、有评价。让学生动嘴、动手、动心，达到让学生嘴到、手到、心到。课堂上师生互动，气氛活跃，学生的思维能力得到了一定培养。学生的发言有自己的情感体验和思考感悟，既有思维火花的碰撞，又有丰富的想象力和审美力的闪现。师生一起在散文的语言美、意境美、情思美中流连，真正提高学生的语文核心素养。学生初步学会了如何诵读散文。

四、平实中显现魅力

本节课从开头到结尾，没有花哨的环节，紧紧围绕语文学习的宗旨：立足文本，感受语言，品悟意境，感悟情思，领略美感，提升语文核心素养。思路清晰，目标明确，效果明显。

瑕玉互现，期待完美。

本节课的初衷是想尽善尽美，但事与愿违，上罢颇觉有许多不如人意的地方：拘泥于"单元整合""一课一得"，课堂容量似乎太大，时间显得很紧，于是，对文本的解读不够深入，对文章的语言、意境、情感的感知与理解只顾及一点，只重视深度而忽略了宽度；由于时间紧，课堂上给予学生合作探讨的时间就显得很"少"，于是课堂生成的亮点就不多；诵读主要是通过默读、浏览来实现，而优美的散文是要通过朗读来感受其语言、情感之美的。散文诵读教学正在路上，"路漫漫其修远兮，吾将上下而求索"。

八年级上册第四单元·阅读

# 懂你，代价是沧桑
## ——父爱类散文整合教学

钟世民

【学习课型】

主题凸显课

【学习主题】

读懂父爱

【学习内容】

统编教材八年级上册第四单元：《背影》

"语文主题学习"丛书八年级上册：《"窝囊"的父亲》

其他相关篇目：《父亲不写信》

【设计意图】

《语文课程标准》对第四学段阅读的要求："欣赏文学作品，有自己的情感体验，初步领悟作品的内涵，从中获得对自然、社会、人生的有益启示。对作品中感人的情境和形象，能说出自己的体验；品味作品中富于表现力的语言。"

本单元学习不同类型的散文：写人记事、托物言志、阐发哲理、写景抒情，展示丰富多彩的自然景象和社会生活，表达独特的情感体验和深刻的人生感悟，让学生领会作品的情思，培养审美情趣，丰富精神世界。因此，我准备聚焦写人记事散文中写父亲的三篇散文来引导学生学习：1. 体味散文形散神聚，一线串联的特点。2. 品味散文的细节描写，欣赏语言。3. 聚焦理解父爱的历程，体味作者内心真情。

【学习目标】

1. 体味散文形散神聚，一线串联的特点。

2. 品味散文的细节描写，欣赏语言。

3. 聚焦理解父爱的历程，体味作者内心真情。

【课前活动】

1. 学生自读统编教材八年级上册第四单元：《背影》。"语文主题学习"丛书八年级上册第四单元：《"窝囊"的父亲》；其他相关篇目：《父亲不写信》。

2. 概括三篇文章分别写了有关父亲的哪些事情。

3. 分别找出三篇文章中感人的细节，并作批注。

【课中活动】

导入：

（幻灯片投出父亲手牵孩子的剪影图片）

教师深情告白：你，一副沉默的外表，沉默中藏着坚毅；你，一双冷峻的眼神，冷峻里含有热情；你，一个卑微的男人，卑微间蕴含无私。你是一本厚重泛黄的大书，写满岁月的沧桑，值得我们用一生的时光去品读。今天，让我们来学习三篇有关父亲的散文。

## 活动一：初读文本　体会特点

### 第一环节：迅速浏览　初谈感受

《背影》《"窝囊"的父亲》《父亲不写信》都是_____类的散文，读罢，我感受到了_____（情感）。

### 第二环节：缘情拟事　形散神聚

为了写出这种情感，三文分别写了有关父亲的哪些事情？从而体会散文形散神聚的特点。

## 活动二：锁定细节　品读悟情

### 第一环节：勾画语句　提炼线索

勾画并朗读描写背影的语句。思考：父亲背影出现几次？本文的线索是什么？最难忘的是什么情况下的背影？为什么？

### 第二环节：探究细节　品味情感

1. 学生朗读《背影》第六段。

过渡语：深情引导：这是一个什么样的背影？为什么让我难忘？为何让我感动落泪？

2. 结合上下文，品味第六段细节描写，寻找令你感动的语句，体会字里行间流溢出的爱。

步骤：先找细节，分析词语或句子的情韵，结合上下文以"这是一个_____的背影，因为_____。"的句式来归纳。

（先动笔勾画旁批，再小组讨论相互补充，并推举代表发言）

3. 师生归纳。

步履蹒跚的背影　⎫
老态龙钟的背影　⎬　爱到无力
背负巨大压力的背影⎬　不顾一切
奔丧服孝爱子的背影⎪
苦累仍尽到责任的背影⎭

……

4. 以前父亲为我做了那么多事，我为何没被感动？找出相关的句子或词语分析。

5. 师生深情朗读第 7 段。

根据"他待我渐渐不同往日","终于忘却我的不好",教师联系课文背景:父亲的经历和我的经历,告诉学生我和父亲间曾有过隔阂。然而后来我真的理解了父亲时,父亲已慢慢老去。

幻灯片呈现,学生齐读:

"我身体平安,惟膀子疼痛厉害,举箸提笔,诸多不便,大约大去之期不远矣。"

"当时读了父亲的信,真的泪如泉涌。我父亲待我的许多好处,特别是《背影》里所叙的那一回,想起来跟在眼前一般无二……"

6. 为何重点写背影?师生归纳。

参考:

重点突出,聚焦一点:背影是父爱的象征点,父子之情的交汇点,父子改善关系的触发点,是情感变化的转折点,也是行文的线索。

故而要细致刻画,做相应的情感烘托。

**资料助推**:

写人记事散文特点——① 对人和事物进行具体描绘和叙述(突出特色);② 表现作者的认识和感受,带有浓厚的抒情成分;③ 侧重于从叙述人物和事件的发展变化过程中反映事物的本质,具有时间、地点、人物、事件等因素,从一个角度选取题材,表现作者的思想感情。

## 活动三:触类旁通　心有千结

过渡语:

古诗有云"梦魂不惮长安远,几度乘风问起居"。这么多年来,朱自清的《背影》为何会打动千千万万读者,拨动我们纤细的心灵之弦?也许我们读了另外两篇文章后就会明白,让我们来完成下面的任务。

《"窝囊"的父亲》《父亲不写信》中作者对父亲的认识经历了从_____到_____的过程,表达了_____。(在文中划出相应的句子或词语)

参考:

不理解(不懂);理解(懂得);父爱无条件,孩子的爱是有条件的(亲子之爱,是错位的;懂得父爱,代价是沧桑)。

过渡语:我们年少轻狂时,也许都对父亲冷漠过、不满过、怨怼过,而背负着巨大生活压力的父亲面对我们的隔膜却不顾一切地给予我们,倾其所有,爱到无力。当我们理解时,当我们思念时,父亲已经风烛残年、垂垂老去。懂你,代价是沧桑!朱自清伟大,是因为他通过背影道出了人类普遍的而又无可奈何的情感经历!

记得一位名人曾这样说道:

七岁:爸爸真了不起,什么都懂!

十四岁:好像有时候说得也不对……

二十岁:爸爸有点落伍了,他的理论和时代格格不入。

二十五岁:老头子一无所知。毫无疑问,陈腐不堪。

三十五岁:如果爸爸当年像我这样老练,他今天肯定是百万富翁了……

四十五岁：我不知道是否该和"老头"商量商量，或许他能帮我出出主意……
五十五岁：真可惜，爸爸去世了。说实在话，他的看法相当高明！
六十五岁：可怜的爸爸！您简直是位无所不知的学者！遗憾的是我了解您太晚了！

**资料助推**：

（齐读）

二十年了，当我第一次离开家，才真正懂得了父亲——那是平静水波深处的激流啊！

泪光中，我又看见了父亲那冷峻的面孔。父亲，您这句话顶得上千万封信了。那一刻我终于明白，儿子本身就是父亲的作品——为了儿女的前途，父亲何惧生死荣辱呀！

## 活动四：心中有感　笔下吐情

青春年少，我们也曾对挚爱我们的父母任性过，也曾误解过他们无私的爱心，请以《懂你》为题写写你曾经的故事，表达你内心最真挚的感受。

（组内互评推荐，全班展示评价）

## 活动五：作文评价　反馈收获

表1　重庆市字水中学语文项目学习·阅读写人记事散文评价量表

| 维度 | 状况 | | | 总评（按星评级） | 主要问题 | 再读建议 |
|---|---|---|---|---|---|---|
| | 很恰当 ★★★ | 较恰当 ★★ | 不够恰当 ★ | | | |
| 形散神聚特点的体现 | | | | | | |
| 细节描写的有味 | | | | | | |
| 对父爱理解的自然 | | | | | | |

（说明　总评优秀：8～9★；良好：6～7★；不太好：少于6★）

【课后活动】

1. 升格作文：修改升格课内作文《懂你》，优秀作品在"字水书院"厅展出。
2. "我是朗读者"比赛：小组推荐一首背景音乐，准备朗诵自己最喜欢的"父爱"类作品。

附：板书设计

| 背影 | 父亲 | 我 |
|---|---|---|
| 形散神不散 | 处境颓唐 | 冷漠疏远 |
| 重点突出聚焦一点 | 倾其所能 | 感动 |
| 细致刻画情感烘托 | 爱到无力 | 理解 |

**【学习反思】**

落寞背影　人间至情

电影导演张艺谋在拍完《千里走单骑》后说，高仓健是"唯一一个能用'背身'演戏的人"，即高仓健的背影都极具表演力和震撼力。而朱自清和他的父亲分别用"哭泣"和"背身"演绎了人间至情，这不是演戏，但更感人。

本课聚焦"背影"和"背影的背后的细节"，同时适时引入另外两篇有关写父亲的散文，引导学生体验和感受，理解和反思，基本做到了理性与人性的完美结合，经验和体验的美妙和谐，知识、价值、情感的高度统一。

学习《背影》最大的难点在于学生的经历尚浅。由于本文是作者在当了父亲以后，对八年前情景的回忆，感情变化复杂。但学生年龄尚小，社会阅历太浅，大多也没经历大喜大悲之类的家庭变故，文章所呈现的情形离学生很遥远，因而学生不易进入角色。如何在课文所表达的思想情感和学生的心灵情感之间搭建一座桥梁，使他们做出自己的体验与评价？这是摆在老师面前的难题。本课基本解决了这个难题。

本课的最大特点是紧抓"情感"品味，环节设计精巧。简练而深情的导入，用"吟读"来体验"低回婉转、情抑于中"的情感基调，然后以"怎样的背影"和"背影的背后的细节"为抓手，深度体验和理解作者落泪的表层和深层原因，中间适时地介入背景，一步步将学生的理解引向深入，情感引向高潮，同时，将另外两篇描述对父爱从误解到理解的过程的散文引入，让学生深切领会"懂你，代价是沧桑"这一人类普遍的认识母题。到最后"笔下吐情"，让学生积蓄已久的情感得以宣泄，真是水到渠成。可谓是步步铺设，环环相扣，层层深入。

当然，学习过程中，由于品味语言的细嚼慢酌不够，学生对情感的深度把握没收到预期的效果，是背景呈现和资料助推才让学生对父爱有进一步的认识。同时，引领学生对写人记事散文的文体特点体味不够。

艺无止境，愿上述不足在以后的教学中能有所突破。

## 八年级上册第五单元·阅读

# 抓要点　理顺序
## ——说明顺序探究

陈章宇

**【学习课型】**

主题专题课

**【学习主题】**

说明顺序探究

**【学习内容】**

统编教材八年级上册第五单元：《中国石拱桥》

"语文主题学习"丛书八年级上⑤：《故宫博物院》《卢沟桥》《晋祠》

**【设计意图】**

《语文课程标准》中要求学生能："阅读新闻和说明性文章，能把握文章的基本观点，获取主要信息。阅读科技作品，还应注意领会作品中所体现的科学精神和科学思想方法。"中小学语文课程是学习语言的科目，而语言有文学语言、科学语言、公文语言、日常语言等分类，训练学生阅读科学文本的能力，也是语文教师的分内之责。

八年级上册第五单元"单元导读"中写道："要把握说明对象的特征，了解文章是如何使用恰当的方法来说明的"，"增强思维的条理性和严密性"。所以五单元的教学应当聚焦在把握说明对象的特征和思维的条理性、严密性上。

说明文在说明事物时，要把事物的特征说明清楚。在统编版小学语文教材中已经出现了说明文，对于八年级学生来说，容易理解并能迅速找到的说明顺序，能更好地促使学生把握说明对象的特征。所以，说明顺序能串联起整个文章信息，理清说明顺序，有助于快速把握说明对象的特征，使用合适的说明顺序，有利于凸显说明对象的特征。阅读说明文，分析说明顺序是重要的一步。

**【学习目标】**

1. 提取与整合文章信息。
2. 体会说明语言准确性和掌握三种说明顺序。

**【课前活动】**

1. 自读教材八年级上册第五单元的内容；自读"语文主题学习"丛书八年级上⑤"文物古迹""名园古刹"等板块。随时圈点勾画并做简单批注。
2. 学生查阅资料，了解说明文相关知识。

（1）说明文的定义。

说明文是以说明作为主要的表达方式，介绍事物的性质、特点（特征）或阐述事理的一种文体。

（2）说明文的用途。

实用性很强，它包括广告、说明书、提要、提示、规则、章程、解说词等。

（3）说明文"三要素"。

①内容的严密性；②说明的生动性；③语言的准确性。

（4）常见的说明方法。

举例子、打比方、下定义、画图表、做诠释、做比较、摹状貌、引资料、分类别、列数字。

（5）说明顺序。

时间顺序、空间顺序、逻辑顺序。

【课中活动】

# 任务一：揭开迷雾显轮廓——整体把握

## 第一环节：表达准确

展示赵州桥图片，学生观察并说出赵州桥的结构。

1. "拱"的形状。

2. 准确表述一个大拱与四个小拱的关系。（口头表述，通过图片比较，得出其关系是"大拱的两肩上各有两个小拱"）

3. 翻开课本印证茅以升的描述。

学生在反复比较中感受到揣摩的乐趣。

## 第二环节：提取整合

1. 快速阅读《中国石拱桥》《故宫博物院》《卢沟桥》《晋祠》，完成下列表格。

表1 快速阅读作业参考表

| 篇目 | 说明事物 | 事物出现顺序 |
| --- | --- | --- |
| 《中国石拱桥》 | 中国石拱桥 | 旅人桥—赵州桥—卢沟桥—长虹大桥 |
| 《故宫博物院》 | 故宫博物院 | 天安门—端门—午门—汉白玉石桥—太和门—太和殿—中和殿—保和殿—小广场—乾清宫—交泰殿—坤宁宫—御花园—神武门 |
| 《卢沟桥》 | 卢沟桥 | 地点—兴建—结构—艺术—碑文—风景 |
| 《晋祠》 | 晋祠 | 总特点—"三美"—"三绝"—园中小品 |

2. 理解说明顺序。

（1）介绍三大顺序。

时间顺序：即按照事理发展过程的先后来介绍某一事物的说明顺序。凡是事物的发展变化都离不开时间，如说明生产技术、产品制作、技术方法、历史发展、文字演变、人物成长、动植物生长等等，都应以时间为序。

空间顺序：即按照事物空间存在的方式，或从外到内，或从上到下，或从整体到局部来加以介绍，这种说明顺序有利于全面说明事物各方面的特征。一般说明某一静态实体（如建筑物等），常用这种顺序，这样的安排合乎人们观察事物的习惯。

逻辑顺序：即按照事物、事理的内在逻辑关系，或由个别到一般，或由具体到抽象，或由主要到次要，或由现象到本质，或由原因到结果，或由概括到具体，或由特点到用途，或由整体到局部一一介绍说明。不管是实体的事物，如山川、江河、花草、树木、器物等，还是抽象的事理，如思想、观点、概念、原理、技术等，都可以用逻辑顺序来说明。凡是阐述事物、事理间的各种因果关系或其他逻辑关系，按逻辑顺序安排最为适合。

（2）学生活动：以四篇文章为例，讨论说明顺序并写出理由，要求简洁明确，思路清晰。

表2　课文说明顺序分析参考表

| 篇目 | 说明顺序 |
| --- | --- |
| 《中国石拱桥》 | 逻辑顺序、时间顺序<br>全文整体上采用的逻辑顺序：石拱桥—中国石拱桥—赵州桥、卢沟桥—中国石拱桥辉煌成就的原因—中国石拱桥的新发展。<br>局部采用从古至今的时间顺序：旅人桥—赵州桥—卢沟桥—长虹大桥，与石拱桥历史的发展。<br>《中国石拱桥》以概括到具体的逻辑顺序为主，兼顾从古至今的时间顺序 |
| 《故宫博物院》 | 空间顺序<br>开篇总写故宫的全局，大笔勾勒出紫禁城的整体布局，点明故宫的特点：故宫建筑群规模宏大壮丽，建筑精美，布局统一，集中体现了我国古代建筑艺术的独特风格。<br>中间着眼于从南到北纵贯紫禁城的中轴线，有主有次地介绍故宫的建筑物及其布局。<br>最后出顺贞门到神武门而离开故宫，井然有序，条理分别。<br>《故宫博物院》主要采用沿中轴线，由南向北，从中间到两侧的空间顺序 |
| 《卢沟桥》 | 逻辑顺序<br>文章先总写卢沟桥的地点、得名和兴建，再分写卢沟桥的结构：分为桥面、桥基；卢沟桥的石雕艺术：分为石栏杆、石狮子、石华表；卢沟桥的碑石。最后写卢沟桥的景色：燕京八景之一。<br>《卢沟桥》主要采用从概括到具体的逻辑顺序 |
| 《晋祠》 | 逻辑顺序（从主要到次要）<br>首先介绍了晋祠的地理位置。总说晋祠的特点：悠久的历史文物和优美的自然风景。<br>其次分别对自然风景和历史文物作具体的说明和描写。自然风景的美：在山、在树、在水。历史文物的美：在圣母殿、在木雕盘龙、在鱼沼飞梁。<br>再次写的是"园中小品"，人文景观中的代表。<br>最后由作者感叹总收全文，有情有感。<br>《晋祠》采用从主要到次要的逻辑顺序 |

（3）理清说明顺序标志词。
① 空间顺序：近→远、前→后、左→右、南→北、低→高。
（表方位、立足点、行踪变化等词语）
② 逻辑顺序：原因→结果、现象→本质、概括→具体、主要→次要、整体→局部……
③ 时间顺序：年代（古→今）、季节（春→冬）。

## 任务二：聚焦特点现真颜——归纳体现

请以赵州桥为例，说说它是如何体现中国石拱桥的特点的。（关注第四、五自然段）

**知识链接**：

信息筛选整合的步骤
① 通读材料，整体感知。
② 审清题干，定位筛选。
③ 锁定目标，精选信息。
④ 加工整合，表述正确。
（学生使用信息筛选整合法筛选信息）
参考：介绍赵州桥，先总写历史（建造年代古，使用时间长），结构，外形，设计和施工特点，然后分四点作具体说明，最后用评价的句子作结（赵州桥高度的技术水平……）。

## 任务三：实操计划添欢乐——拓展迁移

过渡语：根据四篇文章的说明顺序，找出你喜欢的景点，为家人计划一张参观路线图，并选择一个景点，为家人做讲解。

温馨提示：
1. 画图提示：找出有关的方位词，理清游览路线，画好各景点路线图。
注意：（1）交代行踪的词；（2）方位词语。
2. 景点讲解。
（1）根据课文和图片分组介绍一两处景物。（外观、内景、位置、用途等）
（2）按照一定的说明顺序来介绍；语言优美，说明准确，有自己的创意。
3. 学生设计景点参观路线图。

表3 重庆市字水中学语文项目学习·设计景点参观路线图评价量表

| 分类 | 指标及评价标准 | 分值 | 得分 | 总分 |
| --- | --- | --- | --- | --- |
| 行踪 | 准确找出各个表明行踪的词语 | 5 | | |
| | 浏览行踪在路线图上清晰可辨 | 5 | | |
| | 前后行踪正确无错乱 | 10 | | |
| | 考虑游览实际，不走回头路 | 15 | | |

续表

| 分类 | 指标及评价标准 | 分值 | 得分 | 总分 |
|---|---|---|---|---|
| 方位介绍 | 各景点方位正确 | 5 | | |
| | 完整标注各景点方位 | 10 | | |
| 景点讲解 | 确定讲解景点 | 5 | | |
| | 清楚景点外部特征（内外景、位置） | 10 | | |
| | 清楚景点内部特征（用途、意义） | 15 | | |
| | 扩充与抒发（历史背景、背后故事） | 20 | | |

4. 学生分小组展示参观路线图并讲解景点。

【课后活动】

过渡语：学了课文，请大家自选一个方面（如历史、技术、外观、文化等），把石拱桥介绍给大家呢？下面我们就用课堂作文的形式完成一篇短小的介绍稿。

1. 以"＿＿＿＿＿＿的中国石拱桥"为题目，根据课文内容，写一篇100～200字的说明文片段，力争抓住事物特点，体现思维条理性。

提示：

（1）把题目补充完整，力争抓住事物特点。

（2）课文中有用的材料和句子可以直接使用，也可以进行简单地改变后使用，还可以在理解的基础上用自己的话来说明。

（3）写完后读一读，改一改，要做到语句前后连贯有条理。

2. 在下期"字水书院·悦读分享会"中分享自己的介绍稿。

【学习反思】

抓要点　理顺序　明内容

这篇文章是初中学生正式学习的第一篇说明文，虽然他们在小学已经学习过说明类文章，但是关于说明文的学习内容没有明确的学习方向。因此，在教学设计时，重点放在说明顺序的整理上，兼顾说明事物特征。

在学生充分预习，了解说明顺序的类型后，通过列表形式将四篇说明文的说明顺序一一展示出来。通过实例的验证，再次明确说明顺序的几大类型。最后通过表格形式，将在本课中学习到的说明顺序展示出来，一目了然。

路线图的绘制，是本文的趣点，也是进一步把握说明顺序的要点。在路线图的绘制中，学生可以了解很多相关内容，直观且准确地把说明顺序掌握清楚。既符合学生读图心理，也在动手中，享受语文的乐趣。这节课做到了课前关注学生的知识梳理，教学中随时关注学生的活动和体验，课后也有写作方面的拓展提升。激发学生的学习兴趣，让学生成为课堂教学的主要活动者、积极的认知者。对学生进一步了解说明文，并喜欢阅读说明文，有一定的帮助。

理清了说明事物的顺序，说明事物的特征就明确地显示出来了，如同抓住西瓜的藤蔓，提溜出一串西瓜来。本课先让学生自己找出文段中说明事物出现的地方，使用圈点勾画法呈现出来，这一步骤直观可控；再通过小组讨论，找出说明事物之间的联系，进而对三大顺序有所感悟，这个步骤讨论起来言之有物；再精读文章，找出各篇各说明事物的特点，这个步骤符合人认识事物的过程。

在具体的教学过程中，发现预设与生成还是有一定的差距，如绘制路线图时有的学生会顾头不顾尾，缺乏生活常识；学生没有充分参与到教学活动中来；没有充分调动学生自主思考。今后在阅读指导过程中，应该将教师的统一分配和学生的自主选择有机结合，形成个性化指导，这样才会更有效，更有针对性。

八年级上册第五单元·阅读

# 蝉的世界
## ——文学性说明文的阅读

傅雪梅

【学习课型】

主题专题课

【学习主题】

文学性说明文阅读方法指导

【学习内容】

统编教材八年级上册第五单元：《蝉》

《语文主题丛书》八年级上：《蟋蟀》《蝉和蚂蚁》《蝉的歌唱》

推荐名著：《昆虫记》

【设计意图】

《语文课程标准》指出，"阅读是学生的个性化行为。阅读教学应引导学生钻研文本，在主动积极的思维和情感活动中，加深理解和体验，有所感悟和思考，受到情感熏陶，获得思想启迪，享受审美乐趣。""欣赏文学作品，有自己的情感体验，初步领悟作品的内涵，从中获得对自然、社会、人生的有益启示。对作品中感人的情景和形象，能说出自己的体验；品味作品中富于表现力的语言。""阅读科技作品，还应注意领会作品中所体现的科学精神和科学思想方法。"统编教材要求，七年级到九年级的学生每学年阅读两三部名著。

本节课的设计，就是希望通过对课内文章《蝉》的学习，教给学生阅读文学性说明文的方法，举一反三，让学生在阅读《昆虫记》时有法可循，由浅阅读进入深阅读层面，能够从名著中获取更多营养，并为以后阅读此类作品打下一定基础。

【学习目标】

1. 理解作者对昆虫的感情，感受文中蕴含的科学精神。
2. 学习本文的写法，体会文章科学性与文学性兼顾的特点。
3. 掌握文学性说明文的阅读方法。

【课前活动】

1. 预习《蝉》，阅读"语文主题学习"丛书《蟋蟀》《蝉和蚁》《蝉的歌唱》。
2. 学生分组收集法布尔的生平事迹，科学事迹，了解《昆虫记》的大致内容。

参考：

法布尔，1823年出生在法国南部的一个贫穷的农村家庭，他在童年时就对农村的花花草草十分感兴趣。但是因为法布尔的家庭实在特别贫困，年幼的法布尔不得不中止自己连初中都没有读完的学业。贫穷并没有阻止法布尔的学习，他争取一切可以争取的时间自学并且考上了一所师范学院，毕业后的法布尔开始在学校里任教以补贴家用。在任教期间，法布尔无意中接触到了一本关于昆虫类研究的书籍，从此找到了要尽毕生精力去做的事情。

  法布尔为了研究昆虫开始不懈地努力，他通过勤奋自学考取了一系列关于物理、科学和生物的学士、博士头衔。当法布尔积攒了一些钱的时候，就在小乡村买下了一座破旧的民宅，从此拉开了自己对昆虫研究的序幕。他不畏生活的艰辛，不在乎穿着打扮，只在乎自己的爱好，那是他最大的事业。

  这位科学界的大师，昆虫界的使者，他是世界自然史上的骄傲，他用自己兢兢业业的研究为后来的昆虫研究留下了宝贵的经验，包括研究方法和研究方向。可惜的是，当法布尔被推荐为诺贝尔奖候选人还没有最终结果时，法布尔便与世长辞了。

  《昆虫记》又称《昆虫世界》《昆虫物语》《昆虫学札记》或《昆虫的故事》，是法布尔倾其一生创作的生物学著作，共十卷。1879年第一卷首次出版，1907年全书首次出版。

  该作品是一部概括昆虫的种类、特征、习性和婚习的生物学著作，记录了昆虫真实的生活，表述的是昆虫为生存而斗争时表现出的灵性，还记载了法布尔痴迷昆虫研究的动因、生平抱负、知识背景、生活状况等。作者将昆虫的多彩生活与自己的人生感悟融为一体，用人性的眼光去看待昆虫，字里行间都透露出作者对生命的尊敬与热爱。

**【课中活动】**

导入：

**蝉**

虞世南

垂缕饮清露，流响出疏桐。

居高声自远，非是藉秋风。

**在狱咏蝉**

骆宾王

西陆蝉声唱，南冠客思深。

不堪玄鬓影，来对白头吟。

露重飞难进，风多响易沉。

无人信高洁，谁为表予心。

**蝉**

李商隐

本以高难饱，徒劳恨费声。

五更疏欲断，一树碧无情。

薄宦梗犹泛，故园芜已平。

烦君最相警，我亦举家清。

这三首咏蝉的绝句,都是唐代托咏蝉以寄情的名作。

(设计意图:激起学生对蝉的兴趣。)

**第一环节:读提示　明文体**

1. 出示例文。

蝉的幼虫生活在土中,有一对强壮的开掘前足。利用刺吸式口器刺吸植物根部汁液,削弱树势,使枝梢枯死,影响树木生长。通常会在土中待上几年甚至十几年,如3年、5年,甚至17年。将要羽化时,在黄昏或夜间钻出土表,爬到树上,然后抓紧树皮,蜕皮羽化。当蝉蛹的背上出现一条黑色的裂缝时,蜕皮的过程就开始了,头先出来,紧接着露出绿色的身体和褶皱的翅膀,停留片刻,使翅膀变硬,颜色变深,便开始起飞。整个过程需要一个小时左右。6月末,幼虫开始羽化为成虫,刚羽化的蝉呈绿色,最长寿命长约60~70天。7月下旬,雌成虫开始产卵,8月上、中旬为产卵盛期,卵多产在4~5毫米粗的枝梢上。夏天在树上叫声响亮,用针刺口器吸取树汁,幼虫栖息土中,吸取树根液汁,对树木有害。

在课文上找出相关段落,并思考:这段文字和课文有什么不同?(从语言、修辞等方面思考)

学生交流、发言。

2. 学生自读阅读提示。

文学性的说明文,有情节,有描写,更像小故事。内容真实,结构严谨,语言准确。又叫科学小品,是说明文的一种,它与其他说明文不同之处,是采用了文学的表现手法。文学是其手段,传播科学知识才是其目的。

文学性说明文的特点:

① 短小精练,也可称千字文,一篇集中说明一个问题,具有"小品"的特点。
② 资料可靠,数据确凿,力求知识的科学性。
③ 文笔轻松、活泼、生动、形象,颇有文采,可叙述,也可描写。
④ 题材新颖、适时,是广大读者所关心的问题。
⑤ 语言深入浅出,通俗易懂,多用比喻、拟人等修辞手法,把科学融入艺术之中,富有情趣,引人入胜。

教师明确:这类说明文,以说明为主要表达方式,还辅以叙述、描写、议论甚至抒情等多种表达方式。为了增强文艺性,有时娓娓地讲段故事,有时绘声绘色地写段风景。

**第二环节:理结构　抓特征**

1. 课件展示蝉的生长过程图。

2. 思考:课文写的过程和图片所展示的蝉的生长过程不一样,有点像记叙文的倒叙,作者为什么要这样安排呢?

分组讨论,找出中心句,体会作者这样安排的意图。

"四年黑暗中的苦工,一个月阳光下的享乐,这就是蝉的生活。"(中心句)

这样安排顺序,是为了突出蝉的生长艰难,也是本文的写作目的。可见,说明顺序必须按照说明对象的特征来安排。

小结：现在，我们明白了为什么文章似乎颠倒了顺序却不混乱，还让人感觉结构严谨，条理清晰。注意语言的前后照应，就是它的方法。无论哪种文章，写作顺序均为中心服务。通过梳理，我们明白了蝉生长艰难的特征。

### 第三环节：摘句子　品语言

鲁迅曾把《昆虫记》称为"讲昆虫生活的楷模"，通俗易懂、生动有趣、诗情画意的语言是这本书的特色，请你从文中找出一个这样的例子，说一说语言的特点。

1. 读第 10 段。

如果改成"接着，它表现一系列的动作，在空中跳、转，向外伸，张开。然后，翻上来，并用前爪抓住它的空皮"，好不好？

参考：不好，原文运用比喻、拟人，生动形象地写出了蝉蜕皮的过程，一系列动词，写出了蜕皮的艰难，以此达到说明蝉的生长过程很不易的目的。

2. 读第 17 段。

改成"蝉一直不知道蚋在旁边，然而它无动于衷，它要轧坏这些坏种子非常容易，不过它没有这样做"，好不好？

参考：这句话运用比喻、拟人的手法，把蝉说成是一个母亲，眼睁睁地看着自己的孩子受伤害，多么可怜。但文章并不是为了刻画一个善良母亲的形象，而是为了把蝉的本能特征写清楚。

3. 读第 18、19 段等，找出生动的句子，小组讨论。

小结：本文虽然用文艺的笔调描写蝉，但描写的目的是为了生动形象地告诉我们，蝉的生长的艰难和生活的习性。

### 第四环节：齐讨论　悟情感

每一个细节都是法布尔先生亲自观察到的，他严谨治学的态度给我们留下了深刻的印象，能从文中找到这样的语句吗？

分组讨论发言。

用这样的句式回答："我从＿＿＿＿＿＿中，读出了法布尔的＿＿＿＿＿＿＿。"

教师小结：难怪有人说，法布尔的《昆虫记》首先是一部伟大的自然科学著作，并且不是我们现在所认为的科普读物。科普读物是把已经由其他自然科学家研究发现的自然科学知识用浅显易懂、通俗自然的文字叙述出来的著作，而《昆虫记》叙述的不是别人的发现，不是把原本很深奥的道理转化为通俗易懂的道理，而是法布尔自身的研究成果的记录。

### 第五环节：读类文　用方法

1. 总结文学性说明文的阅读方法。

（1）理清文章结构，抓说明对象的特点。

（2）品味语言。

（3）体悟作者情感。

2. 读《蝉的歌唱》《蟋蟀》《蝉和蚂蚁》，做勾画旁批。

（1）找出全文的中心句。

（2）梳理文章的结构，划分段落层次。

（3）品味文章的语言。

（4）领会作者在字里行间流露的情感。

表1　细读课文作业参考表

|  | 明中心 | 划层次 | 品语言 | 悟情感 |
|---|---|---|---|---|
| 《蝉的歌唱》 |  |  |  |  |
| 《蟋蟀》 |  |  |  |  |
| 《蝉和蚁》 |  |  |  |  |

### 第六环节：多交流　共评价

【评价阅读效果】

表2　重庆市字水中学语文项目学习·文学性说明文阅读课评价量表

| 维度 | 状况 ||| 总评（据星评级） | 主要问题 | 再读建议 |
|---|---|---|---|---|---|---|
|  | 很准确 ★★★ | 较准确 ★★ | 不够准确 ★ |  |  |  |
| 抓特征 |  |  |  |  |  |  |
| 品语言 |  |  |  |  |  |  |
| 悟情感 |  |  |  |  |  |  |

（说明　总评优秀：8~9★；良好：6~7★；不太好：少于6★）

结束语：

法布尔说过："一小块注入了生命的能感受苦与乐的蛋白质，远远超过庞大的无生命的原料。"所以我们在作者笔下，读到了一切生命都有同样的价值和尊严，让我们在他的引领下，课后继续品读《昆虫记》这部伟大的作品。

【课后活动】

1. 请学生分组阅读《昆虫记》，开展读书交流活动。

分组：抓住对象特点、语言特点、作者情感。

2. 写作读后感，向《字水心语报》或"字水书院"微信公众平台投稿。

附：板书设计

阅读文学性说明文的方法：

① 抓住说明对象的特点。

② 品味语言。

③ 体悟作者的情感。

**【学习反思】**

常读常新　重温经典

　　本课是一篇自读课文，本来应该以学生自主学习为主，但由于我的设计初衷是教授阅读文学性说明文的基本方法，所以，学生在"旁批"和"阅读提示"的指导下自主预习后，我仍然和学生一起梳理了文章的结构，分组细品了文章的语言，从而激发了学生对作者情感的关注。设计意图在于让学生掌握阅读方法，能够用适当的方法阅读整本书及同类文章，还能够读出和小学时的不同感受。为了实现教学目标，我设计了六个环节：明文体、抓特征、品语言、悟情感、用方法及同学交流评价，基本达成教学目标。由于只有一个课时，品味文章的语言在课堂上不够充分，但是，通过本课的学习，大多数学生还是基本掌握了阅读文学性说明文的方法。这次再读《昆虫记》，我深切地感受到，经典一定是常读常新的。

## 八年级上册第五单元·阅读

# 四年苦工　一月灿烂
## ——科学小品文阅读方法

朱　佳

**【学习课型】**

主题鉴赏课

**【学习主题】**

科学小品文阅读方法

**【学习内容】**

统编教材八年级上册第五单元：《蝉》

"语文主题学习"丛书八年级上⑤：《蟋蟀》（法布尔）

**【设计意图】**

《语文课程标准》指出："阅读是学生的个性化行为。阅读教学应引导学生钻研文本，在主动积极的思维和情感活动中，加深理解和体验，有所感悟和思考，受到情感熏陶，获得思想启迪，享受审美乐趣。"八年级的学生对说明文，以及对法布尔的作品已经有了自己的阅读积淀和不同的看法，但大部分同学的阅读还是浅层次的阅读，没有深入。通过这篇文章的学习，既要提高他们对作品内容概括、分析的能力，又要通过分析具体词语、句子来掌握文艺性说明文的特点，还要学习法布尔孩童般的纯真童心，潜心观察、科学创新地解读自然界中无言的昆虫，探究它们丰富多彩的生命历程，神奇的本领，进而尊重生命，亲近自然。学生们思维活跃，视野开阔，只要给他们机会就会展示出来。因此，多注重课前预习指导，课堂引导得当，他们就会迸射出智慧的火花。

**【学习目标】**

学会阅读科学小品文：关注科学性、文学性、人文性。

**【课前活动】**

1. 学生自读《蝉》《蟋蟀》。

2. 采取自己喜爱的方式把文中有关蝉的知识制作成知识卡片。

3. 自读课文，将不理解的字词和感受深的句子做上不同的标记。

预设：

金蜣（qiāng）　　隧（suì）道　　铍（bó）声　　黏（nián）

涂墁（màn）　　掠（lüè）夺　　孵（fū）化　　蚋（ruì）

| | | | |
|---|---|---|---|
| 车辙（zhé） | 刹（chà）那 | 罅（xià）隙（xì） | 鳍（qí） |
| 跳蚤（zǎo） | 纤（xiān）弱 | 徘（pái）徊（huái） | 窠（kē） |
| 坚韧（rèn） | 臃（yōng）肿 | 抵（dǐ）御（yù） | |
| 喧嚣（xiāo） | 轧（yà）扁 | 塌（tā） | |

4. 查阅资料，走进课文。

法布尔（1823—1915年）：法国昆虫学家、作家，被世人称为"昆虫界的荷马""昆虫界维吉尔"。他从小迷恋花草虫鸟，在20余年的中学教师生涯中，他边教书边自学，立志为昆虫书写历史，坚持做动植物观察记录。著有《昆虫记》《自然科学编年史》等。

【课中活动】

导入新课：

以重庆本土歌谣《黄丝马马》激发学生的学习兴趣，调动课堂气氛。

学唱这首歌。

《黄丝马马》歌词：

黄丝黄丝马马嘣嚓嘣嚓

熊嘎婆来耍耍好耍好耍

请你家公家婆浪个浪个

过来吃点嘎嘎要答要答

……

问：大家觉得这首歌有趣吗？今天我们要来学习一篇同样很有趣的说明文《蝉》。

借助"阅读提示"，了解本文文体及特点。

## 第一环节：记一记——了解蝉的知识

以知识卡片的形式将你在文中了解到的关于蝉的知识分点概括出来，或用思维导图呈现出来，看谁找得最完整。

（展示学生作品并点评）

## 第二环节：品一品——说明事物独特方法

示例：

"它做出一系列动作，在空中摆过来摆过去，晃过来晃过去。"

（与原文的语言相比，有哪些不同？原文的语言好在什么地方？）

快速阅读文章，找出其他你觉得有趣或者是美的语句，并说说为什么。

1. 充满悲悯喜爱之情的笔墨。

2. 拟人化手法的运用。（朗读优美语句）

3. 生动的描写，富有表现力的动词的运用。（朗读）

### 第三环节：悟一悟——体会作者科学精神

**资料链接：**

法布尔，世界著名的昆虫学家，法国人。他出身于贫苦的农民家庭，没有上过像样的小学，为了补贴家用，还得给人打短工，给人放鸭。正是在与大自然的长期接触中，少年法布尔就爱上了昆虫研究。后来，法布尔用了一生积蓄在荒僻的乡间买了一块园地，在这里蛰居近40年，研究昆虫。

法布尔没有专门学过昆虫学，但是依靠他专心致志的自学和长期耐心而细致的观察研究，用大半生的时间和精力，根据观察所得的详细记录，写成了10卷《昆虫记》。

法布尔在苦难中长大，理解、同情劳苦人民。他以同情劳苦人民的心去同情渺小的昆虫，怀着对渺小生命的尊重和热爱去描写甚至歌颂微不足道的昆虫。

1. 孜孜以求的探索。

法布尔曾经说过："我是圣多马（耶稣十二门徒之一，亲手触摸耶稣伤口始信其复活）难于对付的弟子，在对某个事物说'是'以前，我要观察、触摸，而且不是一次，是两三次，甚至没完没了，直到我的疑心在如山的铁证下归顺听从为止。"

请在文中找到体现作者探索精神的语句并加以体会。

2. 细致入微的观察。

法布尔作为一名科学家，他不把自己当作与昆虫无关的人类，而是把自己变成昆虫——拟虫，从昆虫的角度去观察昆虫，搭建起作家与昆虫平等的桥梁。

请同学们找一找文中哪些词句体现了作者的细致观察。

3. 尊重平等的态度。

法布尔作为一名文学家，他把昆虫从人的视角表达出来——拟人，让我们不再把昆虫当作与自己无关的动物，搭建起读者与昆虫平等的桥梁。

请同学们找一找文中哪些词句体现了作者对昆虫尊重平等的态度。

### 第四环节：试一试——追寻《蝉》传递的美好

阅读《蟋蟀》，请从以下几个角度思考：

1. 了解有关蟋蟀的知识。
2. 品味本文语言的妙处。
3. 体会文中所蕴含的作者的科学精神。

结束：和着《黄丝马马》的旋律并学唱结束本课的学习。

**【评价阅读效果】**

表1　重庆市字水中学语文项目学习·科学小品文阅读课评价量表

| 维度 | 状况 |  |  | 总评<br>（据星评级） | 主要<br>问题 | 再读<br>建议 |
|------|------|------|------|------|------|------|
|  | 很准确<br>★★★ | 较准确<br>★★ | 不够准确<br>★ |  |  |  |
| 内容的理解 |  |  |  |  |  |  |
| 知识的把握 |  |  |  |  |  |  |
| 语言的品味 |  |  |  |  |  |  |
| 阅读的拓展 |  |  |  |  |  |  |

（说明　总评优秀：10~12★；良好：8~9★；不太好：少于8★）

**【课后活动】**

用课中所学到的方式阅读法布尔的《昆虫记》，并在"字水书院·悦读分享会"上分享阅读感受。

**【学习反思】**

**放手学品悟　方可得真知**

《昆虫记》是法布尔在数十年观察的基础上写成的巨著，其中既有准确翔实的客观记录，又倾注了他对"人类的远亲"——昆虫的无限温情。本文选自《昆虫记》，笔调活泼，读来饶有兴趣，学生很喜欢。这篇文章让我们对蝉这个小小的生灵有了全新的认识，也让我们品味了作者灵动而又蕴涵着真挚情感的语言。教学这样的文字，我明白只有让学生自己去学习、去获取，学生才能养成自主学习的习惯，产生学习的积极性和主动性，形成自主学习的意识，才能学好这类文章。但是在真正的教学过程中，老师的讲解还是太多，还达不到放手让学生自己去学、去品、去悟的目的，以后要努力改进。

九年级上册第一单元·阅读

# 青青子衿
## ——品读诗歌三部曲

杜在琴

【学习课型】

主题专题课

【学习主题】

诗歌学法

【学习内容】

统编教材九年级上册第一单元：《我爱这土地》《乡愁》《你是人间的四月天》

八年级下册第三单元：《蒹葭》

课外古诗词：《子衿》

【设计意图】

新《语文课程标准》对第四学段阅读提出要求：能用普通话正确、流利、有感情地朗读。对作品中感人的情境和形象，能说出自己的体验；品味作品中富于表现力的语言。诵读古代诗词，注重积累，感悟和运用，提高自己的欣赏品位。

诗歌，以其高度概括的内容，凝练含蓄的语言，真挚醇美的情感，成为文学领域里一颗璀璨夺目的明珠。阅读诗歌不但能陶冶人们的情操，提高人们的文学审美情趣，而且能培养人们的良好的文化涵养。学生喜爱诗歌，却不知怎样阅读、怎样欣赏。因此，我准备从"意象、意境和诗美"三方面引导学生品读欣赏诗歌，并结合作家生平思想、写作背景等来理解。

【学习目标】

1. 学会品读诗歌"三部曲"：①品析语言，理解意象；②体会情感，把握意境；③感悟写法，体味诗美。并结合作家生平思想、写作背景等来理解。

2. 品读领略诗歌之美，有意识地在积累、感悟和运用中，提高欣赏品味和审美情趣。

【课前活动】

1. 学生自读统编教材九年级上册第一单元：《我爱这土地》《乡愁》《你是人间的四月天》；八年级下册第三单元：《蒹葭》；课外古诗词：《子衿》。

2. 文学常识。（学生梳理）

表1 文学常识参考表

| 作者 | 重要评价 | 主要作品（成就） | 背景介绍 |
|---|---|---|---|
| 艾青（1910—1996），原名蒋海澄，浙江金华人 | 中国现代著名诗人。1985年，获法国授予的文学艺术最高勋章 | 成名作是《大堰河——我的保姆》。主要诗集有《大堰河》《火把》《向太阳》等，论文集有《诗论》等 | 《我爱这土地》作于1938年国难当头之际，祖国遭受日寇铁蹄的践踏，艾青坚决地汇入民族解放斗争的洪流中，成为"一个悲苦的种族争取解放、摆脱枷锁的歌手" |
| 余光中，1928年生于江苏南京，2017年12月14日离世，祖籍福建永春 | 诗人、散文家和诗评家，被誉为"诗坛祭酒" | 主要诗作有《乡愁》《白玉苦瓜》《等你，在雨中》，诗集有《余光中诗选》等 | 1937年抗日战争爆发后，9岁的余光中随父母辗转于上海、重庆等地。21岁那年，余光中随家人来到台湾，并考取了台湾大学外文系。1971年，20多年没有回过大陆的余光中思乡情切，在台北厦门街的旧居内赋诗一首。写完后，诗人热泪盈眶，沉吟良久。这就是后来被不断传诵的《乡愁》 |
| 林徽因（1904—1955），汉族，福建闽县（福州）人，出生于浙江杭州 | 中国著名建筑师、诗人和作家 | 人民英雄纪念碑和中华人民共和国国徽深化方案的设计者之一。20世纪30年代初，同其丈夫建筑学家梁思成一起用现代科学方法研究中国古代建筑，成为这个学术领域的开拓者，后来在这方面获得了巨大的学术成就，为中国古代建筑研究奠定了坚实的基础。文学上，著有散文、诗歌、小说、剧本等，代表作《你是人间四月天》《莲灯》《九十九度中》等。其中，《你是人间四月天》最为大众熟知，广为传诵 | 这首诗发表于1934年4月的《学文》1卷1期上。关于这首诗有两种说法：一是为悼念徐志摩而作；一是为儿子的出生而作，以表达心中对儿子的希望和儿子的出生带来的喜悦 |

【课中活动】

导入：

欣赏歌曲《子衿》。

这首歌曲旋律很悠扬、歌声很动听。歌者在反复吟唱什么？她想传达什么？这首歌是今人为《诗经》中的《子衿》谱曲而成，但这样优美的诗篇我们却不能很好地品味欣赏，未免有些遗憾。今天我们就来学习如何品读诗歌吧。

（设计意图：引用《子衿》，营造一种优美的学诗氛围，激起学生学习诗歌的强烈愿望）

## 活动一：品读诗歌"三部曲"

**第一环节：品味语言　理解意象（以《乡愁》为例）**

过渡语：

乡愁是种很抽象的情感，自古以来就引起无数天涯游子的强烈共鸣。在李白《春夜洛城闻笛》一诗里，乡愁是"此夜曲中闻折柳，何人不起故园情"的哀伤无奈；在孟浩然《早寒江上有怀》里，乡愁是"迷津欲有问，平海夕漫漫"那种欲归不得的郁积之情；在苏轼《水调歌头》笔下，乡愁是"但愿人长久，千里共婵娟"的美好希冀。那在当代台湾诗人余光中眼里，乡愁又是什么呢？

**资料助推**

春夜洛城闻笛<br>李白

谁家玉笛暗飞声，散入春风满洛城。
此夜曲中闻折柳，何人不起故园情。

早寒江上有怀<br>孟浩然

木落雁南渡，北风江上寒。
我家襄水曲，遥隔楚云端。
乡泪客中尽，孤帆天际看。
迷津欲有问，平海夕漫漫。

问题：

诗人是怎样把这种抽象的情感传达出来的？乡愁在不同的人生阶段所表达的具体情感有何不同？

参考：

是借助客观的物"邮票、船票、坟墓、海峡"来表达的。
小时候——邮票——母子分离——对母亲的思念
长大后——船票——夫妻分离——对妻子的牵挂
后来——坟墓——母子死别——对母亲的怀念
现在——海峡——离开大陆——对故乡的眷恋

> 在人生的不同阶段，诗人借助不同的意象就把个人的思乡之情、恋家之意上升到民族之恋、祖国之爱。情感得以升华。

过渡语：诗人把抽象的乡愁传达得这样形象而生动，真挚而感人，主要是因为诗人借助了具体的物象来传情达意。这些蕴涵了思想情感的物象就叫意象。

**资料助推2：**

所谓意象，就是客观物象经过诗人独特的情感活动而创造出来的一种艺术形象。简单地说，意象就是寓"意"之"象"，就是用来寄托主观情思的客观物象。意象是指诗歌用来传达作者情感，寄寓作者思想的艺术形象。

物象+情感 ⟶ 艺术形象（PPT展示）

**资料助推 3：**

古典诗歌中常见的意象。

1. 高山、沧海、大江、长风等这类意象一般抒发豪情壮志。

例如："大江东去，浪淘尽、千古风流人物。"（苏轼《念奴娇·赤壁怀古》）

"长风破浪会有时，直挂云帆济沧海。"（李白《行路难》）

2. 古道、落日、寒风、冷雨、梧桐、芭蕉等这类意象多抒发凄凉悲伤的思绪和孤独惆怅的感情。

例如："枯藤老树昏鸦，小桥流水人家，古道西风瘦马。夕阳西下，断肠人在天涯。"（马致远《天净沙·秋思》）

"无言独上西楼，月如钩。寂寞梧桐深院锁清秋。剪不断，理还乱，是离愁。别是一般滋味在心头。"（李煜《相见欢·无言独上西楼》）

3. 冰雪、松、梅、竹、菊这类意象多用来表达忠贞高洁、脱俗孤傲的思想品质。例如：

### 饮酒·其五

陶渊明

结庐在人境，而无车马喧。
问君何能尔？心远地自偏。
采菊东篱下，悠然见南山。
山气日夕佳，飞鸟相与还。
此中有真意，欲辨已忘言。

### 卜算子·咏梅

陆游

驿外断桥边，寂寞开无主。已是黄昏独自愁，更著风和雨。
无意苦争春，一任群芳妒。零落成泥碾作尘，只有香如故。

4. 杨柳、兰舟、长亭、月等这类意象多用于挥写离别思亲之苦。

例如：

### 水调歌头

苏轼

明月几时有？把酒问青天。不知天上宫阙，今夕是何年。我欲乘风归去，又恐琼楼玉宇，高处不胜寒。起舞弄清影，何似在人间？

### 送元二使安西

王维

渭城朝雨浥轻尘，客舍青青柳色新。
劝君更尽一杯酒，西出阳关无故人。

### 第二环节：体会情感　把握意境（以《我爱这土地》为例）

过渡语：鸟是古诗词中极具典型意义的意象，具有丰富的审美内涵。孟浩然《春晓》"春眠不觉晓，处处闻啼鸟。夜来风雨声，花落知多少"中鸟儿是多么欢快自由；王维《鸟鸣涧》"人闲桂花落，夜静春山空。月出惊山鸟，时鸣春涧中"，那一惊一鸣的鸟儿就衬托出了山林的幽静与闲适。杜甫《春望》"感世花溅泪，恨别鸟惊心"，那花无情而有泪，那鸟无恨而惊心，花鸟都因人而具有了怨恨之情。诗人移情于物，借景抒情，借春天的花鸟来寄托感时伤怀、悲国思家的深沉情感。

现代诗人艾青在《我爱这土地》这首诗中也借助"鸟"来抒发情感。

问题：

1. 诗中的鸟的形象是什么？诗中还有哪些意象？

参考：

诗中的鸟是一只饱经磨难但仍要拼尽全力用整个生命深情地歌唱土地、眷恋土地、愿为土地献身的鸟。是诗人的象征。

2. 诗人营造了一种怎样的艺术境界？表达了怎样的情感？

诗中其他的意象如土地象征正被日寇践踏欺凌的祖国大地；河流象征人民心中奔涌着的对侵略者暴行的愤怒之情；风象征人民前仆后继不屈不挠的奋勇斗争精神。黎明预示自由的曙光，光明的未来。

参考：

诗人借助面对满目疮痍、饱受磨难的祖国大地仍不停歌唱、至死不渝的鸟的意象，给我们营造了一种情景交融、虚实相生、物我同感的艺术境界，来表达对土地执著的眷念和对祖国深沉炽热的情感。

意境：画面+情感 ⟶ 艺术境界（PPT展示）

**资料助推 4：**

《我爱这土地》作于 1938 年国难当头之际，祖国遭受日寇铁蹄的践踏，艾青坚决地汇入民族解放斗争的洪流中，成为"一个悲苦的种族争取解放、摆脱枷锁的歌手"。（结合时代背景和写作背景来理解）

诗歌的意境是诗中"意"与"境"两个因素的和谐统一，指作者在诗作中所描绘的生活图景和所抒发的思想感情融合而成的一种艺术境界，它包括作者的主观情感和客观风物两个方面，简单地说就是景中有诗，情景交融。体味意境的主要方法是抓住诗的画面和氛围，去感受此时、此地、此景中人的情感世界。

### 第三环节：感悟写法　体味诗美（略讲）

过渡语：

《乡愁》《我爱这土地》都具有强烈的感染力，能引起读者的共鸣。这是因为作者借助了一些典型的意象来寄予情感，并且巧妙地运用了一些表现手法来营造意境。如：借物抒情、情景交融，象征比喻等。

**资料助推 5**：

诗歌中常见表现手法有借景抒情、托物言志、情景交融、直抒胸臆、象征暗示，比兴、比喻、拟人、夸张、排比、反复等。

# 活动二：迁移学法　领略诗美

过渡语：

刚才学习了品读诗歌三部曲，重点是理解意象，把握意境，领略诗美。下面我们就运用迁移学法，来品读诗歌、领略诗美吧！

## 第一环节：品读《天净沙·秋思》领略其美

想象画面：

枯藤缠绕着老树，树枝上栖息着黄昏时归巢的乌鸦。

小桥下，流水潺潺，旁边有几户人家。

在古老荒凉的道路上，秋风萧瑟，一匹疲惫的瘦马驮着我慢慢前行。

夕阳缓缓落下，极度忧伤的旅人还漂泊在天涯。

《天净沙·秋思》之美，美在连用十个意象来表达作者的羁旅之苦和悲秋之恨，使作品充满浓郁的诗情。短短的二十八字中排列着十种意象，这些意象既是断肠人生活的真实再现，又是他内心沉重忧伤悲凉的载体。如果没有这些意象，这首小令也就不复存在了。

《天净沙·秋思》之美，美在众多的意象被作者的情感线索串联起来，构成一幅完整的图画。这首小令以景寄情，寓情于景，情景交融，构成一种凄凉悲苦的意境，完美地表现了漂泊天涯的旅人愁思。怪不得王国维在《人间词话》说："文章之妙，亦一言蔽之，有境界而已。精品，不可不读；美文，不可不品。一曲《秋思》，心中隐隐作痛，悲泪欲出。"

《天净沙·秋思》之美，美在用极其简练的白描手法，勾勒出一幅游子深秋远行图。诗人把十种平淡无奇的客观景物，巧妙地连缀起来，通过"枯""老""昏""古""西""瘦"六个字，将诗人的无限愁思自然地寓于图景中。最后一句，"夕阳西下"使这幅昏暗的画面有了几丝惨淡的光线，更加深了悲凉的气氛。"断肠人在天涯"是点睛之笔，这时在深秋村野图的画面上，出现了一位漂泊天涯的游子，在残阳夕照的荒凉古道上，牵着一匹瘦马，迎着凄苦的秋风，信步漫游，愁肠欲断，却不知自己的归宿在何方，透露了诗人怀才不遇的悲凉情怀，恰当地表现了主题。

## 第二环节：迁移学法　开启"寻美之旅"

小组合作，选读《子衿》《蒹葭》《你是人间的四月天》中的一首，领略诗歌之美。请以"_____之美，美在_____"的句式说说领略到的诗歌之美。

（不必求全求深，只需体验、品味、感悟、领略、涵泳）

1. 再品《子衿》。

过渡语：同学们：这首《子衿》，是上周老师到江北区图书馆借书时在三楼书法教室外玻璃墙上读到的。当时就被优美的意境感染了,立马拍成图片要分享给你们。我们知道《诗经》是可以和乐而歌的。我就上网搜索,发现有些歌词和读音与图片不一致。经过多方查证,查阅了《古汉语字典》,高亨注的《诗经·今注》,甚至还请教了我的大学老师,最后确定丛书上的内容是正确的。希望大家以后遇到不严谨的东西要仔细求证,好的作品要记得分享哟!

【作品原文】

子 衿

青青子衿①,悠悠我心②。纵我不往,子宁不嗣音③?
青青子佩④,悠悠我思。纵我不往,子宁不来?
挑兮达兮⑤,在城阙兮⑥。一日不见,如三月兮。

【注释】

① 子衿:周代读书人的服装。子,男子的美称,这里即指"你"。衿,即襟,衣领。
② 悠悠:忧思不断的样子。
③ 宁(nìng):岂,难道。嗣(yí)音:寄传音讯。嗣,通"贻",给、寄的意思。
④ 佩:这里指系佩玉的绶带。
⑤ 挑(táo)兮达(tà)兮:独自走来走去的样子。挑,也作"佻"。
⑥ 城阙:城门两边的观楼。

(1) 品读诗美:

《子衿》之美,美在意象的选择。一个在城楼上焦急地等候恋人的纯洁少女。

《子衿》之美,美在意境的营造。一个思念心上人的女子,每当看到颜色青青的东西,就会想起心上人青青的衣领和佩玉上青青的绶带。女主人公久候心上人不至而焦灼万分的情状,维妙维肖,意境很美,是一首难得的优美情歌。

《子衿》之美,美在情感的丰富。思念深深、爱意浓浓,惆怅幽怨,大胆表达。

《子衿》之美,美在写法的多样。倒叙、心理描写、重章复沓等。

《子衿》之美,美在语言的凝练。

(2) 全班吟唱《青青子衿》,再次感受诗美。

过渡语:

刚刚我们感受了古代女子对心上人的深深思念和浓浓爱意,下面我们再来体会一下古代男子又是如何追寻意中人的吧!

2. 品读《蒹葭》。

《蒹葭》之美,美在意境的朦胧凄清。

《蒹葭》之美,美在音韵的回环反复。

《蒹葭》之美,美在虚实相生,想象和幻想交织。

3. 品读《你是人间的四月天》。(可课后再品交流)

《你是人间的四月天》之美,美在十一个"你"字,既突出主题又起到衬韵的作用。诗歌形式和内容达到了完美的融合。

《你是人间的四月天》之美,美在句式结构基本相同,形成复沓,节奏明快,诗情回旋。

《你是人间的四月天》之美,美在调动多种感官,营造层层叠叠、荡漾起伏的情感涟漪。

## 第三环节：评价品读效果

表2 重庆市字水中学语文项目学习·品读诗歌"三部曲"评价量表

| 维度 | 状况 | | | 总评<br>（据星评级） | 主要<br>问题 | 再读<br>建议 |
|------|------|------|------|------|------|------|
| | 很准确<br>★★★ | 较准确<br>★★ | 不够准确<br>★ | | | |
| 意象的理解 | | | | | | |
| 意境的把握 | | | | | | |
| 诗美的体味 | | | | | | |

（说明 总评优秀：8~9★；良好：6~7★；不太好：少于6★）

结束：分享老师"下水"诗歌。

过渡语：

同学们，诗词歌赋，魅力无穷。一首诗，就是一幅画；一首词，就是一支曲；一首令，就是一支箫。老师写了一首诗，想给大家分享，好吗？

**如歌的行板**
杜在琴

那辜负了的
岂仅是青青的子衿
那忘记了的
岂仅是伊人曼妙的姿影

那三千里蒹葭
依旧苍苍
那三千弯曲水
依然流觞

且歌
风雅颂的绝唱
且醉
赋比兴的芬芳

且听
他的情歌　在旷古的空中飞飘
且看
她的裙裾　在悠远的风中轻摇

那遗失了的
岂是无声的歌谣
那散落了的
岂是无字的诗行

【课后活动】

1. 写作：任选"语文主题学习"丛书九年级上①"情系土地""祖国在我心"和"语文主题学习"丛书九年级下⑥"美哉!《诗经》"中的内容，据此改写（仿写）"诗意人生·我的诗朗诵会"文稿。

2. 开展"诗意人生·我的诗朗诵会"。

附：板书设计

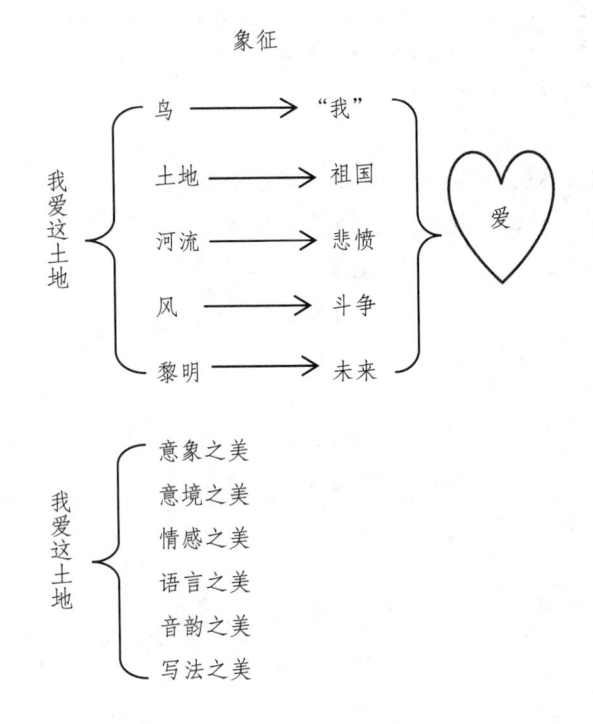

```
                    象征
        ┌ 鸟  ──→ "我"    ┐
我       │ 土地 ──→ 祖国    │
爱       │ 河流 ──→ 悲愤    ├─ 爱
这       │ 风   ──→ 斗争    │
土地     └ 黎明 ──→ 未来    ┘

        ┌ 意象之美
我       │ 意境之美
爱       │ 情感之美
这       │ 语言之美
土       │ 音韵之美
地       └ 写法之美
```

【学习反思】

### 在诗苑中徜徉

中华诗词源远流长，博大精深。诗词歌赋，魅力无穷。诗是文学作品，它"缘情"而作。它能在情感上打动人，甚至能影响人的气质、品德、性情，这是诗的教化作用。诗歌品赏涉及的因素很多，所以只能采取重点突破的方法，"弱水三千，只取一瓢饮"。

在教学中，我对教学内容进行了筛选、整合与加工，体现了教学过程的创造性。这节课我自认有四个环节设计较好：

首先是品读诗歌"三部曲"。①品味语言，理解意象；②体会情感，把握意境；③体悟写法，领略诗美。并结合作家生平思想、写作背景等来理解。这就使学生对如何品读诗歌有了初步认知。

其次是赏读诗歌环节。以"＿＿＿＿＿之美，美在＿＿＿＿＿＿＿＿＿＿＿"的句式说说小组合作领略到的诗歌之美。并以马致远的《天净沙·秋思》为例给学生搭了一个台阶，开启"寻美之旅"才有了可能。这样由学学法到用学法，符合学生的认知规律，这样才能达到引导学生理解、品读、欣赏诗歌的目的。

第三，导入有趣，结尾有味。以生活中《子衿》图片导入，激发了学生的学习愿望；以老师"下水"诗歌作结，开启学生写作交流的旅程，进一步体会诗歌之美。并把生活中有语文，语文中有诗歌，诗歌中有美的意识传达给学生，使他们能发现美，体验美，感受美，欣赏美，以期提高他们的欣赏品味和审美情趣。

第四，教师引导—学生自读—小组合作—全班交流。这样安排环节，学生的主体地位得到了极大的体现，所有内容都是学生在教师的引导与激发下自我体会、自我揣摩、自我感悟出来的。教学中有认知有理解，有分析有比较，有欣赏有评价。课堂上师生互动，气氛活跃，学生的思维能力得到了一些培养。学生的发言有自己的情感体验和思考感悟，既有思维火花的碰撞，又有丰富的想象力和审美力的闪现。

学生是课堂学习的主人，课堂教学的最终目的是学生的发展。所以，课堂教学应着眼于学生的自主学习、主动发展，切忌包办代替。最初设计时，因为担心学生不能很好地理解诗歌内容，所以就有包办之嫌。后来才真正意识到学生是课堂学习的主人，应在充分尊重学生主体地位的前提下，组织教学。师生一起在诗苑中徜徉，感知美，感受美，体验美，领略美，真正学会赏读诗歌，真正提高学生的语文核心素养。

本节课虽然基本达到了预期效果，但还有不尽人意的地方。比如没能很好处理语言、情感、思维三元共生的问题，过于强调学法的传授，强调思维的训练，对朗读的指导不够充分，对情感的体味引导也不够到位。这削弱了学生和诗歌情感的共鸣，导致学生思维有点"赶"，不够自然流畅；学情分析也还不够到位，以致和学生的配合不够默契；预设过多，没能机智抓住课堂生成等。在今后的工作中我将更加努力，以期教艺更上一层楼。

## 九年级上册第三单元·阅读

## 悟景悟情　情景相生

李莉萍

**【学习课型】**

主题鉴赏课

**【学习主题】**

由景入情的阅读指导

**【学习内容】**

统编教材九年级上册第三单元:《湖心亭看雪》

统编教材八年级下册第六单元:《茅屋为秋风所破歌》

**【设计意图】**

《语文课程标准》要求初中学生"欣赏文学作品,有自己的情感体验,初步领悟作品的内涵,从中获得对自然、社会、人生的有益启示"。本文的教学创意就在于:首先用雪中情感的同理心导入,激发学生对景情关系的关注,然后教师引导学生深入阅读文本相关内容,走进文本的情感世界。

**【学习目标】**

1. 积累一些文言实词、虚词。
2. 体会雪后西湖的奇景和作者游湖的雅趣。
3. 学习由景悟情的阅读方法。

**【课前活动】**

1. 预习文章,疏通文意,准备质疑问难。
2. 尝试赏析一篇课外写雪的古代诗歌。

**【课中活动】**

导入:

同学们喜欢雪吗?你们眼中的雪是什么样呢?(简单交流课前活动中准备的赏析文字)

如果说看雪人心中有一个春天,他笔下必定有"忽如一夜春风来,千树万树梨花开"般的春意盎然。如果诗人的心中只有孤寂落寞,他笔下可能只会有"千山鸟飞绝,万径人踪灭"般的幽冷孤寒。今天我们要认识一个喜欢雪的人,并和他一起去湖心亭看雪,去看看他笔下的景,去悟悟他抒写的情。

## 活动一：整体感知　理文顺意

### 第一环节：检查预习　读通读顺

1. 学生大声自由试读课文。要求：注意字音、停顿和语气。
2. 抽学生试读。注意检查学生是否读准字音，读准停顿，读出语气。
3. 默读课文。利用自己的文言积累及课本注释揣摩理解文中字词，不懂之处标记出来。

### 第二环节：落实字词　梳文理意

这是一篇山水小品文，全文仅一百多字，却情致深长，洋溢着浓郁的诗意。可惜因为文言文字词理解上略有困难，我们还不能马上领略其中的韵味。

文言文的理解其实并不难，关键是掌握字词，然后适当地运用翻译"五"字法就能掌握大意了。其中百分之九十的字词都是我们能理解的常用词，剩下的百分之五书中做了注释，另外百分之五则是我们要研讨的了。

1. 友情提示："留"——国号、年号、人名、地名、官名等，保留不译；"替"——用现代汉语替代文言词；"调"——调整倒装句的语序，使之符合现代汉语语法规范；"补"——补出省略句中所省略的内容；"删"——删去没有实在意义的词。
2. 学生试译课文，质疑，教师帮助释疑。学生试译课文时注意重点句子的正确翻译。
3. 学生默看课文，看看还有什么不懂的地方，再次释疑。（根据学生问题导入深层分析）

## 活动二：读事读景　品读悟情

### 第一环节：品其行

过渡语：

读课文并找出作者看雪的时间、地点和天气情况？你会在这样的情况下去赏雪吗？从中你读出赏雪者怎样的情趣？

参考：超凡脱俗的雅趣。（板书）

### 第二环节：赏奇景

过渡语：

有人说，没有见过西湖雪景的人，只要读了张岱的《湖心亭看雪》，就足够了。那么张岱为我们描绘了怎样一幅奇特的景象呢？请同学们找出文中写景的句子。（学生齐读景物描写）

在读的过程中你发现描写了湖心亭夜景的哪些景物？分别有什么特征？你觉得这些景物构成了一幅怎样的画面。（学生谈谈理解，教师引导学生赏景）

提问：读读"雾凇沆砀"、"与"字和"一"字，体会一下这些词有怎样的表现力？

参考："雾凇沆砀"，写出了湖上雪光水汽弥漫的景象。"与"字和"一"字，描绘出了天空、云层、湖水之间白茫茫浑然难辨的壮阔雪景。

提问：你能用"道""座""艘""个"或其他字代替"痕""点""芥""粒"吗？读读比比，看哪些更好。

参考："痕""点""芥""粒"，一个小似一个。让人觉察出小船正在夜色中缓缓前进，长堤、湖心亭的影子慢慢显现，空间不断地发生位移，这样创造出一种梦幻般的朦胧意境。坐在那一叶小小的扁舟中，又使人感到，天地是那样的广大，茫茫一片，浑然一体，人不过是其中一粒微尘罢了。

提问：假设你置身在这混沌一片的冰雪世界中，你会有怎样的感受呢？

参考：天人合一的沉醉。（板书）

### 第三环节：悟其人

过渡语：

如此奇景又有多少人能欣赏呢？找找文中都有哪些人？在他人眼中作者是什么样的人呢？你能在文中找出依据吗？

提问：在"舟子"眼里，作者是个"痴"人，舟子是如何说的？找出来，说说你的理解。

参考：

"喃喃"写出了"舟子"自言自语、大感不解之状，指导学生读"莫说相公痴，更有痴似相公者"。

由于志趣不同，"舟子"对"相公"的行为始终不理解。他们虽然同行，却并不同心。

提问：

"金陵人"看到作者后说了什么呢？

"湖中焉得更有此人！"（品出其中遇知音的喜悦）

提问：

作者遇"金陵人"高兴吗？

找出来，读"强饮三大白"中"强"的味道。

提问：既有知音为什么作者说自己"独往湖心亭看雪"呢？

参考：从"是金陵人，客此"可以看出，这场意外相逢的惊喜所面临的将是各奔西东的现实，故不必相识。作者选择独自享受这苍茫的天地间的宁静，所以独自前往湖心亭看雪。

**资料助推**：

张岱，明末清初文学家。出身仕宦世家，晚年写《陶庵梦忆》，明朝已亡，纪年却仍用"崇祯"，可见在张岱的心中明朝始终是没有灭亡的。张岱喜欢繁华和热闹，喜欢深深的庭院，喜欢华丽的衣裳，喜欢幽蓝的夜空中绽放的烟花。清兵南下灭亡了明朝，他入山隐居、著书。此时他国破家亡，流离山野，曾经拥有的一切化为乌有，所存者，唯破床一具，破桌子一张，折腿的古鼎，断弦的琴，几本残书。还有梦。还有用秃笔蘸着缺砚写下的字。怀抱国破家亡之痛在"大雪三日，湖中人鸟声俱绝"后的"更定"时分独自一人去赏雪，心中一定有份无法与人共享的落寞与孤寂了。

**独抱冰雪的孤寂（板书）**

提问：

你能理解作者的痴吗？

我们也许就曾经在如泼的大雨中漫步，任雨水把自己浇个透湿也毫不在乎；也许就曾经自己待在屋子里，独自去感受那流淌自心底的音乐；也许就曾经长久的抬头仰望星空，不为别的，只为感受那份寂静。这样一想，作者也就不那么难以理解了。

## 活动三：归纳体悟　景情相生

1. 归纳赏析写景的小品文由景悟情的方法。
① 抓富有表现力的动词、形容词、副词。
② 体会描写手法的作用。
③ 情感带入，想象景，体悟情。
2. 尝试用所学方法赏析《茅屋为秋风所破歌》。

例析：《茅屋为秋风所破歌》的第一部分

参考：

第一部分里，先抓关键词。"八月"，阴历八月其实是阳历的十月了，而且资料记载，那一年成都平原风雨成灾，诗人门前一棵两百年的大楠树竟然被狂风连根拔起，所以，即使是"八月"也已经很冷了。"怒号"，用拟人手法写出了秋风声势大。"卷"，写出了风大。还有描写茅草的动词"飞""洒""挂胃""飘转"，这些动作描写甚至把每一根茅草的去处都写得清清楚楚。我们带入情感想象，就会看见一双饱经沧桑的眼睛始终死死地盯着它们。从这双眼睛里我们很容易就看到了一个无助、无奈的杜甫的形象。

## 活动四：阅读评价　反馈收获

表1　重庆市字水中学语文项目学习·品读写景抒情文言文评价量表

| 维度 | 状况 ||| 总评（据星评级） | 主要问题 | 再读建议 |
|---|---|---|---|---|---|---|
| | 很准确 ★★★ | 较准确 ★★ | 不够准确 ★ | | | |
| 文意的理解 | | | | | | |
| 景情的体悟 | | | | | | |
| 赏析的迁移 | | | | | | |

（说明　总评优秀：8~9★；良好：6~7★；不太好：少于6★）

结束语：

一篇文字优美的小品文，为我们描绘了一个像梦一样的冰雪世界。文中所展示的作者高雅脱俗的情怀，颇让我们这些生活在都市忙碌不堪的人唏嘘感叹。

中国历史上，有多少这样的文人雅士，他们在现实中被压弯了腰，透不过气来，于是只有在大自然中来舒展自己。他们宁愿自己是山，是水，是树，是花，是草，是一朵云，是一块冰。他们寄情于山水，在山水中寻找心灵的依托。雪是其节，冰是其志，苍茫天地是其归宿，凌寒独立是其人格。

曹雪芹有诗云："满纸荒唐言，一把辛酸泪。都言作者痴，谁解其中味。"

让我们再次朗读课文，领悟作者那份高雅脱俗的情怀。

【课后活动】

写作：

1. 学生修改整理课前活动中的赏析文字。
2. 为《茅屋为秋风所破歌》写一段赏析文字。

附：板书设计

湖心亭看雪

品其行　　超凡脱俗的雅趣

赏奇景　　天人合一的沉醉

悟其人　　独抱冰雪的孤寂

【学习反思】

## 悟景悟情　教学相长

张岱的《湖心亭看雪》为我们描绘了一幅清淡雅致的西湖雪景，白描手法的运用娴熟老练，浑然天成；写景、叙事、抒情水乳交融，浑化无迹。文中表现的高雅脱俗的情怀，颇让我们这些生活在现代都市忙碌不堪的人唏嘘感叹。如此精美绝伦、形神兼备的小品文，学起来简直是一种享受。整堂课主要引导学生通过品读来感受语言文字的美，品析雪后西湖的空灵静谧之美，进而走进张岱的情感世界，学习由景悟情的方法。课堂始终以学生自主学习为主线，打破传统的教师教学生听的模式，充分体现了学生为主体、教师为主导的新型课堂关系。在这个过程中，由于学生文学积累有待丰富，时间又有些匆忙，对景的想象不够，学生对张岱的情感的理解难免有些浅显。这是以后教学中要注意的问题。

九年级上册第四单元·阅读

# 父亲·成长助推人

骆 涛

【学习课型】

主题凸显课

【学习主题】

人物形象分析

【学习内容】

统编教材七年级上册第四单元:《走一步,再走一步》

七年级下册第三单元:《台阶》

九年级上册第四单元:《孤独之旅》

【设计意图】

《语文课程标准》提出对第四学段阅读的要求:学生欣赏文学作品,有自己的情感体验,初步领悟作品的内涵,从中获得对自然、社会、人生的有益启示。对作品中感人的情境和形象,能说出自己的体验;品味作品中富于表现力的语言。

统编教材九年级上册第四单元要求学生在阅读这些作品的过程中,加深对社会和人生的理解,树立自我意识,更好地成长。此外还要学会梳理小说情节,试着从不同的角度分析人物形象,并结合自己的生活体验,理解小说主题。

本次课程将从以上两个角度出发,对比教学《台阶》《走一步再走一步》《孤独之旅》中的父亲对孩子成长的影响。从而让学生体会"父亲"这个人物形象以及"我"在父亲影响下的成长。

【学习目标】

1. 通过典型事例,具体分析父亲的形象。

2. 抓住关键语句,发现父亲对"我"潜移默化的影响以及成长的帮助。

3. 感受父亲精神,感恩父爱,在父爱中成长。

【课前活动】

1. 阅读李森祥的《台阶》,曹文轩的《孤独之旅》和莫顿·亨特的《走一步,再走一步》,初步感知文章内容和父亲的形象。

2. 课下搜集《台阶》作者李森祥,《走一步,再走一步》作者莫顿亨特的人生成就,以及《草房子》中杜小康在赶鸭子后的成长,感知父亲对他们的影响。

表1　课前准备作业参考表

| 人物 | 经历 | 成就 |
|---|---|---|
| 李森祥 | 1987年开始文字创作，李森祥的小说以农村、军营两大生活为主要题材 | 成为作家，代表作有《小学老师》《抒情年代》《情世诗文》《台阶》 |
| 莫顿·亨特 | 早年在空军服役，二战时期，他曾驾机执行过对德国的侦察任务，擅长写励志类文章，同时也是一位专业的心理学家 | 成为作家，代表作有《自杀》《心理学的故事：源起与演变》《悬崖上的一课》 |
| 杜小康 | 家从油麻地最富有的一家变得一贫如洗，但杜小康并没有气馁，而是勇敢地承担起了家庭的责任 | 不再自卑，越来越坚定 |

【课中活动】

## 活动一：细腻往事

问题：

归纳概括出"我"与父亲之间的主要事件，发掘父亲的优秀品质。

表2　细读课文作业参考表

| 文章 | 事件 | 父亲的形象 |
|---|---|---|
| 《走一步，再走一步》 | 父亲把我从悬崖上救下来 | 理智、循循善诱、平凡、普通 |
| 《台阶》 | 父亲辛苦一辈子就是为了修高台阶 | 勤劳、顽强、淳朴、善良、谦卑、倔强、有志气、不辞辛苦、不甘人后、具有愚公移山的精神和坚忍不拔的毅力 |
| 《孤独之旅》 | 父亲带辍学后的杜小康赶鸭子 | 勤劳、顽强、淳朴、善良、谦卑、倔强、不怕千辛万苦、坚韧、执着 |

## 活动二：言传身教

过渡语：

《走一步，再走一步》主要讲述我在遇难时，父亲对我的引导、对我人生的启迪；《台阶》描述父亲这一生为了修筑高台阶所做出的努力，以及对孩子人生态度的影响；《孤独之旅》描写了一位家境没落后的父亲带领辍学后的孩子赶鸭子的故事，在这个过程中展现了父亲对杜小康的隐性教育。那这些父亲都给孩子带来了怎样的影响，在他们的未来发展中又扮演着怎样的角色呢？

资料助推：

莫顿·亨特：1945年1月，在英格兰的沃顿空军基地，作为上尉飞行员的莫顿·亨特接受了一项任务，驾驶没有任何武器装备和防护设施的蚊式双引擎飞机深入到德军本土执行侦察任务。他觉得几乎无法完成任务，想象着飞机座舱被炮弹击中，自己鲜血飞溅，连跳伞的力气都没有。第二天，莫顿·亨特驾机滑行在跑道上，他告诫自己，只是起飞，飞起来就行。升到8 000米高空时，他又告诫自己，所要做的，就是在地面无线电的指导下，保持这个航向20分钟，就可以到达荷兰的素文岛，这个只要努力，并不难做到。就这样，莫顿·亨特不断告诫自己，下面，只是飞越荷兰，这并不难，然后，是飞临德国，根本不须想更多的事。而且，还有后方的无线电支持。就这样，一程又一程，这位上尉终于完成了任务。当他接受盟军的奖励时，他说："我之所以成为孤胆英雄，完全是因为我小时候一段经历的启示。一步又一步，终会达到自己的目的地。"

李森祥：1987年开始文字创作，李森祥的小说以农村、军营两大生活为主要题材，塑造出一系列生动的普通人尤其是农民的质朴形象，代表作有小说《小学老师》《抒情年代》《情世诗文》等，《台阶》中记录了作者亲历农村生活的深刻感受。

杜小康：杜小康家从油麻地最富有的一家变得一贫如洗，但杜小康并没有气馁，而是勇敢地承担起了家庭的责任。杜小康到五百里以外的芦苇荡去放鸭时，他是多么希望上学啊！他想象等他们家境好了，他会重新去上学，重新考第一，重新去当他的班长，即使梦想破灭了，但杜小康还是满怀希望。后来他在学校门口卖东西时，他的脸上也没有一丝自卑，没有不好意思，只有坚定。

表3 父亲对"我"的影响参考表

| 文章 | 对"我"的影响 |
| --- | --- |
| 《走一步，再走一步》 | 解决当前的困难，为作者树立了自己解决问题、面对困难的信心；并且获得人生的所有难题都可以通过"走一步，再走一步"的方式解决的人生经验 |
| 《台阶》 | "我"由一个调皮天真的孩子，在父亲的打磨下，日渐沉稳，变为了和父亲一样可靠的人 |
| 《孤独之旅》 | 杜小康从一个沉浸在一种优越感中的无忧无虑的孩子，成长为一个在校门口摆摊也无卑微神色的少年 |

## 活动三："我"的父亲平凡而伟大

过渡语：父亲是我们成长路上的领路人，我们的性格、处事方式、对待事物的看法，或多或少都受到了他的影响。

小组讨论：说说你父亲身上的优秀的品质，以及对自己的影响。

参考：我们在成长道路上或多或少会遇到大大小小的挫折，而我们拥有的对抗挫折的勇气，可能很大一部分来源于我们的父母。父亲的故事是无声的，他用自己的行动默默地教育着我们。父亲的一生可能是平凡的，以至于我们不愿向他人谈起；父亲的一生可能是清贫的，以至于我们无法在别人面前炫耀。可在我们跌倒时，父亲教会我们怎样站起来；在我们遇到困难时，父亲鼓励我们勇敢地去面对。所以父亲是平凡的，又是伟大的。让我们在以后的生活中去关注我们平凡的父亲，去表达我们对他的那一份爱。

表4　重庆市字水中学语文项目学习·人物形象分析评价量表

| 维度 | 状况 |  |  | 总评（据星评级） | 主要问题 | 再读建议 |
|---|---|---|---|---|---|---|
|  | 很准确 ★★★ | 较准确 ★★ | 不够准确 ★ |  |  |  |
| 父亲的人物形象 |  |  |  |  |  |  |
| 父亲对孩子的影响 |  |  |  |  |  |  |
| 对"隐形"父爱的认知 |  |  |  |  |  |  |

（说明　总评优秀：8~9★；良好：6~7★；不太好：少于6★）

【课后活动】

文章中的父亲性格、行为都迥乎不同，那你的父亲呢？请给父亲写一封信，表达对父亲的感激之情。

【学习反思】

### 父爱深深

初三是个特殊时期，是孩子叛逆的时期，也是与父母冲突极大的阶段。为了让孩子去发现、去关注父亲，去表达对深深父爱的理解，课堂活动三就有意引导孩子去发现父母身上的优秀品质，及平凡父母身上的伟大之处，这就基本达成了学习目标。但《孤独之旅》和《台阶》两文中的父亲对孩子的教育是隐性的，同学们理解起来稍显困难；同时这两篇课文中对孩子的影响是成长性的，是文章中没有提及的，还应该在文章的写作背景处做补充介绍。

学无止境，教无止境，我将和语文同仁们一起继续前行！

# 写作实践篇

## 七年级下册第四单元·写作

### 编拟提纲　选好材料

杜在琴

【学习课型】

主题写作课

【学习主题】

编拟提纲　选好材料

【学习内容】

统编教材七年级下册第四单元:《叶圣陶先生二三事》(张中行)

"语文主题学习"丛书七年级下册④:《那片绿绿的爬山虎》(肖复兴)

统编教材配套自读课本七年级下册:《我所见的叶圣陶》(朱自清)、《怀念圣陶先生》(吕叔湘)

【设计意图】

《语文课程标准》中第四学段对写作的要求:写作时考虑不同的目的和对象,根据表达的需要,围绕表达中心,合理安排内容的先后和详略,条理清楚地表达自己的意思。注重写作过程中搜集素材、构思立意、列纲起草、修改加工等环节。统编教材七年级下册第四单元学习策略是略读,主要目的是教会学生编拟提纲,选好材料。

【学习目标】

1. 略读类文:通过略读不同作家所写的有关同一作家的回忆性文章,学会编拟提纲。
2. 写作实践:围绕中心,选好材料。

【课前活动】

1. 自读《叶圣陶先生二三事》(张中行),《那片绿绿的爬山虎》(肖复兴),《我所见的叶圣陶》(朱自清)和《怀念圣陶先生》(吕叔湘)。
2. 思考文章写了哪些事情?表现了人物哪些品德?

【课中活动】

导入:

以某学生所写提纲《晒晒我们班的"牛"老师》导入。("牛"老师即执教老师)

（设计意图：帮助学生了解执教老师，拉近距离；又初知作文的结构提纲，为后面的学习提供范例）

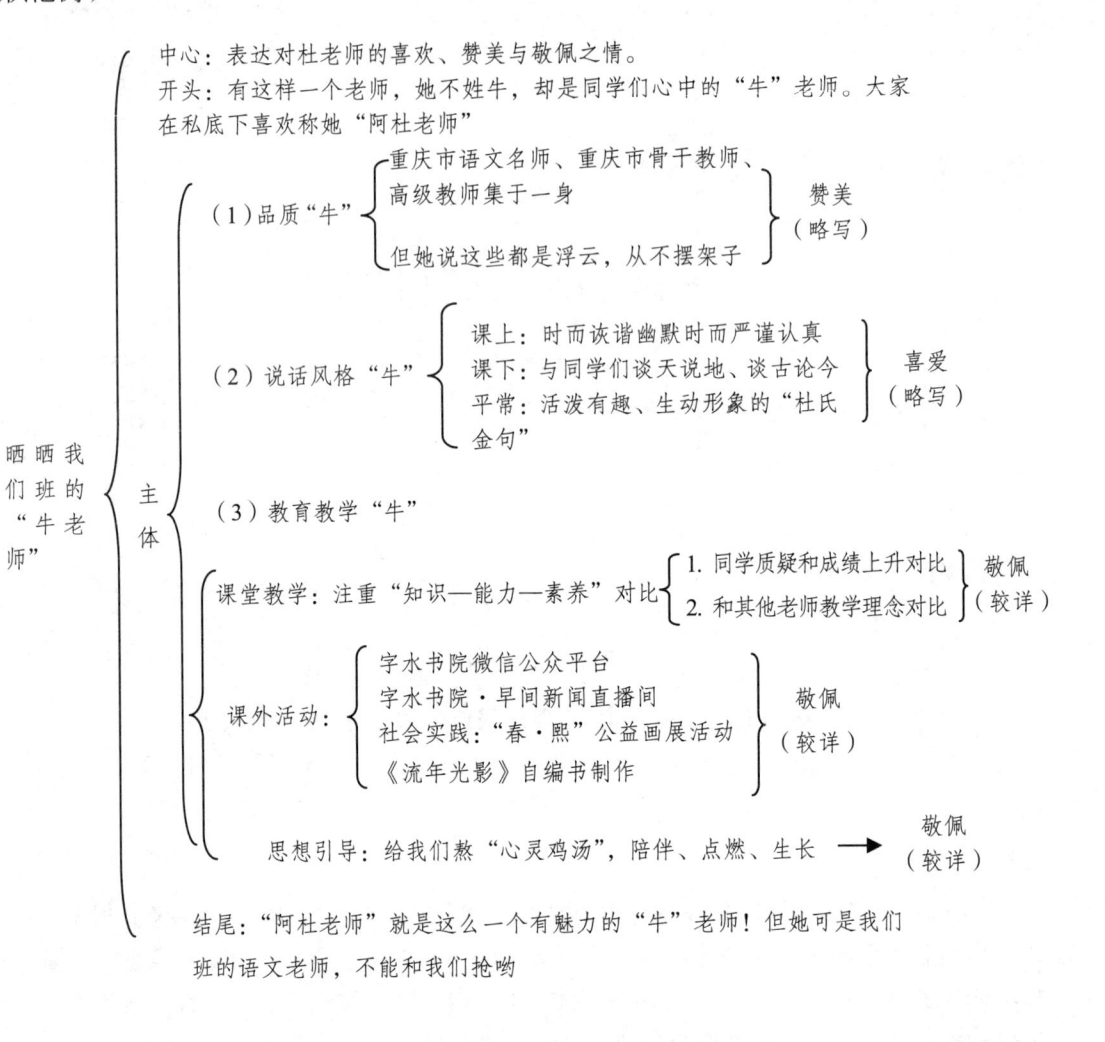

晒晒我们班的"牛老师"
- 中心：表达对杜老师的喜欢、赞美与敬佩之情。
- 开头：有这样一个老师，她不姓牛，却是同学们心中的"牛"老师。大家在私底下喜欢称她"阿杜老师"
- 主体：
  - （1）品质"牛"
    - 重庆市语文名师、重庆市骨干教师、高级教师集于一身
    - 但她说这些都是浮云，从不摆架子
    - 赞美（略写）
  - （2）说话风格"牛"
    - 课上：时而诙谐幽默时而严谨认真
    - 课下：与同学们谈天说地、谈古论今
    - 平常：活泼有趣、生动形象的"杜氏金句"
    - 喜爱（略写）
  - （3）教育教学"牛"
    - 课堂教学：注重"知识—能力—素养"对比
      - 1. 同学质疑和成绩上升对比
      - 2. 和其他老师教学理念对比
      - 敬佩（较详）
    - 课外活动：
      - 字水书院微信公众平台
      - 字水书院·早间新闻直播间
      - 社会实践："春·熙"公益画展活动
      - 《流年光影》自编书制作
      - 敬佩（较详）
    - 思想引导：给我们熬"心灵鸡汤"，陪伴、点燃、生长 → 敬佩（较详）
- 结尾："阿杜老师"就是这么一个有魅力的"牛"老师！但她可是我们班的语文老师，不能和我们抢哟

## 活动一：略读类文 编拟提纲

略读《叶圣陶先生二三事》和《那片绿绿的爬山虎》，仿照示例，编拟其结构提纲。

思考：文章写了哪些事情？表现了人物哪些品德？

**资料助推**：

略读方法

（1）关注题目，猜想内容。

（2）观其大略，粗知大意。

（3）根据目的，确定重点。

（4）注意段首，梳理思路。

（5）勾连首尾，把握结构。

叶圣陶先生二三事：

- 文字方面
  - ① 描标点 —— 严谨认真
  - ② 修润文字 —— 诚恳谦虚
- 日常生活
  - ③ 送客周到 —— 热情真诚
  - ④ 回信及时 —— 关爱朋友
- 做人用语
  - 正心修身，立达他人
  - ⑤ 明白如话
  - ⑥ 文风简洁
- 写作
  - ⑦ 妥帖完美

主要事情 — 精神品质（待人宽厚／人之师表／自律严谨）— 写作手法：以小见大，叙议结合 — 中心思想：追思景仰

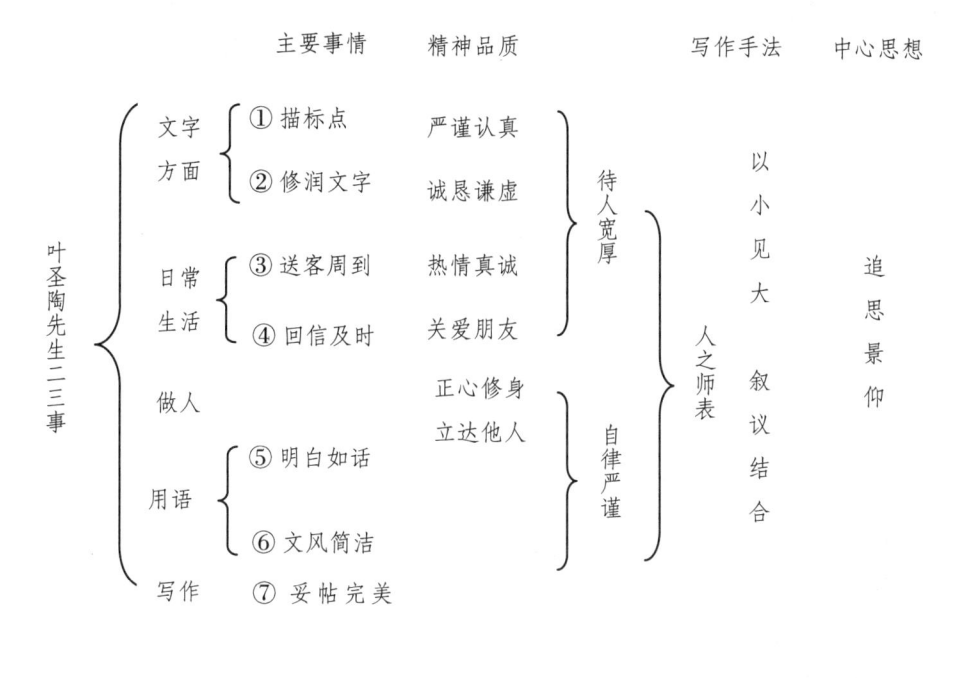

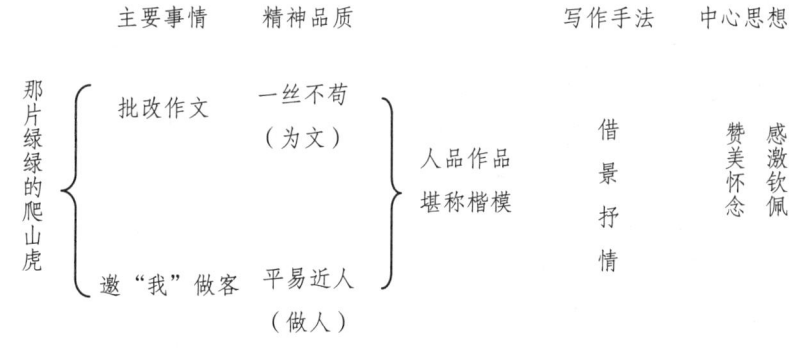

那片绿绿的爬山虎：

- 批改作文 —— 一丝不苟（为文）
- 邀"我"做客 —— 平易近人（做人）

精神品质：人品作品，堪称楷模
写作手法：借景抒情
中心思想：感激钦佩，赞美怀念

小结：
1. 所选材料均来源于亲身经历的日常生活小事，即材料是真实的。
2. 所选材料都能表现人物的精神品质，都能为表现中心服务，即材料是恰当的。

## 活动二：写作实践　选好材料

### 第一环节：材料分类

1. 直接材料。（来源于日常生活经历，包括人、事、景、物等）
2. 间接材料。（来自他人叙述、书报杂志、影视节目、博客空间等）

### 第二环节：选好材料

选材要恰当，真实，新颖，有个性。

## 第三环节：写作实践

1. 例文引路。

赏读同学范文《我的同桌是个武术迷》和《最美的依米花》，明确选材要真实、新颖。

### 我的同桌是个武术迷
重庆市字水中学初一·4班　刘世缘

转眼间，我已是一个初中生了。我步入了一个崭新的学堂，去学习更多的知识，去认识新的朋友，去体会更深的道理。可我却觉得认识新朋友再多，也没小学的老朋友那么情深意厚；新学校再漂亮，也没母校那么亲切可人……

小学生活中我记忆最深的莫属我的同桌了。

我的同桌叫彭梁龙，整天幻想自己能成为武术高手，所以我给他取了个外号叫"武迷"。

上课时，他带着一股武术劲——

有一次我们都听得非常专心，就在这时，他突然发现桌子上有只蚂蚁，他一句吼："小蚂蚁哪里逃，看我的降蚁十八掌！"说完便一掌拍了下去，顿时整个教室回荡着手击桌子的响声，全班一愣之后都哈哈大笑起来。结果，他就被气到无言以对的老师以扰乱课堂秩序为由"请出"了教室。

下课时，他也带着一股武术劲——

刚下课，他就伸出两根手指对准我高声念道："葵花点穴手，我定！"起先我不愿配合，他竟向我苦苦哀求，没办法，只好配合他的"工作"。

放学后，他还是带着一股武术劲——

有一次，我走着走着，他突然从高处跳下来对我说："小子，哪里逃！"为了"配合"，我只好拱手答道："大爷，饶了我吧！"正当他乐不可支时，旁边路过的同学小声说道："现如今学校连疯子也收，真可怕！"这个小小的插曲让我郁闷了许久。

这就是我的同桌，一个地地道道的"武迷"。

"刘世缘别走，再陪我演一次，让我过下瘾！"远方传来一个熟悉的声音。哦！NO！不要呀！"武迷"来了。火星人，快把他带回火星，地球不适合他。

### 最美的依米花
重庆市字水中学初二·7班　陈茂杰

有一种欢笑，叫师生情；有一种无怨，叫好老师；有一种奇迹，叫最美的依米花。

——题记

每朵依米花仅有一条根。它用五年的时间积累养分，在第六年春，终于发芽并开出四色奇花。绝美的依米花花期只有两天，之后便开始凋谢。花期虽短，却是永恒的奇迹。这使我不得不想起初一的数学老师——波波老师。他手里拿着大三角板，卷着袖子，粉红色的衬衫穿在这个年轻男人的身上，一点儿也不显得古怪，一张脸瘦瘦的，两只明亮大眼睛圆圆的，头发少得可怜，那发型跟"地中海"似的。他是我的老师，也是我的朋友，更是一个永恒的奇迹。

单相思

只见粉红色的衬衫在讲台上飞快地滑动，他在白板的正中央写下三个字："单项式"，然后转过头，一字一顿地道："我们今天学习单项式，注意不是'单相思'哦。"全班大笑。他又用近乎严肃的语调说"我今天就来看看，班上有哪些同学连上课都在'单相思'。"窗外的鸟停在窗台上，偏着头，好像在说："我可没有'单相思'。"

### 我最帅

一次体育课，几位男同学正在打篮球，波波老师一脸兴奋地跑过去道："我们一起打？"同学们装作一脸嫌弃地说："多大把年纪了，还能打篮球？""人不可貌相！"说着，用手一扫额前稀疏的几根头发，晃一下头，满满的都是耍帅。"像我怎么帅的年轻男人，怎么可能不会打篮球呀！要知道，我可是最帅的。"说着，一把抢过同学们手中的篮球，一娴熟的三步上篮，一道漂亮的弧线，球进了！"看到了吧，下次打篮球，可要带上我！"瞧那嘚瑟劲儿。

### 乃奇迹

波波老师，是一个永恒的奇迹。

记得他刚教我们班时，同学们出于对老师的敬畏，不敢和他有过多交流。直到教师节那一天，他在全校师生面前庄严宣誓"我虽然是一位老师，但也是同学们的朋友，心灵的伴侣，成长的合伙人……"风吹了，树摇了，叶舞了。亲近学生的老师不少，但能在这么多人面前说出来的，他却是我所知道的第一个，那真是一个奇迹。

从那时起，我们开始喜欢上这个"粉红男人"，这朵"最美的依米花"。既喜欢，就要了解。上网查找波波老师，我看到这样一句话："林小波，任教二十二年，刚上任小学教师，便用不足一千元的工资为学生担保上万元的学费。"一个老师，为学生不惜承担潜在风险，难道不是奇迹？他教我们时，那样认真，仅仅一月，就把一个满是差生的班，教成了年级第三，这难道不是奇迹？

可惜，他走了，一个眷顾我们许久的奇迹就这样悄无声息地走了！没有奇迹的班，是怎样的？上课时，同学们仿佛都在"单相思"，相思着那"粉红色的依米花"。成绩，是全年级最差；活动，是倒数第一；品德，是全校垫底……失去奇迹的我们，就像一株快要凋零的依米花，那样苟延残喘，最后，连垂死挣扎都不想了。

### 再相见

"波波老师回来了！"不知是谁喊了一声，同学们疯子般冲到走廊上。波波老师是来考察学校的一员，他向同学们挥着手。粉红色的衬衫是那样耀眼，伴着落日的余晖，我看到他化作了一朵盛放的依米花。鼻子猛地一酸，独自冲进教室，狼狈不堪。我是怕他看见我！窗外的鸟唱了，是在欢迎，还是在送别？夕阳的光辉从门外射进教室，伴着这余晖的粉红的衬衫，也仿佛拿着大三角板，走进教室。

我分明看见他的影子，化作一朵努力扎根的依米花，然后用那单薄的身影，绽放出世间最靓丽的美。那花瓣啊，是五色的，每一种颜色，都在我心头发着光……望着他，全身的血液蓦然沸腾了，燃烧吧，平静已久的血液；绽放吧，那奇迹的依米花。

血液在燃烧，花儿在怒放，等候那记忆中的依米花再次来到，看见我的奇迹在挥洒。

2. 牛刀小试。

任选命题作文《晒晒我们班的"牛人"》（同学或老师）或半命题作文《我最_____的一

天》，编拟结构提纲。要求中心明确，选好材料。

**资料助推：**

编拟提纲三注意

（1）提纲中心要明确：审清题目，确立中心。

（2）提纲内容要完整：包括立意、段落大意、层次或要点；各段落要用到的主要材料提示；各段的详略安排和各段拟用的写作方法。这样可以使写作时思路畅通，成文时结构完整，详略得当。

（3）提纲结构有依据。编列作文提纲总要先找个依据，以记叙文为例，如：

①按事情的发展顺序（开始、经过、结果）来拟定。

②按人物的活动过程（先做什么，接着做什么，最后做什么）来拟定。

③按时间的转折（如早晨、中午、晚上）来拟定。

④按照空间的变换（如家中、途中、学校）来拟定。

（4）提纲不用太好，只要自己能看得懂，即使有病句、漏词、错别字，放到正式行文时去琢磨就好了。

**微课助推：**

《编拟提纲　突出中心》（来自执教老师有关七年级上册第五单元作文教学设计）

（1）审清题目

（2）确立中心

（3）选好材料

## 【评价学习效果】

表1　重庆市字水中学语文项目学习·"编拟提纲　选好材料"写作课评价量表

| 维度 | 状况 |  |  | 总评（据星评级） | 主要问题 | 再写建议 |
|---|---|---|---|---|---|---|
|  | 很准确 ★★★ | 较准确 ★★ | 不够准确 ★ |  |  |  |
| 审题立意 |  |  |  |  |  |  |
| 材料选择 |  |  |  |  |  |  |
| 结构安排 |  |  |  |  |  |  |

（说明　总评优秀：8~9★；良好：7~8★；不太好：少于7★）

## 【学习反思】

### 编拟提纲　把握全局

清代李渔在《闲情偶寄·词曲上·结构》中说"工师之建宅亦然：基址初平，间架未立，先筹何处建厅，何方开户，栋需何木，梁用何材，必俟成局了然，始可挥斤运斧"。这正如老舍先生所论写作，"有了提纲心里就有了底，写起来就顺理成章；先麻烦点，后来可省事"。因此，就要学会在写作前编拟提纲。它有助于理清思路，把握全局，避免写作时信马由缰，偏离主题。

　　结合《语文课程标准》对写作的要求，以及单元总目标所确立的学习目标，由略读类文，学会编拟提纲，再进行写作实践。活动简单，思路清晰。这就像叶圣陶先生说的"思想是有一条路的，一句一句，一段一段，都是有路的，好文章的作者是绝不乱走的"一样，环节明了，易于过手。有了提纲，就可以帮助学生树立全局观念，从整体出发，再检验每一个部分所占的地位、所起的作用，相互间是否有逻辑等。但因时间关系，学生所列提纲未能尽善尽美。后期将不断努力，教学相长。

八年级上册第三单元·写作

# 眼处心生句自神
## ——学习描写景物

黄 璐

**【学习课型】**

写作课

**【学习主题】**

如何描写景物

**【学习内容】**

统编教材八年级上册第三单元《学习描写景物》

**【设计意图】**

《学习描写景物》是八年级上册第三单元写作部分的内容，这个单元以古诗文的学习为重点，其中四篇文章有描写自然景物的内容，这对于本课学习描写景物有着启示作用。《语文课程标准》中要求，七至九年级的学生应具备"多角度观察生活，发现生活的丰富多彩，能抓住事物的特征，有自己的感受和认识，表达力求有创意"的能力。八年级的学生在经历了七年级的写作学习之后，对记叙、说明等表达方式有了初步的了解，本课学习描写景物的方法，以便学生可以在此基础上循序渐进地对多种表达方式进行有效地学习和综合应用。本课旨在引导学生在观察的基础上主动思考，通过调动多种感官，运用多种艺术手法，凸显景物特征，细致地描写景物。

**【学习目标】**

1. 运用多种修辞手法和表现手法，把景物写活。
2. 学会使用不同的写景顺序，把景物写得有层次。
3. 能够在景物描写的过程中融入自己的主观情感，使作文有蕴藉悠远的意味。

**【课前活动】**

1. 学生阅读教材上的内容，圈点勾画有问题的地方。
2. 学生阅读《春》《济南的冬天》《孤独之旅》及本单元的文章，比较这些文章在景物描写上的特点。
3. 教师准备多媒体课件。

【课中活动】

## 活动一：观看图片　激发兴趣

请同学们观看下图，说一说图片画的是什么？
（设计意图：引导学生从不同的角度看事物，激起学生学习的兴趣）

我们似乎只能看出图片中的人物是一个戴帽子的妙龄少女，可是如果我们把这个图片旋转180°：

图片上的人物则变成了一个满脸皱纹的老奶奶。

从看见妙龄女性到看见满脸皱纹的老奶奶，这是因为我们观察的不是同一张图片了吗？不是的，只是我们看图片的角度改变了。所谓"横看成岭侧成峰，远近高低各不同"。从不同的角度，观察同一事物，往往会有不同的观察结果。

景物描写，是指对自然环境和社会环境中的风景、物体的描写。景物描写主要是为了显示人物活动的环境，使读者身临其境，或营造某种特殊的氛围，描写景物和看图片一样，也需要我们多角度的去观察景物，并用各种技巧和方法来提高我们的写作水平。

## 活动二：品读经典　归纳方法

### 第一环节：阅读片段　总结写法

1. 阅读《春》和《济南的冬天》文章片段，观察总结作者是如何描写景物的。

#### 春（节选）

一切都像刚睡醒的样子，欣欣然张开了眼。山朗润起来了，水涨起来了，太阳的脸红起来了。

小草偷偷地从土里钻出来，嫩嫩的，绿绿的。园子里，田野里，瞧去，一大片一大片满是的。坐着，躺着，打两个滚，踢几脚球，赛几趟跑，捉几回迷藏。风轻悄悄的，草软绵绵的。

桃树、杏树、梨树，你不让我，我不让你，都开满了花赶趟儿。红的像火，粉的像霞，白的像雪。花里带着甜味儿；闭了眼，树上仿佛已经满是桃儿、杏儿、梨儿。花下成千成百的蜜蜂嗡嗡地闹着，大小的蝴蝶飞来飞去。野花遍地是：杂样儿，有名字的，没名字的，散在草丛里，像眼睛，像星星，还眨呀眨的。

"吹面不寒杨柳风"，不错的，像母亲的手抚摸着你。风里带来些新翻的泥土的气息，混着青草味儿，还有各种花的香，都在微微润湿的空气里酝酿。鸟儿将窠巢安在繁花嫩叶当中，高兴起来了，呼朋引伴地卖弄清脆的喉咙，唱出宛转的曲子，与轻风流水应和着。牛背上牧童的短笛，这时候也成天嘹亮地响着。

雨是最寻常的，一下就是三两天。可别恼。看，像牛毛，像花针，像细丝，密密地斜织着，人家屋顶上全笼着一层薄烟。树叶儿却绿得发亮，小草儿也青得逼你的眼。傍晚时候，上灯了，一点点黄晕的光，烘托出一片安静而和平的夜。在乡下，小路上，石桥边，有撑起伞慢慢走着的人，地里还有工作的农民，披着蓑戴着笠。他们的房屋，稀稀疏疏的在雨里静默着。

#### 济南的冬天（节选）

最妙的是下点小雪呀。看吧，山上的矮松越发的青黑，树尖上顶着一髻儿白花，好像日本看护妇。山尖全白了，给蓝天镶上一道银边。山坡上，有的地方雪厚点，有的地方草色还露着，这样，一道儿白，一道儿暗黄，给山们穿上一件带水纹的花衣；看着看着，这件花衣好像被风儿吹动，叫你希望看见一点更美的山的肌肤。等到快日落的时候，微黄的阳光斜射在山腰上，那点薄雪好像忽然害了羞，微微露出点粉色。就是下小雪吧，济南是受不住大雪的，那些小山太秀气！

2. 现实中春、冬的景致是那样平凡，随处可见，可为什么在朱自清、老舍先生的笔下却如此美丽呢？

《春》和《济南的冬天》中有着大量生动形象的景物描写，分组讨论并归纳文中写景的方法。

表 1　细读课文作业参考表

| 篇名 | 手法 | 分析 |
|---|---|---|
| 《春》 | 拟人 | "小草偷偷地从土里钻出来,嫩嫩的,绿绿的",写出了春草破土而出的挤劲,写出了不经意间,春草已悄然而出的情景和作者惊喜的感情 |
| 《春》 | 比喻 | "野花遍地是:杂样儿,有名字的,没名字的,散在草丛里,像眼睛,像星星,还眨呀眨的",用"眼睛""星星"作比,写出了野花的细小而明艳,点出春天的特点 |
| 《济南的冬天》 | 比喻 | "山上的矮松越发的青黑,树尖上顶着一髻儿白花,好像日本看护妇",用"日本看护妇"比喻矮松顶着雪的情景,贴切形象地表现了雪后矮松清新可爱的形态,不仅使矮松有了活力,而且使人感到新奇别致。"山坡上……给山们穿上一件带水纹的花衣",此处借"带水纹的花衣"比喻山坡上由于雪分布不均而形成的黄白相间的美景,富有层次美,使山坡美景这一宽泛的景物显得微妙可感,而并非遥不可及 |

总结:比喻和拟人是常见而又十分重要的修辞手法,它能使描写的对象显得更加生动形象。在日常的写作中,适当运用多种修辞手法和表现手法,能把景物描写得更加生动。

**第二环节:关联旧知　提炼方法**

复习本单元《三峡》《答谢中书书》等包含有景物描写的课文,归纳提炼景物描写的方法。

探讨得出描写景物的方法:

首先,抓住景物的特征。景物的特征可以从景物的形态、颜色、声音、味道、性质等着笔,调动人的视觉、听觉、嗅觉、味觉、触觉等感官来发现美。

其次,景物描写可以采取不同的角度,仰视、俯视、近观、远望等。也可以动静结合、运用多种修辞等手法可以把景物描绘得更加形象。

再次,写景要注意顺序并认真观察,全面了解景物的特征。

总结:

a. 定点观察。就是选一个合适的固定位置,变换各种视角,对景物进行观察,然后做细致地描写。例如陶弘景《答谢中书书》,仰观"高峰入云",俯视"清流见底",平视"两岸石壁,五色交辉"。通过多个角度描写景物,景物特点能展现得更加充分、鲜明,让读者如临其境,更真切地感受到景物的魅力。

b. 移步换景。就是走动起来,变换远近距离、高低位置和各种视角,观察同一景物的不同侧面、局部,以及不同景物的各个方面,然后依次进行描写。例如鲁迅《社戏》写"我"得到家长的同意之后,跟小伙伴们乘船"飞一般径向赵庄前进了",沿途所见夜景,包括自然景物和人文景观,都一一展现,甚至还写了返程时所见景物,有清晰之景,有虚幻之景,有远景,有近景……作者笔下的这些景物各不相同,各呈异彩,细读之后会生出无穷的美感。

c. 调动各种感官。观察和描写景物,要调动视觉、听觉、嗅觉、触觉等多感官,体会不同的感觉、不同的形象。甚至可以从现实之景延伸到想象之景。例如朱自清《春》中的这段描写："红的像火，粉的像霞，白的像雪。花里带着甜味；闭了眼，树上仿佛已经满是桃儿、杏儿、梨儿。花下成千成百的蜜蜂嗡嗡地闹着，大小的蝴蝶飞来飞去。野花遍地是：杂样儿，有名字的，没名字的，散在草丛里像眼睛像星星，还眨呀眨的。"

### 第三环节：拓展深化 情景交融

1. 阅读选段（《孤独之旅》）

（1）杜小康注定了要在这里接受磨难。而磨难他的，正是这些由他和父亲精心照料而长得如此肥硕的鸭子。

（2）那天，是他们离家以来所遇到的一个最恶劣的天气。<u>一早上，天就阴沉下来。天黑，河水也黑，芦苇荡成了一片黑海。杜小康甚至觉得风也是黑的。临近中午时，雷声已如万辆战车从天边滚动过来，过不一会，暴风雨就歇斯底里地开始了，顿时，天昏地暗，仿佛世界已到了末日。四下里，一片呼呼的风声和千万支芦苇被风撅断的咔嚓声。</u>

（3）鸭栏忽然被风吹开了，等父子俩一起扑上去，企图修复它时，一阵旋风，几乎将鸭栏卷到了天上。杜雍和大叫了一声"我的鸭子"，几乎晕倒在地上。因为他看到，鸭群被分成了无数股，一下子就在他眼前消失了。

（4）杜小康忘记了父亲，朝一股鸭子追去。这股鸭子大概有六七十只。它们在轰隆隆的雷声中，仓皇逃窜着。他紧紧地跟随着它们。他不停地用手拨着眼前的芦苇。即使这样，脸还是一次又一次地被芦苇叶割破了。他感到脚钻心地疼痛。他顾不得去查看一下。他知道，这是头年的芦苇旧茬儿戳破了他的脚。他一边追，一边呼唤着他的鸭子。然而这群平时很温顺的小东西，今天却都疯了一样，只顾没头没脑地乱窜。

（5）到暴风雨将歇时，依然还有十几只鸭没被找回来。

（6）杜雍和望着儿子一脸的伤痕和乌得发紫的双唇，说："你进窝棚里歇一会，我去找。"

（7）杜小康摇摇头："还是分头去找吧。"说完，就又走了。

（8）天黑了。空手回到窝棚的杜雍和没有见到杜小康，他就大声叫起来。但除了雨后的寂静之外，没有任何回应。他就朝杜小康走去的方向，寻找过去。

（9）杜小康找到了那十几只鸭，但在芦荡里迷路了。一样的芦苇，一样重重叠叠无边无际。鸭们东钻西钻，不一会工夫就使他失去了方向。眼见着天黑了。他停住了，大声地呼喊着父亲。就像父亲听不到他的回应一样，他也没有听到父亲的回应。

（10）杜小康突然感到累极了，将一些芦苇踩倒，躺了下来。

（11）那十几只受了惊的鸭，居然寸步不离地挨着主人蹲了下来。

（12）杜小康闻到了一股鸭身上的羽绒气味。他把头歪过去，几乎把脸埋进了一只鸭的蓬松的羽毛里。他哭了起来，但并不是悲哀。他说不明白自己为什么想哭。

（13）<u>雨后天晴，天空比任何一个夜晚都要明亮。</u>杜小康长这么大，还从未见过蓝成这样的天空。而月亮又是那么的明亮。

2. 讨论"景情"：文中画线句子都是环境描写，但所描写环境的色彩却完全不同，前者昏暗后者明亮。作者这样写的原因是什么？

明确：第二自然段的暴风雨恶劣天气的描写是为杜小康找鸭群、与父亲走失、经历磨难做铺垫；第三自然段雨过天晴、月亮明亮的描写烘托了杜小康经历暴风雨找到鸭群后的兴奋和感到自己突然长大的欣慰。

总结：一切景语皆情语，写景要融入感情，做到情景交融。写作中只有抒发真情实感才能深深打动读者，引起读者的共鸣。

附板书：

描写景物 { 定点观察
移步换景
调动各种感官
运用多种修辞手法和表现手法
融情于景，借景抒情 }

【课后活动】

（以下两题任选其一）

1. 你留意过自家窗外的景色吗？或许是车水马龙的道路，或许是花木茂盛的园圃，或许是小伙伴们玩耍的场地……以《窗外》为题，写一篇作文，不少于500字。

写作指导：

A. 审题。窗外可以指窗外景色的一部分或仅能看到的全部景色，也可以指视野扩大到窗外更远处的景色。

B. 角度。在写景物时，可以选取一个主要观察视角，再以其他的观察角度灵活描写；也可以采用移步换景的写法，按照地点的转换采用不同的角度进行描写。在描写时，还要注意调动多种感官，以及情感的体验，和对生活的思考，使景物描写更加生动。

C. 重点。在描写窗外景物时，要注意抓住景物的主要特征，给所描写的景物确定一个基调，如美丽、忙碌、欢乐等，同时融入自己的情感。

2. "春有百花秋有月，夏有凉风冬有雪。"一年四季都有独特的景致。选择你最喜欢的一个季节，以《我爱____季》为题。写一篇作文，不少于500字。

写作指导：

A. 抓住所写季节的特点，尤其是鲜明的景色特点进行描写。如春天溪水融化，小草泛绿；夏天蝉儿乱鸣，骄阳似火；秋天硕果累累，落叶飘零；冬天白雪皑皑，寒风凛冽。

B. 除了写某一季节独有的景致，还可以写某一个景物在某个季节的特点。

C. 要注意融情入景、情景交融，在描写景物的特点时，融入自己的情感。

【学生习作分析】

### 我爱秋季（节选）

在飘飘忽忽的秋雨中，校园的那株桂花开了！（开篇点题）

它亭亭玉立于花坛之上，宛若披着轻柔薄纱的新娘。（从远处写桂花树静止的形态）走近一瞧，银灰色的树干托起一团绿云般的树冠，密密肥实的叶片中点缀着一簇簇星星点点的米黄色的小花,好像秋天田野沉甸甸的稻穗,又似节日之夜金灿灿的焰火,煞是好看!(从近处写树干、树冠、叶片、花朵的形状、色彩)

清风徐来,桂枝瑟瑟,芳香四溢,把整个校园都熏醉了!(从视觉、嗅觉、味觉写桂花的动态)吸一口,甜津津的;掬一把,清爽爽的。(从味觉、触觉写花的香味)只要你从这儿经过,准会给你染上一身浓浓的馨香。古诗赞桂花:"月中有客曾分种,世上无花敢斗香。"可见,桂花的芳香在花的王国里是出了名的。(在嗅觉基础上结合诗句写出总的感受)

【评价写作效果】

表2　重庆市字水中学语文项目学习·写作课评价量表

| 维度 | 状况 ||| 总评<br>(据星评级) | 主要<br>问题 | 再写<br>建议 |
|------|------|------|------|------|------|------|
|  | 很准确<br>★★★ | 较准确<br>★★ | 不够准确<br>★ |  |  |  |
| 情感的表达 |  |  |  |  |  |  |
| 主题的把握 |  |  |  |  |  |  |
| 手法的应用 |  |  |  |  |  |  |

(说明　总评优秀:8~9★;良好:6~7★;不太好:少于6★)

【学习反思】

## 道而弗牵

不少学生初学写景作文时总觉得无处下笔,其原因除了不善于观察之外,最重要的是不知道如何去写。有时候虽然说观察了景物,但美景却难以呈现在他们的笔下。古人云:"道而弗牵。"意思是老师要引导学生,而不是牵着学生走。因此,教会他们描写景物的方法是至关重要的。

这节课的重点是整合我们平常阅读文章时所提及的描写景物的方法。为了让学生更好掌握,我结合课内和课外经典文章中的语段,进行有针对性的赏析。掌握方法是为了能够应用方法,最后我根据教材的要求设计了课后练习,用本堂课总结出来的方法去指导学生们的课后习作。基本符合学生的认知规律。

在这一过程中,我也有一些不足需要改进。一是在引导学生理解多角度描写景物的方法时,自己讲得过多,有些急于将最终的结果呈现出来,以至于束缚了学生的思维,没有达到好的效果。

写作指导之后大多数学生都能根据所讲的内容去创作,尤其是调动各种感官这一方法运用得比较好,也有使用修辞手法的意识,但是学生在使用修辞手法的时候显得比较刻意,有一种为了用修辞而用修辞的感觉,没有把修辞真正融入文章里。再者,大多数作文情感不足,他们能把握的就是单纯的对某种景物的喜爱之情,而没有其他更丰富更深刻的感情融入进去,这样就使得作文的深度不够,这或许和学生的生活体验不够丰富有关系,也和他们缺乏"一切景语皆情语"的意识有关系。

细细回味,掩卷深思,学无止境,教无定法。正所谓"路漫漫其修远兮,吾将上下而求索",就以此来鼓励自己和学生吧。

## 八年级上册第三单元·写作

# 抓住特征写美景　融情于景寄深情

周晓红

**【学习课型】**

主题写作课

**【学习主题】**

抓住景物特征描写景物以及融情于景。

**【学习内容】**

统编教材八年级上册第三单元：《学习写景》

统编教材七年级上册第一单元：《春》（朱自清）、《济南的冬天》（老舍）

统编教材七年级上册第三单元：《从百草园到三味书屋》（鲁迅）

相关主题文章：《夏感》（梁衡）、《菊有黄花》（丁立梅）

**【设计意图】**

《语文课程标准》中对写作的概述是：能具体明确、文从字顺地表达自己的见闻、体验和想法。能根据需要，运用常见的表达方式写作，发展书面语言运用能力。本堂课的设计，通过对写作手法相似的一类文章的学习，总结写景文章的写作方法和技巧，使学生能写出描写景物的片段或文章，表达自己对大自然的认识、感悟。

本次教学抓两点：一是学习抓住景物特征，掌握描写景物的几种方法；二是会在景物描写中突出自己的感情，做到融情于景。

自然景物描写的对象一般是指描写日月星辰、草木山川、时令变化等。描写景物，必须抓住景物特征。景物特征就是某处景物的形态、布局、格调、氛围等区别于其他景物的地方。要写好景物的特征，就要考虑时间的特点、地点的特点，时代的特点。不仅如此，还要融入自己的感情。本课就是以此为中心进行教学。

**【学习目标】**

1. 让学生学会亲近自然、感受生活、表达情感。
2. 学习抓住景物特征描写景物的几种方法。
3. 学习融情于景的写法。

**【课前活动】**

1. 学生阅读七年级上册第一单元课文《春》（朱自清）、《济南的冬天》（老舍）；七年级上册第三单元课文《从百草园到三味书屋》（鲁迅）；课外文章《夏感》（梁衡）、《菊有黄花》（丁立梅）。

2. 阅读课文，将景物描写的词、句、段勾画出来并思考以下问题。

（1）描写的对象及其特点是什么？

（2）用了什么描写方法？

3. 查阅资料，走进景物描写。

（1）什么是景物描写？

（2）景物描写的作用有哪些？

参考：

自然景物描写一般是指描写日月星辰、草木山川、时令变化等。

景物描写的作用：一是交代故事发生的时间、地点，场景，揭示作品的时代背景。二是渲染环境气氛，烘托人物心情。三是展示人物性格。四是借景抒情，情景交融。作品中描写景物，作者往往是为了抒发自己的感情。五是奠定感情基调，为下文做铺垫。六是推动情节的发展。

（预估学情：写景文章虽然同学们接触较多，但是真正能够分析出其妙处来的还是不多。所以，应该借此机会真正教会同学们阅读和写作此类文章的方法和技巧）

**【课中活动】**

导入：

由背诵本单元的写景名句导入。

"春冬之时，则素湍绿潭，回清倒影。绝巘多生怪柏，悬泉瀑布，飞漱其间，清荣峻茂，良多趣味。"——《三峡》

"晓雾将歇，猿鸟乱鸣；夕日欲颓，沉鳞竞跃。"——《答谢中书书》

"庭下如积水空明，水中藻荇交横，盖竹柏影也。"——《记承天寺夜游》

"水皆缥碧，千丈见底。游鱼细石，直视无碍。急湍甚箭，猛浪若奔。"——《与朱元思书》

"树树皆秋色，山山唯落晖。"——《野望》

"晴川历历汉阳树，芳草萋萋鹦鹉洲。"——《黄鹤楼》

"大漠孤烟直，长河落日圆。"——《使至塞上》

"山随平野尽，江入大荒流。"——《渡荆门送别》

"几处早莺争暖树，谁家新燕啄春泥。"——《钱塘湖春行》

（设计意图：激起学生对景物描写的兴趣）

## 活动一：忆读文段　分析特点方法

片段忆读一

"桃树、杏树、梨树，你不让我，我不让你，都开满了花赶趟儿。红的像火，粉的像霞，白的像雪。花里带着甜味儿；闭了眼，树上仿佛已经满是桃儿、杏儿、梨儿。花下成千成百的蜜蜂嗡嗡地闹着，大小的蝴蝶飞来飞去。野花遍地是：杂样儿，有名字的，没名字的，散在草丛里像眼睛，像星星，还眨呀眨的。"——《春》

参考：

（本段写花争春，写了花的多、艳、甜香）

1. 修辞手法：比喻、排比、拟人。
2. 调动视觉、味觉、听觉等感觉器官。
3. 想象和联想，虚实结合，动静结合，正侧结合。
4. 写作顺序：由上到下，树上—花间—地上。

片段忆读二

"最妙的是下点小雪呀。看吧，山上的矮松越发的青黑，树尖上顶着一髻儿白花，好像日本看护妇。山尖全白了，给蓝天镶上一道银边。山坡上，有的地方雪厚点，有的地方草色还露着，这样，一道儿白，一道儿暗黄，给山们穿上一件带水纹的花衣；看着看着，这件花衣好像被风儿吹动，叫你希望看见一点更美的山的肌肤。等到快日落的时候，微黄的阳光斜射在山腰上，那点薄雪好像忽然害了羞，微微露出点粉色。就是下小雪吧，济南是受不住大雪的，那些小山太秀气！"——《济南的冬天》

参考：

（本段写薄雪覆盖下的小山：娇美）

1. 修辞手法：比喻、拟人。
2. 写作顺序：由山上到山尖，再从到山坡到山腰。
3. 想象和联想，虚实结合，化静为动。
4. 融情于景，情景交融。

片段忆读三

"不必说碧绿的菜畦，光滑的石井栏，高大的皂荚树，紫红的桑葚；也不必说鸣蝉在树叶里长吟，肥胖的黄蜂伏在菜花上，轻捷的叫天子（云雀）忽然从草间直窜向云霄里去了。单是周围的短短的泥墙根一带，就有无限趣味。油蛉在这里低唱，蟋蟀们在这里弹琴。翻开断砖来，有时会遇见蜈蚣；还有斑蝥，倘若用手指按住它的脊梁，便会啪的一声，从后窍喷出一阵烟雾。何首乌藤和木莲藤缠络着，木莲有莲房一般的果实，何首乌有臃肿的根。有人说，何首乌根是有像人形的，吃了便可以成仙，我于是常常拔它起来，牵连不断地拔起来，也曾因此弄坏了泥墙，却从来没有见过一块根像人样。如果不怕刺，还可以摘到覆盆子，像小珊瑚珠攒成的小球，又酸又甜，色味都比桑葚要好得远。"——《从百草园到三味书屋》

参考：

（本段写百草园春夏秋的迷人景色，强调百草园是我的乐园）

1. 运用准确的形容词描写景物的特点："碧绿""光滑""紫红""肥胖""伏""轻捷""窜""臃肿""牵连不断"等。
2. 调动视觉、味觉、听觉等感觉器官。
3. 修辞手法：比喻、排比、拟人。
4. 本段文字依照由低处到高处，由植物到动物，由静景到动景，由整体到局部，再由动物到植物的顺序。

## 活动二：品读类文　感受写景方法及作用

过渡语：

抓住景物特点描写景物的方法及其作用的掌握，对我们读懂写景类文章至关重要，我们要运用它指导我们的阅读。

快速阅读《夏感》（梁衡）、《菊有黄花》（丁立梅），思考这两篇文章的写景段落或者句子的特点及作用。

文段一

"好像炉子上的一锅水在逐渐泛泡、冒气而终于沸腾一样，山坡上的芊芊细草长成了一片密密的厚发，林带上的淡淡绿烟也凝成了一堵黛色长墙。轻飞曼舞的蜂蝶不见了，却换来烦人的蝉儿，潜在树叶间一声声地长鸣。火红的太阳烘烤着一片金黄的大地，麦浪翻滚着，扑打着远处的山，天上的云，扑打着公路上的汽车，像海浪涌着一艘艘的舰船。金色主宰了世界上的一切，热风浮动着，飘过田野，吹送着已熟透了的麦香。"——《夏感》梁衡

参考：本段描写十分精彩，"一锅水"慢慢冒泡升腾之景，细草茂密如厚发，青烟凝如黛色长墙，新奇的比喻使文字极富渲染力。蝉儿长鸣、太阳烘烤大地、麦浪、远山、云、车，一连串的意象透露出的色泽与气势，正是在告诉人们，夏天来了。这一段描写细致地烘托了一个夏天前奏的氛围，已经是一幅迷人的景致了。

文段二

"你看，麦子刚刚割过，田间那挑着七八片绿叶的棉苗，那朝天举着喇叭筒的高粱、玉米，那在地上匍匐前进的瓜秧，无不迸发出旺盛的活力。这时她们已不是在春风微雨中细滋慢长，而是在暑气的蒸腾下，蓬蓬勃发，向秋的终点做着最后的冲刺。"——《夏感》梁衡

参考：这句话用了拟人的修辞手法。读了这段话后，我感觉一片生机盎然的农田景象一下子跃入了我的眼帘。一个"挑"字，让我感到了棉苗均匀有力的喘息；一个"举"字，又让我感到了高粱玉米摇头晃脑的欢悦；一个"匍匐"，我同样感到了瓜秧的腰肢抖动，蜿蜒蛇行。它们仿佛都在紧紧抓住这美好的年华大显身手，不舍昼夜，奋勇"冲刺"。总之，这段出神入化的描绘让我从这些夏的宠儿身上，感到了人的丰采，人的气度，人的灵秀。

文段三

"小朵的，清秀，不施粉黛，却色彩缤纷，红的黄的，白的紫的，万众一心，齐心合力地盛开着，仿佛是一群闹嚷嚷的小丫头，挤着挨着在看稀奇，小脸张开，兴奋着，欣喜着。"——《菊有黄花》（丁立梅）

参考：《菊有黄花》运用拟人的修辞手法写野菊花开放的姿态，表现了作者对菊花的喜爱和赞美之情。

（小组讨论回答，教师稍作点拨）

## 活动三：总结归纳　提炼写景方法（4分钟）

根据以往的学习经验和老师的讲解，总结描写景物的几种方法：

① 观察和描写景物，要注意选择好的观察点，按一定的顺序进行描写。
② 从形、声、色等方面多角度对景物进行描写，易于抓住景物的特征。
③ 运用想象和联想，动静结合，虚实相间。
④ 描写景物要观察细致，还要用词准确。
⑤ 巧妙运用修辞手法。
⑥ 景物要与心情或环境相适应。融情于景，借景抒情。
（这一环节，以学生总结为主，教师做适当点拨）

## 活动四：学以致用　试写片段

**写作练习：**

1. 以学校的景物为写作对象，写一个片段，要求运用所学的写景方法。
2. 试选用下列一两种事物表现指定的心情或感受。

景物——太阳（阳光）、星星（星光）、月亮（月色）、云、树（树叶）、小草、花、路、小鸟、蝉、蝴蝶、蜜蜂、虫子、猫……

心情或感受——烦躁、苦恼；悲伤、无助；温暖、感动；快乐、欣喜。

3. 以"校园美景"为描写对象，写一篇文章，题目自拟。

## 活动五：交流评价

**【评价写作效果】**

表1　重庆市字水中学语文项目学习·抓特征写美景写作课评价量表

| 维度 | 状况 | | | 总评（按星评级） | 主要问题 | 再写建议 |
|---|---|---|---|---|---|---|
| | 很准确★★★ | 较准确★★ | 不够准确★ | | | |
| 景物的特点 | | | | | | |
| 描写方法的运用 | | | | | | |
| 内容具体充实 | | | | | | |

（说明　优秀：8~9★；良好：6~7★；不太好：少于6★）

结束语：

大自然的魅力无处不在。亲近大自然，感受生活，用我们的慧眼发现大自然、生活的美，用我们的生花妙笔表达我们所热爱的生活吧！

**【课后活动】**

1. 请将所写片段扩展成一篇文章。
2. 反复修改制作成《字水心语报》或者向"字水书院"微信公众平台投稿。

附：板书设计

写景方法：

① 恰当的顺序。
② 多角度对景物进行描写。
③ 运用想象和联想，动静结合，虚实相间。
④ 描写景物要用词准确。
⑤ 巧妙运用修辞手法。
⑥ 融情于景，借景抒情。

【学习反思】

类文学习获方法　方法习得促写作

景物描写主要是为了显示人物活动的环境，使读者身临其境。恰当的景物描写可以让读者更好地融入文章，与作者产生共鸣。我们学习景物描写就是为了读懂文章，读懂作者通过景物传达的情感体验；同时，自己也能够通过景物描写融入感情，借景抒情。

本课是在连续学习了多篇写景类经典文章之后，为了运用前面所学的知识帮助阅读本类写景文章的内容及写法而设计的。设计意图在于让学生掌握写景方法，能够用这方面的知识指导阅读，分析同类文章，还能够写景。为了更好地实现本意图，我采用了活动课的形式，分别设计了五个活动。活动一：回忆所学，熟悉方法。活动二：由课外文段巩固所学。活动三：归纳总结方法。活动四：用片段写作实践所学。活动五：交流评价。而且在上本节课之前，还让学生将以前所学文章与文言文进行比较学习。所以，我觉得本堂课基本实现了教学目标。只是由于时间较紧，写作交流在课堂上不够充分。但是，这种同类比较、阅读分析、总结方法的教学形式，我觉得还是比较可取的。

## 八年级下册第一单元·写作

# 仿写坊

左永秀

**【学习课型】**

主题写作课

**【学习主题】**

学习仿写

**【学习内容】**

统编教材八年级下册第一单元写作"学习仿写"写作实践

统编教材七年级上册:《春》《济南的冬天》《秋天的怀念》《散步》《荷叶 母亲》《从百草园到三味书屋》《走一步,再走一步》

统编教材七年级下册:《邓稼先》《阿长与山海经》《叶圣陶先生二三事》《紫藤萝瀑布》

统编教材八年级上册:《列夫·托尔斯泰》

统编教材八年级下册:《安塞腰鼓》

**【设计意图】**

《语文课程标准》中提出:写作是运用语言文字进行表达和交流的重要方式,是认识世界、认识自我、创造性表述的过程。写作能力是语文素养的综合体现。八年级下册一单元的目标是让学生能研读优秀作品,从中提取值得模仿、借鉴的内容,确定仿写点;能把握作品的精髓进行仿写,不仅形似,更求神似,在模仿中有所创造;养成读写结合的好习惯,通过模仿、借鉴优秀作品,提高自己的写作水平。结合上述两种要求,我确定了本课的学习目标:指导学生从仿写到创造,逐渐提高写作水平。尽管仿写不是原创,但没有模仿,就很难有创造。仿写是提高作文水平的有效方法。我们的教材有许多文笔优美、布局谋篇、写作手法很有特色的文章,我就充分利用教材,精选范例,设计了比较详实的仿写练习体系,打好仿写训练的基础,搭好创意表达的桥梁。仿写,一方面能使学生对课文有更深刻的理解和体会,另一方面能使学生将学过的知识具体地运用到写作中去。

**【学习目标】**

1. 了解仿写,学会仿写,提高写作能力。
2. 研读优美的范文,探究和掌握仿写的技巧。
3. 从仿写优美的范文中提高语言的运用能力。

**【课前活动】**

1. 学生阅读、分析范文,把握范文写作特色。将学生分成6个小组,小组讨论它们是怎样写的、为什么要这样写,这种写法在哪里可以用、怎么用。

2. 选择其中一篇范文的片段进行仿写，仿写点可以是修辞、选材、写作技巧、语言、句式等。

范文示例：《安塞腰鼓》《春》《济南的冬天》《秋天的怀念》《散步》《荷叶 母亲》《从百草园到三味书屋》《走一步，再走一步》《邓稼先》《阿长与山海经》《叶圣陶先生二三事》《紫藤萝瀑布》《列夫·托尔斯泰》。

【课中活动】

## 活动一：了解仿写

### 第一环节：了解仿写知识

导入语：冰心说"我常常抄袭，就是说，模仿别人的好句子"。那么，我们该怎样借鉴、模仿别人的佳作呢？

**资料助推 1：**

仿写是根据一篇文章的立意、选材、结构、语言、表现手法等，有目的地进行模仿的一种写作方法。仿写不是简单的依样画葫芦，而是在模仿的基础上掌握文章的各种写作方法，并逐渐有所创新，最后写出有自己独特见解的好文章。

**资料助推 2：**

仿写的作用

1. 仿写可降低写作的难度，逐步提高学生的写作水平。学生可以通过不同的范文，学习作者如何审题、构思、立意、开头、结尾、选材、谋篇布局等。观其形，仿其形，进而仿其神，这样写作文会比较容易。

2. 仿写是创新的基础。茅盾说："模仿是创造的第一步，又是学习的最初形式。"对初学者来说，先从简单的模仿借鉴别人文章的篇章结构、写作技巧入手，再揣摩作者是怎么写的、为什么这样写。然后再想想自己怎样去仿写，可以在哪些地方进行变通和创新。因此，我们可以采用这样的练笔步骤：仿写——改写——创写。

**资料助推 3：**

仿写的分类

1. 取意法：就是模仿原文内容来写文章。
（1）原文写什么，仿写的文章就写什么。
（2）选取原文的写作材料，改变写作角度。
2. 摹形法：就是模仿原文的结构、表现手法、语句等，来写自己的内容的仿写法。摹形法可分为两种：
（1）全摹法：就是从整体上模仿原文的形式。
（2）点摹法：只模仿原文的一两点的写法。(如句式、段落、开头、结尾、过渡)

**第二环节：明确仿写要求**

1. 仿写主要是仿写例文的写作结构、顺序或方法，决不能照抄内容，也不能改头换面，文章的题材要自己重新选择。

2. 仿写前要认真研读例文、理解内容，总结出例文的写作结构和方法，然后再仿照例文考虑自己文章的选材、布局和表达方式。

3. 仿写的题材必须是自己熟悉的，千万不能生搬硬套。要在叙述顺序或表现手法上符合例文的样子，其他的方面可以大胆创新，不受约束。

**第三环节：了解注意事项**

1. 要确定好仿写点。仿写点是指范文中将被模仿的点，这个点可能表现在一个地方，也可能表现在几个地方。这个点是范文与仿写文的联结点、相似点，确定仿写点是仿写的关键所在。仿写点的确定既要根据范文的特点，从范文最明显最突出的写法特点上去找，又要依据学生的实际情况，寻找适合的仿写点。

2. 仿写要自然妥帖。要反复研读范文，弄懂弄通范文在写法上的独到之处，才能仿到实质，才能以别人的形式表现自己的内容。

3. 仿写应循序渐进。开始先练习点仿，逐步进行全仿；开始先练习句段的仿写，逐步进行结构、写法和表情达意的模仿；开始可以有所拘泥，逐步达到创造性的仿写。做到了由易到难，由浅到深，由模仿到创造，才能真正达到仿写的目的。

## 活动二：牵手仿写

**第一环节：选好范文，明确仿写点**

1. 从学过的教材中挑选出在写作方法上比较有特色的课文。

范文来自统编教材中的课文或优秀的课外读物。这些文章具有规范性、典范性和可接受性，适宜学生模仿。范文的选择受每次仿写训练的教学目的支配，具有明确的方向性。如训练选材的时候，可仿写《闻一多先生的说和做》一文。作为学者和革命家的闻一多的性格、品质截然不同，我们可以让学生梳理作者选取了哪些事例来塑造其高大的形象。训练语言的时候，我们可以从《安塞腰鼓》一文中找出多处使用比喻、排比等修辞手法的句子，体会其恢宏气势和生命力量。

2. 学生浏览老师挑选的课文内容。

《安塞腰鼓》《春》《济南的冬天》《秋天的怀念》《散步》《荷叶·母亲》《从百草园到三味书屋》《走一步，再走一步》《邓稼先》《阿长与山海经》《叶圣陶先生二三事》《紫藤萝瀑布》《列夫·托尔斯泰》。

3. 分组讨论每篇课文可以从哪些角度进行仿写。

表1　仿写角度表

| 篇目 | 仿写角度 ||||| 
|---|---|---|---|---|---|
| | 深刻的内容 | 生动的修辞 | 特别的结构 | 完美的句子 | 优美的语言 |
| | | | | | |
| | | | | | |
| | | | | | |
| | | | | | |
| | | | | | |
| | | | | | |
| | | | | | |
| | | | | | |
| | | | | | |
| | | | | | |
| | | | | | |
| | | | | | |

**第二环节：学习技法，训练仿写力**

1. 方法引领。

首先，可以模仿范文的篇章结构。比如《叶圣陶先生二三事》一文中，作者回忆了关于叶圣陶先生的一些事。在写这些事情之前，先总说叶圣陶先生品德高尚，然后分别从叶圣陶先生为人"宽"和"严"两个方面展开叙述。文章虽然写了不少事情，但都是围绕"宽"和"严"两个方面选材的，文章结构比较清晰。写人物时，可以模仿这样的篇章结构，围绕人物的特点，从多个方面组织材料进行刻画。再如《春》，从春草、春花、春风、春雨等方面描春绘春，结构可谓清晰至极。写景时可以模仿这篇文章。

其次，还要注意模仿范文的写作手法。比如《安塞腰鼓》中的"骤雨一样，是急促的鼓点；旋风一样，是飞扬的流苏；乱蛙一样，是蹦跳的脚步；火花一样，是闪射的瞳仁；斗虎一样，是强健的风姿"，就运用了比喻的手法，将喻体放在本体前面，突出喻体，渲染了安塞腰鼓的"野性"。我们在写作中也常会用到比喻手法，不妨试着模仿这种句式，看看表达效果是否更好。又如《列夫·托尔斯泰》一文，前半部分写托尔斯泰平庸甚至丑陋的外貌，后文再赞叹他，丑化他是为了反衬他灵魂的高贵，反衬他眼睛的精美绝伦。这种先抑后扬的写法，让人对托尔斯泰的印象更为深刻。再如《散步》一文，选取生活中的一件平常小事，表现了尊老爱幼、关爱生命等主旨。这种以小见大的写法我们也可以模仿。八年级上册第一单元还有多种表达方式的综合运用，我们也可以找出来借鉴模仿。

2. 仿写句段。

为了帮助学生克服心理障碍，降低仿写难度，我设置了"自选超市"，学生从中选择两样"商品"自由组合。前提条件是：在1、2号"商品"中任选1种，3、4号"商品"中任选1种。

1号"商品"：模仿修辞手法。

模仿《安塞腰鼓》句段，学习运用比喻、拟人、排比、反复、对比等修辞手法，描写一处景物、一个场景。

2号"商品"：模仿词语、句式的使用。

① 模仿《从百草园到三味书屋》，用一系列动词写一段话。

② 模仿《邓稼先》用长短句写一段话。

3号"商品"：模仿写作手法。

① 模仿《荷叶·母亲》写托物言志（或托物寓意）类文章。

② 模仿第三单元以《校园秋色》为题写一篇文章，要求：情景交融、修辞手法、多种感官、直接描写和间接描写相结合、有一定的写景顺序。

③ 模仿《列夫·托尔斯泰》，用欲扬先抑法写熟悉的人物，人物形象也更加鲜明突出、真实可感。

4号"商品"：模仿主题。

① 模仿《散步》写同题作文《散步》，并运用以小见大的手法。

② 模仿《荷叶·母亲》写亲情类文章。

要求：以生活中的真实故事为素材；运用借景抒情手法。

## 活动三：分享交流

学生习作1：

"这是一种华丽的美！这是一种灵动的美！这是一种无声的美！她们纤细的手臂忽而手心朝上，表现出普渡众生的怜悯；忽而全数张开，表现出雍容华贵的高傲；忽而旋转翻飞，表现出灵活熟练的敏捷；忽而缓缓探出，表现出轻柔委婉的妩媚。在这场舞蹈的狂欢中，演员们忘怀了观众，也忘怀了自己。他们使出浑身解数，演绎着艺术的美丽。"——节选自《观〈千手观音〉有感》

学生习作2：

"风吹起来了，天凉起来了，树叶儿黄起来了。"

"秋阳懒懒地伸了个腰、揉了揉眼，温暖的光芒洒在校园里，洒在满脸喜悦的学生身上。法国梧桐的树叶此时被金色的阳光映得发亮。一阵微风吹过，沙沙沙，沙沙沙，树叶哼着歌、跳起优美的芭蕾舞，翩翩然落在地上。瞧去，大树下、操场边、水池旁，一大片一大片满是的。叶尖微微向上卷起，像迎着风的船儿，还摇呀摇的。"——节选自《校园秋色》

## 活动四：评价效果

表2　重庆市字水中学语文项目学习·学习仿写评价量表

| 维度 | 状况 | | | 总评（据星评级） | 主要问题 | 修改建议 |
|---|---|---|---|---|---|---|
| | 好★★★ | 一般★★ | 稍差★ | | | |
| 形似 | | | | | | |
| 神肖 | | | | | | |
| 语言优美 | | | | | | |
| 创新 | | | | | | |

（说明　总评优秀：10~12★；良好：7~9★；不太好：少于7★）

结语：

学习仿写，要根据内容和表达的需要，选择具体的仿写点。对于范文中精彩的地方要细心揣摩，明确范文写了什么，为什么这样写，想想怎样仿写并做哪些变通和创新，做到形似而神肖。

## 活动五：成果展示

挑选优秀仿写作品，在"字水书院"大厅里展示，选入自编书，在"字水书院"微信公众号上推送。

【课后活动】

寻找并学习分享优秀作家仿写的范文，提高仿写能力。

附板书设计

仿写——形似、神肖、语言优美、创新

$\begin{cases} 确定仿写点 \\ 仿写要自然妥帖 \\ 仿写应循序渐进 \end{cases}$

【学习反思】

### 妙用仿写改作文

仿写是模仿范文写作文，是写作入门的途径之一，是提高写作水平的有效方法之一，是创作的基础。我充分发挥教材的引领作用，妙设形式多样的仿写小练笔，增强学生的写作兴趣，改变学生"谈仿色变"的现状，开辟一条提高写作水平的新途径。

叶圣陶先生说，"教材，无非是个例子"。所以，我结合学过的统编教材的部分优秀作品，开发仿写资源。首先让学生把握文章内容，揣摩各篇文章可以借鉴和模仿的点，并根据自己文章主题、内容确定可以模仿的范文，在熟练运用范文写作手法的基础上有所创新。经过训练，学生由机械模仿，到逐步加入自己的创新，到最后基本摆脱模仿的痕迹进行自己的创作。这个模仿范文写作进而创作佳作的过程是异常艰难的，但训练是有成效的。

  教学中的不足之处：一是由于课时限制，有些环节处理得有些匆忙；二是学生练习时间紧张，展示、交流、点评的时间不够；三是学生美词佳句积累不够，所以拓展仿写的时候，语言优美细腻度有待提升。在以后的教学中，我将继续落实仿写环节，指导学生从仿写到创造，逐渐提高写作水平。

七年级上册第一单元、九年级上册第二单元·写作

# 向名家借诗情

赵祖勇

**【学习课型】**

主题写作课

**【学习主题】**

借鉴优美诗文的才情

**【学习内容】**

统编教材七年级上册第一单元:《金色花》《荷叶·母亲》

统编教材九年级上册第二单元:《就英法联军远征中国给巴特勒上尉的一封信》

**【设计意图】**

《语文课程标准》要求"全面提高学生的语文素养,激发和培育学生热爱祖国语文的思想感情","还应通过优秀文化的熏陶感染,提高学生的思想道德修养和审美情趣","初步掌握学习语文的基本方法","在大量的语文实践中体会,掌握运用语文的规律"。本课学习的几篇文章的共同特点就是语言非常优美,情感非常炽烈,都是达成《语文课程标准》要求的典范文章。但是初中学生学起这样的文章来往往有一定的难度。教师在实际教学中要让学生既能体悟到文中的情感,受到优秀文化的熏陶感染,同时又能让学生初步掌握学习语文的基本方法,掌握运用语言文字的规律,兼顾阅读和写作。如何在有限的时间里,既能更多地让学生领会课文内容,又让学生能从文中最大限度地汲取到一些写作的营养,实在是让不少教师头疼。笔者在长期的教学过程中摸索出这样一种学习方法:让学生在阅读中抓优美的关键词句,既领会文章的情感,受到优秀文化的熏陶感染,提高审美情趣;又从写作的角度感受模仿借鉴,在语文实践中体会、掌握运用语文的规律,充分激发学生的审美情趣,从而最大限度地提升学生写作水平,让学生体会到写作的快乐。

**【学习目标】**

1. 通过反复阅读、圈点勾画,初步感知文章,初步领会作者的思想情感。
2. 摘取文中词语重新组合,并用诗歌的形式来表达自己对作者思想情感的理解。
3. 在改写诗歌的过程中,进一步加深对文章主旨和写法的理解与领悟。

**【课前活动】**

1. 学生查找雨果、泰戈尔和冰心以及圆明园等相关资料,小组交流。
2. 课前阅读原文,圈点勾画,标注重点、美点及自我喜爱点。

**【课中活动】**

# 活动一：知内容·悟情感·鉴赏名篇

**第一环节：《就英法联军远征中国给巴特勒上尉的一封信》**

过渡语：本文是书信，书信是一种文体。作者为了充分说清楚这件事情有多么的严重，多么不该发生，信件中分别用说明的方法来完成圆明园的介绍；用议论的方法证明强盗的行径；用记叙的方法描述事件的经过。

1. 预习反馈，交流"重点、美点、自我喜爱点"，请以下列句式回答问题。
（说内容）：
我读出圆明园美在_____，你看，_____。
参考：我读出圆明园美在 富丽堂皇，你看，它是用大理石、玉石、青铜筑城的 。

2. 跳读全文，理清思路，明确观点，揣摩写法。
（1）小组合作，讨论思路。
作者是怎样一步一步把自己的观点呈现出来的？
参考：作者采用层层推进的方法阐述观点。描绘圆明园梦幻般的美——揭露英法联军劫掠圆明园的暴行——表达观点（赞美圆明园，谴责侵略者）。

2. 重点研读，揣摩写法。（说写法）
请以"我喜欢_____句（段），因为_____"的句式作答。
示例1：我喜欢"丰功伟绩""收获巨大"……句（段），因为用反语突出强盗的丑态，讽刺侵略者的卑劣行径。有辛辣的讽刺意味。
示例2：我喜欢"他们手挽手，笑嘻嘻回到了欧洲"一句，因为它以漫画的形式形象再现强盗相互勾结的丑恶嘴脸、肆意掠夺的卑鄙行径，讽刺力强。
示例3：我喜欢"这是文明对野蛮所干的事情"一句，因为它运用反语，突出这个强盗政府颠倒黑白，不以为耻，反以为荣的丑恶嘴脸，有辛辣的讽刺意味。

3. 深入思考，质疑讨论。
雨果作为一个法国人，却说英法联军远征中国是强盗行径。难道他不爱国吗？你如何理解雨果的行为？
参考：不是雨果不爱国，而是雨果超越了狭隘的民族主义情感，站在对东方艺术、亚洲文明的极大尊重，对中华民族尊重和赞美的立场上来看待的，表现了雨果的博大胸怀和对全人类文化成果的高度热爱之情。

**第二环节：《金色花》**

1. 自主思考。
《金色花》这首诗向我们展现了一幅怎样的画面？
2. 合作探究。
这是一个怎样的孩子和一个怎样的妈妈？你读出了什么情感？以"我看到了一个____的

孩子，读出了_____。我看到了一个_____的妈妈，读出了_____"的句式作答。

3. 拓展延伸。

如果有一天你忽然有了小男孩的神力，你想变成什么来表达你对母亲的爱呢？仿照例句，拿起笔述说对妈妈的爱意。

例1："我愿变成一条清清溪流，当妈妈工作累的时候，我可以为妈妈唱出一首"叮叮咚咚"的曲子，让妈妈心情放松。"

例2："我要变成一股清风抚摸着你；我要变成水中的涟漪，当你沐浴时，把你吻了又吻。"
——《告别》（泰戈尔）

**第三环节：《荷叶·母亲》**

1. 美读情诗。

（1）诗意取名。

找出两三幅画面，并为每一幅画面取一个诗意的名字。

参考：怀乡忆莲图、雨打莲花图、白莲凋谢图、红莲飘摇图、荷叶护莲图等。

（可制作Flash，配以画面）

（2）画面悟情。

每一幅画面中作者心情又如何？最让作者感动的是哪一幅画面？

参考：烦闷——不适宜——不宁的心绪散了——深深地受了感动

莲叶护莲图。这一朵红莲正在荷叶的庇护之下，安全地成长着……这画面不仅让作者感动，也深深地触动了我们的心弦。试想一下：如果红莲没有了荷叶的保护，结果会怎样呢？

（3）细读文眼。

**资料助推：**

文章中最能显示作者写作意图的词语或句子叫文眼。文眼揭示全文的主旨，或在篇首，或在篇中，或在篇末。常是议论抒情性的文字。

文眼："母亲啊！你是荷叶，我是红莲。心中的雨点来了，除了你，谁是我在无遮拦天空下的荫蔽。"

在这里，"红莲"是"我"，"荷叶"是母亲。"心中的雨点"暗指人生路上的坎坷磨难，只有母亲是保护我们度过人生路上坎坷与磨难的人。母亲就是我们生命中永远为我们遮风挡雨的人。作者借物抒情，直抒胸臆。

（老师：请所有喜欢这一段的同学满怀对母亲的感激之情大声朗诵）

2. 小试牛刀。

（1）我是小诗人。

老师：人生的风雨从来就没有间断过，在我们最累最痛的时候，母亲永远以一种最温暖的姿态迎接我们，为我们指点迷津，护我们一路前行。冰心是一个细致敏感的人，因为心中有爱，所有自然界的景物都能触发她心里最真挚的情感，看到荷叶护着红莲，她就想到了母亲对自己的庇护。冰心幼时身体羸弱多病，幸有母亲细心照顾，才得以存活。本诗借助一种具体的形象抒发对母亲的爱，请以下面的句式为例，用比喻的修辞仿写几句话或者一首小诗，以表达我们自己对母亲的爱和赞美之情。（学生试写，老师指导）

母亲，如果我是＿＿＿＿＿，你就是＿＿＿＿＿，＿＿＿＿＿＿＿＿＿。

母亲，如果我是＿＿＿＿＿，你就是＿＿＿＿＿，＿＿＿＿＿＿＿＿＿。

学生作品选摘：

"母亲是伞，我是伞下的孩子。"

"母亲是春雨，我是幼苗。"

"母亲是挺拔的树，我是树上的果儿。"

"母亲是灯塔，我是夜航的船儿。"

（2）我是朗读者。

老师：看到同学们写出这么富有诗意的句子，老师忍不住又想朗诵。你们想不想也配乐朗诵？我们也来当一回"朗读者"。

请带着美好情怀，用舒缓的语调，饱含深情的朗读自己的作品。（配舒缓音乐）

小结：同学们，母亲给予我们的只是一片荫蔽吗？（背景音乐响起）当我们饿了冷了的时候，母亲来了；当我们病了痛了的时候，母亲来了；当我们的生命遭受威胁的时候，还是母亲来了；当需要牺牲自己的生命去留住孩子生命的时候，母亲，更是毫不犹豫地来了！

你感受到了母爱吗？你有没有说过：妈妈，我爱你！看来我们平时把对母亲的爱深藏在心里。不过我觉得，我们要学会沟通与交流，并有所行动。借此机会，倘若将这束鲜花送给母亲，你想对她说些什么？将你想对妈妈说的话制作成一张卡片，放在妈妈床头。（老师将彩色卡纸发给学生）（PPT）

**学生作品选摘**：

"母爱就像一首田园诗，幽远纯净，和雅清淡。"

"母爱就是一幅山水画，洗去铅华雕饰，留下清新自然。"

"母爱就像一首深情的歌，婉转悠扬，轻吟浅唱。"

"母爱就是一阵和煦的风，吹去朔雪纷飞，带来春光无限。"

"这个世界上，我们什么都可以忘记，但不能忘记母亲给予我们的一切。"

（背景音乐阎维文《母亲》，最后幻灯片打出：祝天下所有的母亲身体健康，永远快乐！）

## 活动二：向名家借诗情·改文为诗

### 第一环节："豪华落尽见真淳"

（学生可根据自己喜好任选一篇课文。在此仅举《就英法联军远征中国给巴特勒上尉的一封信》一例）

1. 整理出文中最能表达赞美圆明园的词语。

参考："世界奇迹"，"理想产生欧洲艺术"，"幻想产生东方艺术"，"稀有的、独一无二的作品"，"典范"，"一座言语无法形容的建筑，某种恍若月宫的建筑……同是诗人的建筑师建造一千零一夜的一千零一个梦……不可名状的晨曦中依稀可见。宛如在欧洲文明的地平线上瞥见的亚洲文明的剪影。把欧洲所有大教堂的财宝加在一起,也许还抵不上东方这座了不起的富丽堂皇的博物馆。"

2. 整理出文中描写英法联军抢劫、焚毁圆明园的罪行及表达作者情感的词语。

参考:"强盗""闯进"圆明园。洗劫财物,放火,大规模的劫掠,赃物由两个胜利者均分。一个塞满了腰包,另一个装满了箱箧。他们手挽手,笑嘻嘻地回到欧洲。……"政府有时会是强盗,而人民永远也不会,不可能是强盗。"……"现在,我证实,发生了一次偷窃,有两名窃贼。"

## 第二环节:"一语天然万古新"

以诗的形式,改写雨果的这篇文章,保留文章的情感基调,可借鉴文章的词语。
学生作品选摘:

### 奇迹圆明园
#### 黄楠(字水西区九年级)

在古老的东方　有一个奇迹
她来源于幻想
她是一座无法用语言形容的建筑
用大理石　玉石　青铜　瓷器建造的一个梦

拥有着金碧辉煌的外表
奇特神秘的内涵　令人眼花缭乱
她可以跟巴特农神庙　金字塔　斗兽场　圣母院相媲美
是建筑师建造的一千零一夜的一千零一个梦
这是某种令人惊骇而不知名的杰作
她是幻想的某种巨大规模的典范
她就是万园之首圆明园

可惜　这个奇迹消失了

有两个强盗打着维多利亚女王和拿破仑皇帝双重旗号
将她洗劫一空
这两个强盗
一个洗劫　一个放火
他们将腰包塞满
手挽手笑嘻嘻地回到了欧洲
他们一个叫法兰西　一个叫英吉利
他们将圆明园所有能搬走的东西全部搬走
不能搬走的全部砸毁
妄图用三天三夜的大火掩盖滔天的罪行

可历史的烟云永远不会消散

## 圆明园

刘金艳（字水西区九年级）

世上有一个奇迹
圆明园
一座言语无法形容的建筑
某种恍若月宫的建筑
她　就是圆明园
她是用大理石　用玉石　用青铜　用瓷器
建造一个梦
饰以琉璃　饰以珐琅　饰以黄金　饰以脂粉
曾经耗费了两代人的长期劳动
大得如一座城市的建筑物
是世世代代的结晶
这是某种令人惊骇而不知名的杰作
在不可名状的晨曦中
依稀可见

这个奇迹已经消失了
有一天
两个强盗闯进了圆明园
一个强盗洗劫
一个强盗放火
他们对圆明园进行了大规模的劫掠
那些艺术珍品　金银制品
一个塞满了腰包
另一个装满了箱箧
他们手挽手
笑嘻嘻地回到了欧洲
这就是两个强盗的故事
将受到历史制裁　那两个强盗
一个叫法西兰
另一个叫英吉利

治人者的罪行不是治于人者的过错
政府有时会是强盗
而人民
永远也不会　是强盗

表 1　重庆市字水中学语文项目学习·改文为诗评价量表

| 维度 | 状况 很准确 ★★★ | 状况 较准确 ★★ | 状况 不够准确 ★ | 总评（据星评级） | 主要问题 | 再写建议 |
|---|---|---|---|---|---|---|
| 诗歌的中心与原文保持一致 | | | | | | |
| 诗歌选用原文关键词且运用得当 | | | | | | |
| 情感、情绪与原文一致 | | | | | | |
| 语言符合诗歌特点 | | | | | | |

（说明　总评优秀：10~12★；良好：8~9★；不太好：少于8★）

【课后活动】

1. 总结借鉴优秀文本所采用的写作方法。
2. 同学自评；小组互评；全班互评。

【学习反思】

以前在教这类课文的时候，由于教学大纲规定的教学时间非常有限（一般都只有一两个课时），作为一线教师，笔者基本上就是让学生读一读课文，简单感受一下，然后整个教学过程就是围绕课后练习展开的。但是因上完课下来，心里总觉得堵得慌，于是便在多年的教学过程中慢慢摸索、总结出这样一套针对这类文章的教学方法。运用笔者的教学模式，在两个课时里就能既突出教学重点，突破教学难点；还能达到难文浅教、繁文简教的目的。而且还避免了学生学起来头疼，老师教起来繁杂辛苦还没有效果的"心口堵得慌"的痛苦。

读写互促：以读促写、以写促读，读中感、写中悟。教学效果非常明显。孩子们在课堂教学过程中表现出强烈的愿学乐学情绪。读写结合，极大地激发了学生学习这类课文的兴趣与热情。运用这种教学方法之前，绝大多数孩子们认为诗歌创作只有作家们才能干。自己能写出一首情文并茂的诗，那简直是天方夜谭。通过这类课文的教学，彻底改变了孩子们的这种想法。他们学会了借助大作家的作品为支架和跳板，酣畅淋漓地进行着诗歌创作，而且乐在其中。这种教学模式让孩子们充分享受了一把诗歌创作给他们带来的乐趣与幸福。诗歌创作带来的成就感让每个人心里都美滋滋的。

从课文教学的效果角度来看，孩子们也真正理解了文本，体悟了文本中流淌着的情感，感受到了作者包含情感的语言文字的优美，也获得了优秀文化的深深的熏陶与感染。在这个过程中慢慢学会了掌握运用优美语言文字表情达意的规律，在模仿、借鉴大家的典范作品中汲取到了更加深厚而丰富的营养。

当然，一次性教学好几篇这类课文会更难。笔者的做法是，课前可以先展示上一届学生通过学本课后创作的诗歌作品，激发学生强烈的学习渴望与热情。让学生在跃跃欲试中进一步明确本节课的学习目的。教学过程中引导学生勾画关键词，并根据关键词总结归纳出课文中心思想，接下来学生就围绕课文中心进行自己的诗歌创作，这就解决了学生作文前立意难、明确化清晰化自己作文的中心难的问题。鼓励甚至要求学生在创作过程中必须不断借鉴、借助课文中优美的词、句甚至句式，这就在极大程度上解决了初中（尤其是低年级）学生因词汇等作文素材匮乏而带来的作文难题。绝大多数学生一节课就能完成一首非常像样的诗歌，而且中心明确、格调高雅、文采斐然。这都是向名家借诗情使然！

这样的教学模式，教学结构都非常清晰，教学节奏舒缓，教学过程可操作性强。关键是老师教学起来也非常轻松。当然，这样的教学方法需要多次尝试，慢慢地学生就能快速地找到中心句、敏捷地抓出关键词。同时，教师也可视情况向学生补充一些诸如意象、平仄押韵以及韵律节奏等知识作为学生进行诗歌创作的基础"支架"，帮助学生更好更快更轻松愉悦地进行诗歌创作，享受诗歌创作带来的乐趣。

## 九年级上册第四、六单元 写作

# 纵横对比，衬托形象
## ——学习对比手法

谢 娇

**【学习课型】**
主题写作课

**【学习主题】**
对比手法在写作中的运用

**【学习内容】**
统编教材九年级上册第四单元：《故乡》《我的叔叔于勒》
统编教材九年级上册六单元：《范进中举》

**【设计意图】**
《语文课程标准》中指出："多角度观察生活，发现生活的丰富多彩，能抓住事物的特征，有自己的感受和认识，表达力求有创意。"叶圣陶先生曾经说过："作文这种事情离不开生活，生活充实到什么程度，才会写成什么文字。所以论到根本，除了不间断地向着求充实的路走去，更没有可靠的预备方法。"从这里我们可以看出，写作的源泉是生活，文章写作是在体验和感受生活的基础上对生活进行创造和审美。然而学生的生活经验有限，思维能力不强，主观积极性不高，写作往往提笔无言，没什么可写的，或者无病呻吟，强赋愁绪。因而要达到新课标中对写作真情实感的要求，学会多角度的观察，范文引导就是其中的一种方法。

本文的教学创意在于广泛、反复研读经典范文，通过间接生活的积累，开阔学生视野、拓展思维、学习写作技巧。统编教材中选择了许多语言优美、感情丰富、内容多样的经典美文，通过比较阅读，学生可自由摘录自己喜欢的信息，积累写作素材。教学这些课文的时候，如果能够适当集中讲解一些写作技巧，让同学们活学活用，就能达到意想不到的效果。学生不仅能完成生活经验的间接积累，还能实在有效地注意例文结构安排的问题，从而能更清晰地明白对比、衬托等写作技巧的使用。在此基础上，学生进行模仿写作，练习运用所学技巧，写出来的文章能有较明显的进步。

**【学习目标】**
1. 积累学法。引导学生学习对比、衬托的方法。
2. 实践运用。指导学生课堂练笔，运用对比、衬托的方法。

**【课前活动】**
1. 反复品读《故乡》《范进中举》《我的叔叔于勒》所运用的对比描写片段。

2. 预估学情：学生基本能了解对比手法，但不能真正运用到写作中去。

【课中活动】

# 活动一：品读小说片段　了解对比手法

### 第一环节：场景再现　初识对比

举例：《范进中举》中的对比

请一个学生场景再现范进中举前胡屠户教训范进，横披着衣服，腆着肚子的神态、语言、动作。再请另一个学生再现范进中举后胡屠户慷慨地送肉送钱，称范进"贤婿老爷"，当众夸他"才学又高，品貌又好"，以及他"见女婿衣裳后襟滚皱了许多，一路低着头替他扯了几十回"的丑态。

学生总结：表现了胡屠户欺贫爱富、趋炎附势、庸俗不堪的势利市侩的丑恶嘴脸。

教师归纳对比手法：对比手法，是文学创作中常用的一种表现手法。对比，是把具有明显差异、矛盾和对立的双方安排在一起，进行对照、比较的表现手法。

### 第二环节：分析对比　体会作用

分析讨论《故乡》中的人物性格变化，体会对比手法对于表现主题的作用。

少年闰土活泼可爱、思想自由、心地善良；成年闰土在传统道德的束缚下丧失了生命的活力，精神变得麻木了。"多子、饥荒、苛税"的折磨和"兵、匪、官、绅"的压榨，二十年后，他变了：

先前的紫色的圆脸，已变作灰黄，而且加上了很深的皱纹，眼睛也像他父亲一样，周围都肿得通红……他头上是一顶破毡帽，身上只穿一件极薄的棉衣，浑身瑟索着……那手也不是我们记得的红活圆实的手，却又粗又笨且开裂，像是松树皮了。

作品运用对比手法，从外貌、动作、神态、衣着等方面传神地刻画出中年闰土木偶式的形象。少年闰土和中年闰土的对比，生动表现了闰土在超负荷的重压下精神上的麻木和生活上的贫困，深刻地揭示了旧中国农民在经济和政治的压迫下喘不过气来，封建礼教和迷信更在他们的精神上套上了沉重的枷锁，他们变得逆来顺受、麻木不仁。作者对造成这种现象的社会提出了控诉。

文中还刻画了杨二嫂这个小市民形象。二十多年前她是"擦着白粉"的"豆腐西施"。二十多年后，她变成了一个画图仪器里细脚伶仃的"圆规"。

从"豆腐西施"到"细脚伶仃的圆规"的对比，记录了杨二嫂生活的衰变和命运的不幸，杨二嫂前后生活的对比，反映了社会对以她为代表的城市小市民的冲击和折磨。

在《故乡》一文中，我们可以看到对比手法的运用可以使人物形象更加鲜明，主题揭示更加有力，给读者带来极大的感染力和冲击力。我们的作文中也可以学习这种手法，为塑造人物和表现主题服务。

### 第三环节：再析对比　领悟作用

回顾《我的叔叔于勒》《范进中举》等文中对比手法的运用（学生讨论）

对比 ┃ 有钱的于勒：正直的人，有良心的人；全家唯一的希望；好心的人；有办法的人、每星期天去海边迎接，制定上千种计划
　　 ┃ 无钱的于勒：坏蛋、流氓、无赖、全家的恐怖、打发他到美洲去；这个贼；这个家伙；这个流氓、暴怒，改乘别的船，躲开他

菲利浦夫妇的性格：唯利是图，虚伪势利，漠视亲情，自私贪婪

文章主题：揭露了资本主义社会人与人之间赤裸裸的金钱关系

对比 ┃ 中举前：现世宝、烂忠厚没用的人、讽刺嘲笑、一副大肠和一瓶酒、倒运、尖嘴猴腮、癞蛤蟆想吃天鹅肉、老不死的老娘
　　 ┃ 中举后：贤婿老爷、姑老爷、七八斤肉、四五千钱、有些福气、品貌又好、体面的相貌、才学又高、自己够眼光

胡屠户的性格：唯利是图，欺贫爱富，粗俗鄙陋

文章主题：揭露封建科举制度毒害社会，扭曲人性的罪恶

学生通过回顾两篇课文的对比片段，进一步明确对比手法在塑造人物和表现主题上的重要作用，为在写作中运用对比手法奠定基础。

明确对比手法的作用：运用这种手法，有利于充分显示事物的矛盾，突出被表现事物的本质特征，可使人辨是非，明真伪，识好坏，使文章主旨更鲜明，加强文章的艺术效果和感染力。

## 活动二：明确对比种类　学习写作技巧

### 第一环节：纵横对比　明确类型

1. 纵比：对同一个人在时间上做先后的对比。

① 先前的紫色的圆脸，已变作灰黄，而且加上了很深的皱纹，眼睛也像他父亲一样，周围都肿得通红……他头上是一顶破毡帽，身上只穿一件极薄的棉衣，浑身瑟索着……那手也不是我们记得的红活圆实的手，却又粗又笨且开裂，像是松树皮了。

② 从"豆腐西施"到"细脚伶仃的圆规"的对比，记录了杨二嫂生活的衰变和命运的不幸，杨二嫂前后生活的对比，反映了社会对她的冲击和折磨。

③ 从"我们家的福音书""好心的于勒、有办法的于勒"到"这个无赖、流氓、吃我们家的"，菲利普夫妇对待于勒前后态度的变化，揭示了当时社会赤裸裸的金钱关系。

2. 横比：对几个不同的人在空间上做不同的对比。

闰土与杨二嫂两个典型形象的对比，杨二嫂的尖刻自私衬托了闰土的憨厚朴实，表现了作者对闰土的痛惜和无奈，对杨二嫂的嘲讽和同情；而且通过杨二嫂与闰土的对比和映衬，深化着作品的主题：一个如此精明、小气、爱占便宜的小市民落到了这种地步，那么像闰土

这类善良、忠厚老实的贫苦农民，其生活的命运就更加不堪了，这就更加有力地揭露了当时社会的黑暗。

### 第二环节：创设情境 展现对比

1. 纵向对比写作。

回忆自己小学和初中上课状态前后的变化，展现自己的成长历程。

学生写作、讨论、互评。

2. 横向对比写作。

回忆班级不同性格、不同表现的同学体育课上的不同状态，表现对某位同学的赞美和肯定。

学生写作、讨论、互评。

## 活动三：互评优点缺点　推荐优秀片段

### 第一环节：小组评荐优秀片段 说明评荐理由

### 第二环节：全班展示优秀片段 师生共同点评

表1　重庆市字水中学语文项目学习·学习和巩固对比手法写作训练评价量表

| 维度 | 状况 非常好 ★★★ | 状况 较好 ★★ | 状况 一般 ★ | 总评（按星评级） | 主要问题 | 学习建议 |
|---|---|---|---|---|---|---|
| 运用对比手法 | | | | | | |
| 显示事物的矛盾和特征 | | | | | | |
| 人物性格突出、主题凸显 | | | | | | |

（说明　总评优秀：8~9★；良好：6~7★；不太好：少于6★）

## 活动四：阅读优秀习作　领悟运用对比

学生阅读优秀习作，领悟文中是怎样运用对比手法的。

### 班级的差生

"刷、刷、刷"，像在战场上应战似的，同学们低着头在小心翼翼地答卷。

考场中，一位是蓝兰，她那黝黑的脸上沁出了一层细细密密的汗，那握笔的手也微微地发抖。她发狠似的紧紧咬住嘴唇，似乎想咬出一个哪怕得分最小的答案来，但……

另一位是班里成绩最优异的杨君君同学，此刻，她早已经答完了试卷上所有的题目。这张试卷对于她来说，好像是太容易了一点。她瞥了一下手表，知道离收卷时间还有二十几分钟。于是，她便无聊地看看这个同学，望望那个同学。蓦地，杨君君得意洋洋的目光停落在蓝兰的身上，她欣赏似的打量着蓝兰，总觉得蓝兰是班级里的后进生，而且脑子又不聪明。这感觉，使君君想起了……

前几天，数学老师为了使同学们更有把握地考出一个理想的成绩来，特地在黑板上抄了许多难题。

当老师疲惫地伸出沾满粉笔灰和挂满汗水的手要洗时，竟发现了那洗手盆里没有一点水，毛巾也被孤独地冷落在一边。老师不禁责问：

"今天谁值日？怎么不打水？"

值日？打水？噢！为了这复习、考试、再复习、考试的事儿，同学们已经无法腾出时间，也不愿来理这些"闲事"了。

但杨君君心中十分清楚。今天是自己值日，她望了望黑板上那密密麻麻的练习题，又瞟了一眼那个洗手盆，心中着实踌躇了一会：抄练习题，还是浪费时间去打水？

正在杨君君拿不定主意的时候，蓝兰已经放下笔，默默地走过去，双手捧着洗手盆，向门外迈去……

杨君君回过神来，又默默地望着这个差生——蓝兰时，心中猛地一动，赶紧撕下一页白纸，迅速而仔细地抄下几个得分最多的题目，然后看准了监考老师转身之际，将白纸捏成一团，准确地扔向低着头、苦苦思考的蓝兰……

收卷时间终于到了，杨君君第一个交上了试卷。将要迈出教室的时候，她又一次有意无意地瞄了蓝兰一眼。恰巧，蓝兰这时也抬起头，若有所思地看了一眼杨君君。她苦笑了一下，也匆匆地交上了卷子。

教室外，蓝兰看到的是一张张喜悦又轻松的脸蛋，听到的是一片"唧唧喳喳"的笑语。

"唉！"蓝兰无声地叹了一口气，默默地走出了这与自己无缘的地方。

"蓝兰，等一下！"杨君君跟上了她，说："你怎么啦？天天愁眉苦脸的？"

蓝兰诚挚地、轻轻地说："君君，我总觉得你缺少了点什么。"

"缺少了什么？"君君奇怪地问。

蓝兰塞给君君一张纸，说："也许你看了这个以后，你会明白的。"接着，便朝前走去了。

君君狐疑地打开纸一看，原来是自己在考试时扔给蓝兰的那张纸，只见背面写了几行工整又大的字：

"对不起，我不能做'小偷'。我相信，我能补得上成绩。希望你做个名副其实的'优生'！"

君君好像明白了什么，又好像什么也不明白，她决定追上蓝兰去问个清楚。但她在跑的过程中，像喝醉的人迎面淋了冷水似的，她终于赶上蓝兰……

瞧！她们的眼眶中都含着晶莹的泪珠，两双手紧紧地相握在一起，似乎都想从对方身上寻找什么似的……（摘自百度文库　肖新杰）

学生讨论发言，老师总结点评：一个是品德优学习差的蓝兰，一个是学习优思想表现一般的君君，性格互补，这是人物的对比。由前面的"互不理解"到"两双手紧紧地相握在一起，似乎都想从对方身上寻找什么似的"，这是前后事件的对比。

**【课后活动】**

布置课后练习作文《＿＿＿＿同学》

要求：1. 通过艺术加工，运用对比手法来赞美同学的美好品质。2. 运用人物描写方法表现人物特点。3. 情感真挚，反映自己对同学的赞美或批评。4. 600字以上。

**【学习反思】**

用好对比　　写活人物　　凸显主题

本课是主题写作课，所选择的三篇课文都是通过对比手法来展示广阔的社会生活，揭示深刻的社会问题。教材无非就是一个例子，课文就是最好的范文。如果教师能挖掘出例子之间共性，学生就能在这些文章中找到写作的共性。基于此，本课设计的基本思路就是要求学生先自己概括几篇经典文章如何运用对比写法，然后再通过小组讨论，加深对对比写法的认识，从而总结出横向对比和纵向对比的分类。这样写作有了例子中的共性展示，也有了归纳方法的整理体悟。

我虽然通过情景假设的方式和课文回顾讲解，试图让学生更好地理解对比手法及其作用，并运用于实际写作中去，但效果还不是很好。学生只是通过老师讲解知道了对比手法运用的好处，但还不能很好地运用到写作中去，多数学生作文中的对比手法无法突显主题，比较生硬呆板，还需要进一步通过课外练笔、加强多种表达方式的写作训练来达到这一目标。

我相信，学生的创作潜力是无穷的。正如《语文课程标准》所说："要鼓励学生大胆习作"，"鼓励表达真情实感，鼓励有创意的表达，引导学生热爱生活，亲近自然，关注社会。"

# 活动探究篇

七年级上册第六单元·活动

## 西游之旅
### ——《西游记》整本书阅读

吴天维

【学习课型】
主题展示课

【学习主题】
《西游记》名著阅读

【学习内容】
统编教材七年级上册第六单元:《西游记》"名著导读";《西游记》

【设计意图】
《语文课程标准》在阅读方面对第四学段的学生提出如下要求:"学会制订自己的阅读计划,广泛阅读各类型的读物,课外阅读总量不少于260万字,每学年阅读两三部名著。"《西游记》作为七年级上册课内要求必读名著,是教学过程中不可跳过的一个重要环节。近年来,整本书阅读教学的探究也此起彼伏。《西游记》这样的长篇经典名著,更需要探究其整本书阅读的教学方法,真正引导学生有计划地开展整本书的深入阅读,过程有监督,成果有体现。

【学习目标】
1. 激发阅读名著的兴趣。
2. 学会阅读名著的方法。
3. 梳理故事情节;个性化、全方位解读人物形象;深入理解小说丰富的主题。

【课前活动】
一、教师指导
1. 组织学生观看电视剧版《西游记》片尾曲视频,交流"你印象最深的西游故事",激发学生阅读兴趣。
2. 介绍《西游记》的基本情况。
(学生查阅资料,教师适当补充)
(1)《西游记》简介。

《西游记》是中国古代优秀长篇章回体神魔小说，作者是明代的吴承恩。作者以神妙的文笔、奇特的想象讲述了唐僧、孙悟空、猪八戒、沙和尚师徒四人经历九九八十一难前往西天取得真经的故事。

前七回讲述孙悟空身世以及大闹天宫；第八回到十二回介绍唐僧身世以及取经由来；十三回到第一百回是小说的主体，讲述唐僧师徒取经路上战胜无数妖怪、历经重重磨难，终于到达西天、取回真经。

（2）作者简介。

吴承恩（约1500—1583年），字汝忠，号射阳山人，淮安府山阳县人，祖籍安徽。自幼敏慧，博览群书，喜读野言稗史、志怪小说，尤喜爱神话故事。在科举中屡遭挫折，嘉靖中补贡生。嘉靖四十五年（1566年）任浙江长兴县丞。由于宦途困顿，晚年绝意仕进，闭门著述。

官场的失意，生活的困顿，加深了他对封建科举制度、黑暗社会现实的认识，促使他运用志怪小说的形式来表达内心的不满和愤懑。他自言："虽然吾书名为志怪，盖不专明鬼，实记人间变异，亦微有鉴戒寓焉。"

3. 阅读方法指导——精读与跳读相结合。（统编教材七年级上册第133页）

（1）精读。（又叫细读，指深入、细致地研读）

秦牧曾言："精读就像老牛的反刍，老牛先是粗粗地咀嚼食物，咽下去后再回到嘴里细细地咀嚼，然后咽下去消化吸收。"这个比喻不仅说明了细致阅读和深入体味的必要性，而且也指明了精读的具体方法——反复阅读。

怎么精读？

①要逐字、逐句、逐段地细读，开动脑筋多问几个为什么。

②精彩的、经典的片段要反复揣摩、品味。

③分析作者的立意、构思、遣词造句、表达方法等，如此一来，既可以深入理解小说主题，又可以从阅读中学习写作的方法。

④坚持做读书笔记，在书上圈点勾画、做批注。

（2）跳读是指有取有舍，略去一些内容，只截取文中的关键部分来阅读。

4. 阅读具体要求。

（1）坚持随手圈点勾画、做批注。（勾画重要词句，提出疑难之处，表达出自己对文章的独特见解和感受）

（2）摘抄与自己研究的主题相关的语句语段，并总结自己的研究所得；用思维导图理清故事情节、人物关系等。

（3）每读完一个阶段（以老师布置的章节数为准）的内容，写该阶段的研究成果报告，全班开展阶段性"字水书院·悦读分享会"进行分享交流。小组制作PPT，派代表分享本阶段本组的阅读所得，并对本阶段内教师提出的问题做出回应。

（4）读完全书，每人写一篇完整的研究成果报告；班级开展最后一次"字水书院·悦读分享会"，每个小组选择一种适合本组的方式（制作PPT、展示读书笔记、绘制取经路线图、经典小剧场等）来汇报分享阅读成果。

5. 阅读任务目标。

（注：教师提前展示各阶段阅读任务，然后学生自主阅读，阶段阅读结束后教师将收集学

生的"西游之旅"笔记本,检查阅读成果,并组织开展阶段"字水书院·悦读分享会")

表1 阅读任务参考表

| 阅读回目 | 阅读小组 | 阅读问题导引 | 阅读能力目标 |
| --- | --- | --- | --- |
| 第一回到第十二回 | 人物组 | 1. 初步梳理孙悟空的猴性、人性、神性,分别说说其表现在哪些地方。<br>2. 猪八戒和沙僧因何被贬下界?他们听从菩萨的劝告保护唐僧去西天取经,你觉得他俩谁的心意更坚定些,为什么?<br>3. 唐僧能成为最终的取经人选,你觉得原因是什么? | 1. 通过人物的言行细节感知人物形象 |
| 第一回到第十二回 | 情节组 | 1. 阅读前七回,提取相关信息,写一篇《悟空小传》。<br>2. 梳理并能复述第一回到第十二回的故事情节 | 1. 重构故事内容。<br>2. 复述故事情节 |
| 第一回到第十二回 | 主题组 | 1. 第一回中,石猴为长生不老远涉天涯求仙问道,行至南部赡洲,他看到了怎样的社会?作者想借此表达什么?<br>2. 第七回,孙悟空对如来佛祖说玉帝久占龙位,应该"皇帝轮流做",对此你怎么看?<br>3. 第十回,唐太宗地府还魂,崔判官居然改了生死簿,给太宗添了二十年阳寿,对此你怎么看? | 1. 由作品细节窥探世态人情。<br>2. 由人物言行探究作者写作意图 |
| 第十三回到第三十九回 | 人物组 | 1. 第三十回中白龙马说孙悟空是个"有仁有义的猴王",何以体现悟空的仁义?<br>2. 大家总是认为猪八戒又懒又笨,看过第十八回到第二十二回后,你还这么认为吗?<br>3. 猪八戒请孙悟空的一段说辞颇有心计,试着分析一下。<br>4. 第十五回中,面对马被白龙吃掉,唐僧和孙悟空各有什么表现?展现了两人怎样的性格?<br>5. "三打白骨精"分别表现了唐僧和孙悟空的什么性格特征?<br>6. 第三十回沙僧的表现很能体现他的性格,试着分析一下 | 1. 了解人物性格的复杂性。<br>2. 学习通过对比人物言行分析人物不同性格 |
| 第十三回到第三十九回 | 情节组 | 1. 至今为止,唐僧师徒四人走过了几个国家?经历了取经途中的几难?请梳理出来。<br>2. 黑松林黄袍怪是天上奎星下界所变,最后被收服回归天界;平顶山金角、银角大王也是天上金、银童子下界所变,最后同样被收服回归天界。两处情节显得雷同赘余,可否删去其中一个? | 1. 阅读中注意前后情节的比较与联系 |

续表

| 阅读回目 | 阅读小组 | 阅读问题导引 | 阅读能力目标 |
|---|---|---|---|
| 第十三回到第三十九回 | 主题组 | 1. 第二十六回中，猪八戒居然调笑福、禄、寿三星，对此你有什么看法？<br>2. 第二十九回中，宝象国国王连问数声，无人敢去救百花公主，国王骂满朝文武百官"真是木雕的武将，泥塑就的文官"，你能联系作者所处的社会谈谈你对此的理解吗？<br>3. 乌鸡国王被狮精推入井内，因狮精与神佛有亲，乌鸡国王"无门告状"，你觉得作者这样写用意何在？ | 1. 由作品细节思考其主旨。<br>2. 学会知人论世来深入解读作品内在意蕴 |
| 第四十回到第七十回 | 人物组 | 1. 第四十回至第四十三回，沙僧的表现不俗，你能举例说明吗？<br>2. 后世评说猪八戒是师徒里面最像"人"的一个形象，结合前面所读内容，说说你的理解。<br>3. 读到这里，你觉得孙悟空与刚开始取经时相比最大变化是什么？唐僧和孙悟空师徒的关系有了怎样的变化？<br>4. 孙悟空因打死路中抢劫的强盗，唐僧怪他无善心，再次把他赶走，你怎么看待唐僧的"善"？ | 1. 关注人物前后异同，完整解读人物形象。<br>2. 深入解读人物形象，辩证看待人物形象 |
| | 情节组 | 1. 孙悟空与牛魔王赌谁的变身术更厉害，他们都变作什么？这场景与前文哪一个场景相似？<br>2. 《西游记》作为一部浪漫主义小说，里面充满了作者奇特丰富的想象。读到这里，你觉得作者最富想象的情节是什么？试做分析 | 1. 学会关注情节的前后联系，保持阅读的完整性。<br>2. 感悟作品情节的突出特点 |
| | 主题组 | 1. 小组尝试自行提出问题并解决 | 1. 尝试自主解读作品主题 |
| 第七十一回到第一百回 | 人物组 | 1. 读完全书，请全面概括师徒四人的人物形象特点。（全面概括并给出文中具体依据） | 1. 全面评价人物 |
| | 情节组 | 1. 唐僧取经，历经八十一难，是哪八十一难？试着理一理。<br>2. 取经完成，绘制一幅完整的取经路线图。<br>3. 概括《西游记》的情节特点 | 1. 能梳理整本书故事线索。<br>2. 能全面归纳作品情节特点 |
| | 主题组 | 1. 试着梳理出这本小说丰富的主题 | 1. 多样化解读作品主题。<br>2. 分析作者的写作目的 |

6. 活动方案。

（1）分小组。

分为人物组（悟空组、唐僧组、八戒组、沙僧组），情节组，主题组。

提示：

人物组：研究人物的同学注意多角度全面评价人物，有自己的独特见解，注意摘抄相关语句语段（表现人物外貌、语言、神态、动作、心理、所处环境等的句段）记在"西游之旅"笔记本上，全面总结人物形象。

情节组：研究故事情节的同学注意简要概括每一章的故事并记在"西游之旅"笔记本上，且能脱离课本复述故事情节，最终能绘制出完整的取经路线图；尝试进行取经新故事的创作。

主题组：研究主题的同学要对本书创作的时代背景以及作者的生平经历有深入了解（可将搜索到的资料打印下来备用），注意摘抄与主题相关的语句、语段在"西游笔记本"上，理解作者笔下神魔世界折射出的世态人情。另外，尽力挖掘小说丰富的主题，总结在"西游之旅"笔记本上。

（2）分任务。

整本书预计分为四个阅读阶段（第一回到第十二回，第十三回到第三十九回，第四十回到第七十回，第七十一回到一百回），每个阶段预计阅读一周左右，每个阅读阶段都开展一次"字水书院·悦读分享会"，各小组制作PPT汇报本阶段阅读成果，分享本阶段阅读所得。

（3）开展"字水书院·悦读分享会"。

① 撰写研究小论文。

小组各成员根据自己研究内容撰写，题目自定。如"孙悟空的猴性、人性、神性""没有唐僧，何以取经成功""不一样的八戒""我眼中的八戒""这个时代需要沙僧"等。

② 小组制作PPT，交流分享阅读所得。

二、学生准备

1. 购买《西游记》，按阶段根据本组阅读要求有计划地开展阅读。

2. 准备"西游之旅"笔记本。

3. 按照人物组（悟空组、唐僧组、八戒组、沙僧组）、情节组、主题组自由组合，6人左右一组为宜。

【课中活动】

导入：

走过万水千山，历经八十一次的出生入死，唐僧师徒终于取得真经；而我们历经一个多月的阅读与分享、交流与探讨，《西游记》名著之旅也终于落幕。今天，我们再次聚在一起，以文会友，畅谈"西游"。

## 活动一：开展"大话西游·悦读分享会"

1. 各小组选择喜欢的形式分享研究所得（可制作PPT），派代表发言。

2. 主持人2名。评委：每组1名同学和老师。

## 活动二:"大话西游"活动效果评价

表2  重庆市字水中学项目学习·"大话西游·悦读分享会"评分量表 (第    组)

| 维度 | 目标与要求 | 项目分值 | 得分 | 总分 | 存在的问题 | 再读建议 |
| --- | --- | --- | --- | --- | --- | --- |
| 内容 | 内容明确,层次分明,有理有据,且有说服力,分析完整 | 20分 | | | | |
| 表达 | 表达大方自信,条理清晰,说话流畅,声音响亮 | 20分 | | | | |
| 课件 | 课件制作精美,配图符合内容,字体大小合理 | 10分 | | | | |

总结:

《西游记》阅读之旅让我们收获颇多,如我们更深切地了解书中人物,对以唐僧师徒四人为代表的人物形象的把握更加深入立体,也更清晰地把握了故事情节,深刻体会到作者借西游故事所反映的社会百态。此外,读完《西游记》,我们初步掌握了一套阅读名著的方法,我们可以用解读《西游记》的方法去解读其他名著,强化运用精读与跳读相结合、做读书摘录、做批注等阅读方法,以更全面的思维辩证解读文学作品中的人物,知人论世,深入理解作品主题,寻求与作品与作者的深入对话等,如此一来,当我们课外去阅读其他文学名著时,会更有收获!

【课后活动】

1. 养成爱阅读、爱思考、多读名著的良好习惯。

2. 运用《西游记》名著阅读过程中学到的读书方法(精读与跳读相结合、坚持做读书笔记、圈点勾画做批注、多角度全方位评价作品人物、知人论世窥探作品主题等)去阅读其他名著,坚持整本书阅读、深入阅读,不断提高自身文学素养。阅读成果将在"字水书院·悦读分享会"上分享,优秀作品在"字水书院"微信公众平台推送。

【学习反思】

### 各显神通话"西游"

《西游记》名著阅读教学是一次以整本书阅读为目的的、有计划开展阅读的教学尝试,这对学生来说是挑战,于教师而言亦是挑战。随着碎片化阅读的兴起,当下中学生的阅读境况不尽如人意,尤其是经典名著、长篇名著的整本书阅读,更是中学教学过程中的难题。历时一个多月,带着学生分阶段分任务地阅读《西游记》,整个过程牵动着内心,思绪良多。

好的方面在于:

1. 能坚持按计划中的四个阶段组织学生阅读《西游记》,每阶段结束都会收集学生的"西游之旅"笔记本,检查其读书笔记和该阶段阅读总结。组织班级的阶段"字水书院·悦读分享会",各小组派代表发言,基本达成了阅读整本书的目的。

2. 带着每阶段的问题导引学生去阅读《西游记》,使阅读不仅仅停留在表面,而是引导学生调动思维、查阅资料、合作探讨,进而分享精彩心得。如在阅读第40~70回中,对猪八戒这一人物形象提出的问题是"后世评说猪八戒是师徒里面最像'人'的一个形象，结合前面所读内容，说说你的理解"。八戒组的分享就非常精彩到位，结合书中各处细节归纳猪八戒最像"人"之处，其一方面好色贪财、好吃好睡、小心眼、爱挑拨离间；另一方面又勤劳肯干、勇敢斗妖、聪明细心，人的七情六欲与优缺点在猪八戒身上体现得淋漓尽致，有理有据、条理清晰，让倾听的学生也能理解为什么说吴承恩在《西游记》里塑造了一个最接近于"人"的猪八戒的形象，学生也就能够理解为何后世评说猪八戒是师徒里面最像"人"的一个形象。问题的导引与阶段的分享交流一定程度上激起了学生的阅读兴趣。

3. 大部分学生能坚持按照老师所教的阅读方法去展开阅读，阅读成果显著。如收集学生的"西游之旅"笔记本检查时，部分同学每阶段的西游笔记都能坚持以下内容：摘抄阅读过程中喜欢的好词佳句；摘抄每阶段阅读任务相关的内容并旁批自己的见解，对教师提出的问题做出回应；总结本阶段的阅读所得。又如最后一次"字水书院·悦读分享会"时，悟空组所做的 PPT，条理清晰，层次分明，有理有据，从孙悟空这一人物形象的优缺点来全面梳理其形象特点，学生能多角度地去分析人物形象，解读比较深入到位。

此外，也存在不足，为以后的名著阅读教学做参考，需要在以后的阅读教学过程中加以改进：

1.《西游记》作为一部长篇小说，且文白相杂，学生阅读起来本就有一定难度，加之学生学习时间紧，还要每天安排一定的时间阅读，确实很挑战学生的坚持力。在整个阅读过程中，完善而有效的监督机制成为重中之重。遗憾的是虽然每周收集学生笔记本检查以及开展交流会，但部分学生还是临近结束才匆忙做一些摘抄和发言准备，整本《西游记》的阅读难免囫囵吞枣。

2. 每次的"字水书院·悦读分享会"在各小组学生进行分享后，老师基本都只是口头总结点评，若能准备课件或提供一些拓展资料给学生，效果可能会更好一些。

总而言之，名著阅读整本书教学是中学语文教学中需要进一步去探索去实践的。同时，老师也应该关注对学生的多元化评价，多维度考量。道路还长，且行且努力！

七年级下册第二单元·活动

# 寸寸山河寸寸金

王亚玲

【学习课型】

主题综合课

【学习主题】

爱国情怀

【学习内容】

统编教材七年级下册第二单元：《土地的誓言》（端木蕻良）、《黄河颂》（光未然）

"语文主题学习"七年级下②：《第一堂课》（老舍）、《想北平》（老舍）

【设计意图】

统编教材七年级下册第二单元的要求是：感受本单元课文中表现的家国情怀，能说出自己的体会，分析作品的抒情方式，细心揣摩课文的精彩段落和关键语句，学习做批注。

爱国情怀是历史长河中一个永恒的主题，是激励青少年成长的不竭动力，更是一个国家、一个民族长盛不衰的有力保障。但是，由于时代的变迁，经历的差异，中学生很难体会文章中蕴含的爱国情怀。相反，他们常常觉得这样的文章枯燥乏味，只是将这类文章当作任务进行阅读。基于此，我准备从以下四个方面引导孩子们学习本单元。

1. 采用多种形式调动学生的想象力，唤起他们内心的情感，引导学生尽量将自己"浸泡"在作品的氛围中，去体会作者所描写的情境。

2. 继续重视朗读，引导学生尽量做到以声传情，通过反复朗读来体会文意，增强语感。

3. 注重引导学生仔细品味、细心揣摩课文的精彩段落和关键语句，学习做批注，要求学生用简练的语言写下自己的感悟、理解和评价。鼓励学生在独立学习的基础上互动交流，引导学生在智慧的碰撞与合作分享中加深对作品的理解。

4. 引导学生将阅读课上学到的知识和方法自觉运用于写作和课外阅读实践中。

【学习目标】

1. 感受课文中表现的家国情怀，能说出自己的体验。

2. 揣摩课文的精彩段落和关键语句，学习做批注。

【课前活动】

1. 自读统编教材七年级下册第二单元：《土地的誓言》（端木蕻良），《黄河颂》（光未然）。

自读"语文主题学习"七年级下②：《第一堂课》（老舍），《想北平》（老舍）。

阅读指导：边读边勾画，勾画出文章中相应的抒情语段，体会作者在文章中流露的思想情感。

2. 文学常识。（学生梳理：作者，作品，以及课内文章的写作背景）

表1 文学常识参考表

| 作者 | 重要评价 | 主要作品 | 背景介绍 |
| --- | --- | --- | --- |
| 端木蕻良 | 现代著名作家、小说家 | 长篇小说《科尔沁旗草原》《大地的海》《长江》《江南风景》，短篇小说集《憎恨》《风陵渡》，童话《星星记》等 | 《土地的誓言》的写作背景：1941年9月18日，"九一八"事变已经过去了整整十年，抗日战争正处于十分艰苦的阶段，流亡在关内的东北人依然无家可归。作者怀着难以抑制的思乡之情写下了这篇文章。表明了作者即使牺牲自己也要保卫祖国，使祖国得到解放，愿意用自己的一切去保卫祖国的感情 |
| 老舍 | 中国现代小说家、作家，语言大师、人民艺术家 | 主要作品有《骆驼祥子》《四世同堂》《茶馆》 | 《第一堂课》写作背景：本文节选自老舍的《四世同堂》，描写了北平被日本侵略军占领后，某学校祁瑞宣老师上第一堂课的情景。<br>《想北平》写作背景：是老舍1936年在山东济南时写下的一篇小品文。当年身处异地的老舍，在战乱的岁月中，更加思念他挚爱的北平 |
| 光未然 | 现代诗人、文学评论家。曾任中国作家协会书记处书记、中国作家协会党组书记 | 主要作品有《黄河大合唱》《五月的鲜花》《屈原》 | 《黄河颂》写作背景：作者随抗日部队行军经过大西北的黄河岸边。中国雄奇的山川和战士们英勇的身姿激发了作者的创作灵感，时代的呼唤促使他怀着高涨的爱国热情谱写了《黄河吟》——是抗日战争时期，著名交响乐《黄河大合唱》的歌词，作者的创作意图是希望在抗日战争时期，激发起人民对中华民族的热爱和誓死保卫家园的民族意识 |

3. 查找有关爱国情怀的故事、古诗词、歌曲、图画等，为教学活动的开展做好充分准备。

【课中活动】

**第一环节：爱国情怀处处有**

过渡语：

土地，是滋养一个民族的养料，是培养民族精神的根基，也是每一位中华儿女魂牵梦萦的故土。因为这一方土地，我们更加踏实，亦更加自信。宋朝著名文学家范仲淹有"先天下之忧而忧，后天下之乐而乐"之言，明末清初的爱国主义思想家、著名学者顾炎武亦说"天下兴亡，匹夫有责"，这些语言体现出来的都是作者浓浓的爱国之情。不论古今中外，所有爱国志士的爱国深情都是一样的。同样，不论年龄的长幼，他们的爱国之情也是可以相通的。是啊，爱国情怀处处有。

快速阅读《土地的誓言》（端木蕻良）、《黄河颂》（光未然）、《第一堂课》（老舍）、《想北

平》(老舍),思考:

1. 四篇文章有何相同点?说说你阅读之后的感受。
2. 同样是表现爱国情感的,在内容上的表现有什么不同?
3. 小组合作交流,分享读书心得。

表2 读书得分享参考表

| 篇 目 | 读书心得体会 |
| --- | --- |
| 《第一堂课》 | 这是一篇小说,却没有大起大落的故事情节,我们要读懂这篇小说,就要读懂小说主人公祁瑞宣老师。他作为一个小人物,在国破城亡后,不甘心当一名亡国奴,又不能振臂一呼去抵抗,他只能自己一个人默默地忍受内心的痛苦与无奈,而这恰恰代表了社会底层大多数小人物身上的大情怀 |
| 《土地的誓言》 | 这是一篇抒情散文,蕴含着饱满、深沉的爱国热情。作者这种情绪的表露,并不流于空泛,他把"九·一八"事变以后东北流亡青年压抑的情感,用火一样炽热的语言表达出来,仿佛使人听得到心脏的跳动,感受得到热血的沸腾。眷念乡土,这是一种具有共通性的感情,而作者所眷恋的关东原野,当时已被日本侵略者强占十年之久,对作者来说,它是失去的美好家园;对国人来说,它是祖国完整版图上沦丧的土地,因此,眷念乡土就有了让人产生共鸣的强烈的爱国色彩 |
| 《想北平》 | 作者抒写了对北平这座文化古城的深情眷恋,一处景便渗出刻骨铭心的一缕情,他想"把一切好好看的字都浸在自己的心血里,像杜鹃似的啼出北平的俊伟"。作者在文章中没有铺张夸饰北平的一景一物,而是那么娓娓地叙谈,就使那种眷恋故土的热情变得幽远绵长 |
| 《黄河颂》 | 《黄河颂》是一首反映抗日救亡主题的现代诗。它是一首颂诗,着眼于"歌颂",在结构上与组诗第一章《黄河船夫曲》是紧密相承的。《黄河船夫曲》描写:"乌云满天,惊涛拍岸,黄河的船夫,在暴风雨中搏战,经过千辛万苦终于到达了彼岸。这象征着我们伟大的民族和人民突破惊涛骇浪般的重重困难,终于取得辉煌的胜利。"于是在第二章《黄河颂》中,诗人作为时代的歌手出现,他站在高山之巅,代表祖国英勇的儿女,向着黄河唱出了颂歌,热情地讴歌了黄河的宏伟气势、源远流长,讴歌了黄河孕育和保护着中华儿女,并表达了学习黄河精神,铸就像它一样伟大坚强的决心。全诗以英勇的气概和坚强的决心表达了保卫黄河,保卫中国的思想感情 |

**教师点拨:** 家国情怀,是人类共有的一种朴素情感,它意味着热爱祖国的大好河山,热爱祖国的语言文化,热爱家乡的土地、人民……它是祖国和民族的凝聚力。作为祖国的接班人,我们每一个人身上都有一份沉甸甸的责任。正如梁启超在《少年中国说》中所说:(全体学生教师分角色朗读)

教师:今日之责任,不在他人,而全在我少年。
男生:少年智则国智,少年富则国富,少年强则国强,
女生:少年独立则国独立,少年自由则国自由,少年进步则国进步,
全班齐读:少年胜于欧洲,则国胜于欧洲,少年雄于地球,则国雄于地球……

教师：美哉我少年中国，与天不老；壮哉我中国少年，与国无疆！

（设计说明：阅读迁移，品读文章中流露的爱国情怀。让学生在独立学习的基础上互动交流，引导学生在智慧的碰撞与合作分享中加深对作品的理解）

**资料助推**：

少年中国说（节选）
梁启超

梁启超曰：造成今日之老大中国者，则中国老朽之冤业也；制出将来之少年中国者，则中国少年之责任也。彼老朽者何足道，彼与此世界作别之日不远矣，而我少年乃新来而与世界为缘。如僦屋者然，彼明日将迁居他方，而我今日始入此室处，将迁居者，不爱护其窗栊，不洁治其庭庑，俗人恒情，亦何足怪。若我少年者前程浩浩，后顾茫茫，中国而为牛、为马、为奴、为隶，则烹脔鞭棰之惨酷，惟我少年当之。中国如称霸宇内、主盟地球，则指挥顾盼之尊荣，惟我少年享之。于彼气息奄奄、与鬼为邻者何与焉？彼而漠然置之，犹可言也；我而漠然置之，不可言也。使举国之少年而果为少年也，则吾中国为未来之国，其进步未可量也，使举国之少年而亦为老大也，则吾中国为过去之国，其渐亡可翘足而待也。故今日之责任，不在他人，而全在我少年。少年智则国智，少年富则国富，少年强则国强，少年独立则国独立，少年自由则国自由，少年进步则国进步，少年胜于欧洲，则国胜于欧洲，少年雄于地球，则国雄于地球。红日初升，其道大光；河出伏流，一泻汪洋；潜龙腾渊，鳞爪飞扬；乳虎啸谷，百兽震惶；鹰隼试翼，风尘吸张；奇花初胎，矞矞皇皇；干将发硎，有作其芒；天戴其苍，地履其黄；纵有千古横有八荒；前途似海，来日方长。美哉我少年中国，与天不老！壮哉我中国少年，与国无疆！

## 第二环节：爱国情怀我来抒

1. 活动。
（1）抑扬顿挫，吟诵爱国情怀。
（2）声情并茂，讲述爱国故事。
（3）悠扬婉转，吟唱爱国歌曲。
2. 活动要求。
（1）每个组可以选择2~3种方式呈现爱国情怀。
（2）对自己或小组呈现的作品进行适当的解说。
（3）环节与环节之间衔接得当。
（4）选择恰当的背景音乐，制作简洁的PPT，时间3~5分钟。

过渡语：

爱国情怀处处有，它不但呈现在我们现代的文章中，也记载于我们古诗词中、歌曲里、绘画中，人们以多种形式传承着它。今天就让我们一起踏进历史长河，感受古代志士的爱国情、赤胆心。

3. 学生成果展示。

第一组：展现形式—古诗《春望》+ 爱国歌曲《十里送红军》

（1）古诗朗诵与赏析。

### 春望
#### 杜甫
国破山河在，城春草木深。
感时花溅泪，恨别鸟惊心。
烽火连三月，家书抵万金。
白头搔更短，浑欲不胜簪。

> 全篇忧国，伤时，念家，悲己，显示了诗人一贯心系天下、忧国忧民的博大胸怀。这正是本诗沉郁悲壮、流传千古的内在原因。本诗通过描写安史之乱中长安的荒凉景象，抒发了诗人忧国思家的感情，反映了诗人渴望安宁、向往幸福的愿望。

（2）歌曲演唱。
一送红军下南山，秋风细雨扑面寒，
树树梧桐叶落完，红军几时再回山？
二送红军大路旁，红漆桌子路边放，
桌上摆着送行酒，祝愿红军打胜仗。
三送红军上大道，锣儿无声鼓不敲，
双双拉着长茧手，心藏黄连脸在笑。
四送红军过高山，山山包谷金灿灿，
包谷本是红军种，撒下种子红了天。

> 歌曲采用回旋曲式手法，使整首歌曲一气呵成。每段旋律又融进独具特色的音乐因素，在整体上给人以抽噎的感觉，在情绪上难脱压抑、沉重的印象。统观全歌，表达了对红军的留恋、期盼、祝福等多种情感。

…………

第二组：展现形式—古诗《示儿》+ 爱国故事《董存瑞》

（1）古诗朗诵与欣赏。

### 示儿
#### 陆游
死去原知万事空，但悲不见九州同。
王师北定中原日，家祭无忘告乃翁。

> 《示儿》是宋代诗人陆游创作的一首诗，是诗人的绝笔。此诗传达出诗人临终时复杂的思想情绪和忧国忧民的爱国情怀，表现了诗人一生的心愿，倾注了诗人满腔的悲慨，既有对抗金大业未就的无穷遗恨，也有对神圣事业必成的坚定信念。

（2）故事分享。

### 董存瑞
1948年5月25日，我军攻打隆化城的战斗打响。

董存瑞所在连队担负攻击国民党守军防御重点——隆化中学的任务。

他任爆破组组长，带领战友接连炸毁4座炮楼、5座碉堡，胜利完成了规定的任务。连队随即发起冲锋，突然遭敌一隐蔽的桥型暗堡猛烈火力的压制。

部队受阻于开阔地带，二班、四班接连两次对暗堡爆破均未成功。

董存瑞挺身而出，向连长请战："我是共产党员，请准许我去！"

> 在革命的历史长河中，有无数保卫祖国而牺牲生命的人。其中，我最敬佩的是著名战斗英雄、模范共产党员董存瑞。一个用血肉之躯挺身而出炸碉堡的人，一个为革命胜利而付出生命的人。他的英雄事迹广为传颂，是我们学习的榜样。他视死如归英勇奋战的革命精神与无私无畏的品质和性格，将永远激励着我们不断奋发进取，勇往直前。

说完毅然抱起炸药包，冲向暗堡，前进中左腿负伤，顽强坚持冲至桥下。由于桥型暗堡距地面超过身高，两头桥台又无法放置炸药包。危急关头，他毫不犹豫地用左手托起炸药包，右手拉燃导火索，高喊："为了新中国，冲啊！"碉堡被炸毁，年仅19岁的董存瑞以自己的生命为部队开辟了前进的道路。

第三组：展现形式　爱国影片《文天祥》+ 古诗《过零丁洋》

（1）电影欣赏。

南宋民族英雄文天祥，兵败被俘，坐了三年土牢，多次严词拒绝了敌人的劝降。一天，元世祖忽必烈亲自来到土牢里劝降，许以丞相之职，他毫不动摇，反而斩钉截铁地说："唯有以死报国，我一无所求！"

临刑前，监斩官凑近说："文将军，你现在改变主意，不但可免一死，还依然可当丞相。"文天祥怒喝道："死就死，还说什么鬼话！"于是，文天祥面向南方，慷慨就义了。文天祥生前，留下一首撼人心弦的《正气歌》。

（2）古诗朗诵与赏析。

**过零丁洋**
文天祥

辛苦遭逢起一经，干戈寥落四周星。
山河破碎风飘絮，身世浮沉雨打萍。
惶恐滩头说惶恐，零丁洋里叹零丁。
人生自古谁无死，留取丹心照汗青。

> 《过零丁洋》是宋代大臣文天祥在1279年经过零丁洋时所作的诗作。此诗前两句，诗人回顾平生；中间四句紧承"干戈寥落"，明确表达了作者对当前局势的认识；末两句是作者对自身命运的一种毫不犹豫的选择。全诗表现了慷慨激昂的爱国热情和视死如归的高风亮节，以及舍生取义的人生观，是中华民族传统美德的崇高表现。

第四组：展现形式—爱国名言集+爱国手抄报展

（1）爱国名言。

"夜视太白收光芒，报国欲死无战场！"——陆游《陇头水》

"一身报国有万死，双鬓向人无再青。"——陆游《夜泊水村》

"头颅肯使闲中老？祖国宁甘劫后灰？无限伤心家国恨，长歌慷慨莫徘徊。"——秋瑾《柬某君》

"常思奋不顾身，而殉国家之急。"——司马迁《报任少卿书》

"保国者，其君其臣肉食者谋之；保天下者，匹夫之贱与有责焉耳矣。"——顾炎武《日知录》

（2）爱国手抄报展示。（学生自制）

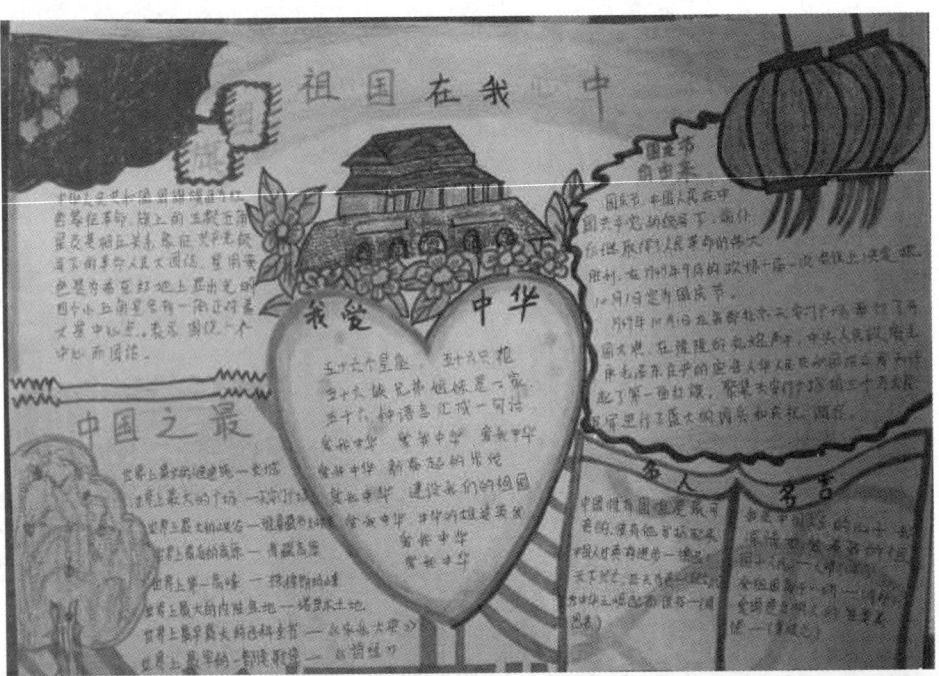

结束语：

爱国，让无数先烈抛头颅、洒热血；爱国，让无数诗人、学者奋笔疾书。每每读到这样的文章，这样的诗词，心中油然而生慷慨激昂之情。爱国，不是挂在嘴边，而是需要我们的实际行动。

不要忘了"落后就要挨打"的历史教训。我们要把使命和责任凝聚在脑中，把握在手中，把强烈的爱国热情化为强国的巨大力量。我们要奋发图强，用我们百倍的努力，学得知识，学得能力，积极投身于社会主义现代化建设中去，为实现中华民族的伟大复兴而共同努力。

**【评价活动效果】**

表3　重庆市字水中学语文项目学习·家国情怀活动课评价量表

| 维度 | 状况 | | | 总评（据星评级） | 主要问题 | 修改建议 |
|---|---|---|---|---|---|---|
| | 很准确★★★ | 较准确★★ | 不够准确★ | | | |
| 内容的理解 | | | | | | |
| 讲解清晰度 | | | | | | |
| 形式的丰富 | | | | | | |
| 小组的协作 | | | | | | |

（说明　总评优秀：10~12★；良好：7~9★；不太好：少于7★）

**【课后活动】**

1. 创新写作。

提示：自读法国作家都德的《最后一课》，结合品读文章的方法，体会文章中深刻的爱国情感，并进行创新写作。

① 题目设计为《〈最后一课〉之后》。

② 紧承文末一句话，围绕爱国主义的主题展开合情合理的想象。如：愤怒的人们久久不愿离开教室，人们高呼："我们要法语，不要德语！""打倒普鲁士！""法兰西万岁！"……普鲁士兵凶补恶煞地冲进教室，与人们厮打起来……人们含恨离去……几天后，大人、小孩、男人、女人聚集在一起，韩麦尔先生又给人们上法语课……

③ 结构要完整。

2. 制作"爱国情怀"手抄报。

**【学习反思】**

## 情由"境"生

爱国是一个人对自己祖国的诚挚的热爱和深厚的情感，是一个人最原始的感情之一。但作为涉世不深的中学生，很难体会文章中流露的爱国情怀。因此，在教学环节中，老师要不断创造环境，并引导学生自己创造环境，去更深刻地体会爱国情怀。

在教学中，我对教学内容进行了筛选、整合与加工，体现了教学过程的创造性。这节课我自认有两点设计较好：

第一：结尾开放、创新。

学生自己收集爱国古诗词、小故事、歌曲、绘画等，激起了学生的兴趣，同时启发了学生思考相关作品背后的爱国情怀，发散了学生的思维，调动了学生积极性。

第二：把课堂还给了学生。

在教学中，形成了"教师引导——学生自读——小组合作——全班交流"的程式，学生的主体地位得到了极大体现。所有内容都是学生在教师的引导点拨与激发下自我体会、自我揣摩、自我感悟出来的。课堂上师生互动，气氛活跃，学生的思维能力得到了一定的培养。学生的发言有自己的情感体验和思考感悟，既有思维火花的碰撞，又有丰富的想象力和审美力的闪现。

　　本节课虽然基本达到了预期效果，但还有不尽如人意的地方。比如教学时间有限，环节与环节之间比较急，没有给学生留足时间思考相关问题，还需要课后补充相关内容。

八年级上册第一单元·活动

# 以新闻的方式学习新闻
## ——新闻单元学习活动设计

杜在琴

【学习课型】

活动·探究课

【学习主题】

新闻

【学习内容】

统编教材八年级上册第一单元"活动·探究"的三个任务：新闻阅读，新闻采访，新闻写作。

统编教材自读课本《遥远的回忆》（八年级上册）的两个板块："动态缩影"和"时代定格"。"语文主题学习"八年级上册①："特写万花筒"和"通讯面面观"等板块。

【设计意图】

《语文课程标准》指出"语文课程是一门学习语言文字运用的综合性、实践性课程"。"语文课程是实践性课程，应着重培养学生的语文实践能力，而培养这种能力的主要途径也应是语文实践。"活动探究单元学习内容"教学化""过程化"，在完成"新闻阅读—新闻采访—新闻写作"三个任务的过程中，由"知"到"行"，既重视知识学习，改变知识的呈现方式，又重视实践活动，帮助学生建构知识系统，培养语文核心素养。

除了学习知识，项目学习的评价也是一个重要的学习内容。评价的维度不同于以往只注重掌握知识的教学评价方式，而是更多地关注活动过程中学生的情感体验、参与程度、合作意识、反思能力等非智力因素的发展。故改变传统只注重评价成绩的教学方法，而采用"多元评价方式"，即将"过程评价"和"成果评价"相结合。它促使教师对学生的学习情况作长期的、连续的观察，鼓励学生对自身的学习活动进行持续性的反思，认识自身的智力强项以及不足之处，真正使学生得到全面的发展。所以学习活动过程中要制订相应的评价标准。

【学习目标】

1. 任务一：新闻阅读。了解常见新闻体裁的特点；初步形成一定的新闻阅读能力，熟练概括新闻内容；学会撰写新闻标题、导语等。

2. 任务二：新闻采访。锻炼捕捉新闻线索、抓住新闻热点的能力；提高策划组织、分工合作、交流沟通的能力。

3. 任务三：新闻写作。个人写作新闻，小组制作报纸。

4. 任务四：成果展示。

**【课前活动】**

1. 自读教材八年级上册第一单元内容；自读统编教材自读课本《遥远的回忆》（八年级上册）中的两个板块："动态缩影"和"时代定格"；自读"语文主题学习"八年级上册①："新闻万花筒"和"通讯面面观"等板块。随时圈点勾画并做简单批注。

2. 查阅资料，了解新闻相关知识。

（1）新闻的定义与特征。

定义：新闻是经有新闻媒介传播的、为大众所关心的、新近发生的事实或情况的信息。

特征：真实性、及时性、公开性。

（2）新闻的基本结构及各部分特点（特点略）。

基本结构：标题、导语、主题、背景、结语。

（3）新闻要素。

"5W+H"。

（4）常见新闻体裁及特点。

3. 预估学生自读时可能存在的问题。

文体不明。可能把新闻当作一般记叙文来读，不会以新闻的方式阅读新闻。

**【课中活动】**

导入：狗咬人不是新闻，人咬狗才是新闻。——（美国）查尔斯·丹纳

## 任务一：新闻阅读

### 第一环节：触摸热点　　了解新闻

（设计意图：以此新闻为例，了解新闻的基本知识）

**《中华人民共和国国歌》国家通用手语版正式发布**

央广网北京9月1日消息（记者王晶）《国歌》国家通用手语版于9月1日正式发布。当天，中国残联、教育部、国家语委共同在北京启喑实验学校举行《国歌》国家通用手语版的推广发布仪式。

上午9点，全体与会人员观看了《国歌》国家通用手语版视频。随后北京启喑实验学校全体师生使用《国歌》国家通用手语版。仪式上，特教学校代表获赠《国歌》国家通用手语版挂图。

《国歌》国家通用手语版的正式发布和使用，实现了长期以来广大听力残疾人，特别是特教学校师生使用国家通用手语迎着国旗、统一规范奏唱表达《国歌》的心愿。

根据部署，《国歌》国家通用手语版未来将在全国范围内有听力残疾人参与的重大活动和场合中推广使用。

据了解，《国歌》国家通用手语版是根据《国家通用语言文字法》《国歌法》有关规定，在教育部和国家语委大力支持下，中国残联组织中国聋人协会、华夏出版社、国家手语和盲文研究中心等组织和机构，在充分尊重听力残疾人和手语使用者意见的基础上研制而成的，自2018年9月1日起正式发布使用。（有改写）

1. 新闻基本特征：真实性、及时性、公开性。
2. 新闻基本结构。

新闻 { 标题 / 导语 / 主体 / 背景 / 结语 }

3. 新闻六要素。
"5W+H"（何人、何时、何地、何故、何事、如何）。

## 第二环节：细读消息　理解新闻

1. 阅读规范消息（第1、2课），理清基本要素。

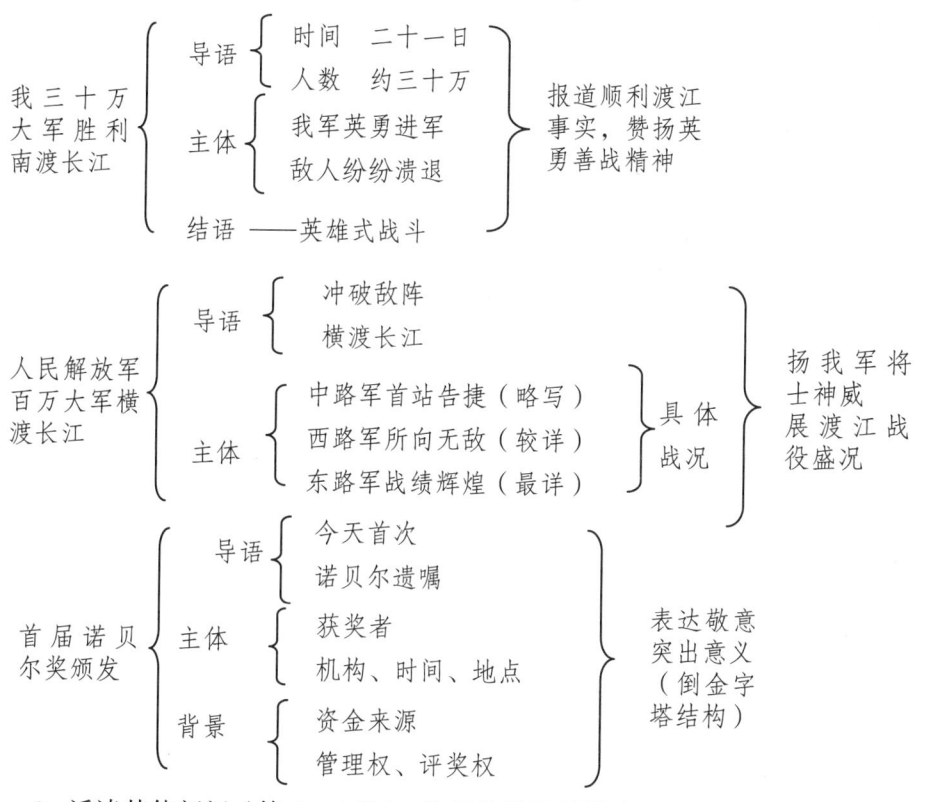

我三十万大军胜利南渡长江 {
  导语 { 时间　二十一日 / 人数　约三十万 }
  主体 { 我军英勇进军 / 敌人纷纷溃退 }
  结语——英雄式战斗
} 报道顺利渡江事实，赞扬英勇善战精神

人民解放军百万大军横渡长江 {
  导语 { 冲破敌阵 / 横渡长江 }
  主体 { 中路军首站告捷（略写） / 西路军所向无敌（较详） / 东路军战绩辉煌（最详） } 具体战况
} 扬我军将士神威 展渡江战役盛况

首届诺贝尔奖颁发 {
  导语 { 今天首次 / 诺贝尔遗嘱 }
  主体 { 获奖者 / 机构、时间、地点 }
  背景 { 资金来源 / 管理权、评奖权 }
} 表达敬意 突出意义 （倒金字塔结构）

2. 泛读其他新闻（第3、4课），梳理分类及其特点。

表1　常见新闻分类及特点表

| 分类 | 时效性 | 报道对象 | 篇幅 | 表达方式 |
| --- | --- | --- | --- | --- |
| 消息 | 强 | 新闻事件整体 | 一般而言比较短 | 以记叙、说明为主 |
| 新闻特写 | 一般 | 新闻事件的某一场景 | 篇幅比较灵活 | 以记叙、描写为主 |
| 通讯 | 较弱（有日益变强的趋势） | 新闻事件整体及细节 | 较长 | 综合运用多种表达方式 |

3. 以新闻的方式阅读新闻。

（1）运用所学的新闻相关知识，选读统编教材自读课本《遥远的回忆》（八年级上册）中的两个板块："动态缩影、时代定格"《山东作家莫言获诺贝尔文学奖》等八篇文章及"语文主题学习"八年级上册①《瞬间永恒》中的"特写万花筒"和"通讯面面观"等板块。可把所读文本改写为一句话新闻。

（2）搜集近期报刊、网络上你最感兴趣的一则新闻，带到班上交换阅读。

（3）就以上新闻评出"好新闻"一、二、三等奖若干，一等奖在"字水书院·早间新闻直播间"播报。

表2 "好新闻"奖评选量表

| 项目 | 目标 | 得分 | 总得分（30分） |
|---|---|---|---|
| 标题（4分） | 有新意、有特色、抓人眼球、耳目一新 | | |
| 导语（4分） | 提示了消息的重要事实，高度概括使人一目了然 | | |
| 主体（8分） | 消息的主干，全篇新闻的关键所在。叙述事件清楚、阐发问题明确、表明观点鲜明 | | |
| 视角（4分） | 新颖独特 | | |
| 语言（6分） | 简明客观合乎文体 | | |
| 结语（4分） | 言简意赅紧扣主题 | | |

## 任务二：新闻采访

1. 选择主题阶段。

（1）分组，召开新闻采访选题会，确定报道题材。

（2）讨论选题的新闻价值，报道角度等。

（3）修改完善采访主题。

2. 拟订方案阶段。

（1）前期准备：小组分工。搜集资料，联系采访对象，获得家长支持，准备采访器具。

（2）草拟采访提纲。一般包括采访时间、地点、对象、目的、方式等。

（3）拟定采访问题。注意所提问题要具体、客观、有针对性，有典型性，且有一定的逻辑联系，有采访价值。

（4）讨论修改完善采访提纲。

**资料助推：**

A. 新闻采访方式包括现场访谈、调查、材料收集、笔录、摄影、摄像、录音等。

B. 采访过程包括了解新闻事件的总体情况、采访事件亲历者、搜集相关资料、拍摄新闻照片等。

C. 友情提醒：采访过程中，要尊重采访对象，注意言行得体。例如：不要强求采访对象回答不愿回答的问题；拍摄人物照片时，要事先征得对方同意等。

示例：

表3　采访提纲参考表

| 时间、地点 | 9月14日下午放学后，本校田径队休息室 |
|---|---|
| 采访对象 | 市中学生运动会初中组男子100米比赛冠军、本校学生刘文 |
| 采访目的 | 了解刘文的成长经历、夺冠心得，以及他对训练与学业关系等的看法 |
| 采访方式 | 深度访谈，照片拍摄 |
| 采访器材 | 纸、笔、照相机 |
| 采访问题 | （1）先跟大家说说你夺冠后的心情。<br>（2）你什么时候开始练习短跑的？平时每天大概训练多长时间？<br>（3）你觉得训练中最难的是什么？如何兼顾训练与学业？<br>（4）在男子百米项目中，哪位运动员对你的影响最大？（询问原因，请对方具体讲述）<br>（5）你认为体育训练对你的成长有什么价值？<br>…… |

3. 开展活动阶段。

（1）模拟采访。组内成员模拟采访，斟酌采访提纲的可行性，建立自信勇敢的采访心理，锻炼采访技巧以及检验成员间分工是否合理、配合是否默契等。

（2）正式采访。预设问题采访和随机采访相结合，记录、照相、录音等配合。

（3）整理采访实录。

4. 形成作品阶段。

撰写新闻采访报告，包括采访提纲、采访实录、采访照片、视频及采访收获等。

5. 汇报成果阶段。

举行"字水书院·新闻采访报告会"。

## 任务三：新闻写作

**第一环节：新闻写作巧指导**

1. 拟写醒目的标题。

消息的标题是全文的眼睛，要求：准确、凝练、新颖、醒目。

表4　新闻标题的分类及特点

| 分类 | 特点 | 示例 |
|---|---|---|
| 主题式 | 直接揭示文章的核心 | 税费"红包"激活经济"细胞" |
| 引题+主题式 | 肩题也称引题、眉题，在主题的上面，从一个侧面对主题作引导、说明 | 引题：一个东北农民的种植转型记<br>主题：再见，玉米　你好，蔬菜 |
| 主题+副题式 | 副题也称子题、辅题，位于主题下边，对主题起补充、注释的作用 | 主题：让我们一起种下思想的种子<br>副题：记中国和非洲学者从《摆脱贫困》一书探寻中国减贫经验 |
| 引题+主题+副题式 | 主题是实的，引题是虚的，副题是实的 | 引题：中华民族在实现祖国统一大业中的又一盛事<br>主题：澳门今回祖国怀抱<br>副题：中葡两国政府澳门政权交接仪式隆重举行 |

2. 提炼精彩的导语。

导语是新闻的写作中心，是新闻的第一句或第一段话。它是用简要的文字，写出新闻中最主要、最新鲜的事实，鲜明地提示新闻的主题思想。

表5 新闻导语的分类及特点

| 分类 | 特 点 |
| --- | --- |
| 叙述式 | 用摘要或综合的方法，对消息中最新鲜、最主要的事实作扼要的叙述 |
| 描写式 | 对消息中的主要事实或某一个有意义的侧面，作间接的描写 |
| 评论式 | 对所报道的事实，作简洁、精辟的评论，以揭示事物的性质 |
| 提问式 | 把主要事实用提问的方式写出来，使报道的问题更为尖锐，以引起读者的注意 |

3. 展开翔实的主体。

新闻主体部分是具体叙述报道的事实，是一篇新闻的主要部分。它紧承导语，紧扣中心，用典型、有说服力的事实对导语展开叙述。进一步阐述新闻主题，或回答导语中提出的问题。用语不要与导语重复。应按时间顺序或逻辑顺序（如因果、并列、主次、点面等关系）安排层次，要先写主要的，再写次要的，即按"倒金字塔结构"安排。

4. 介绍背景和结语。

新闻背景有对比性的、说明性的、注释性的。新闻结语可概括小结、预测趋势、提出问题。

5. 锤炼简明的语言。

新闻的语言要求准确、简练、易懂，可适当讲究生动形象。其语言有点类似记叙文，但不等同于记叙文。它的表达方式以记叙为主，但切忌加入大量的描写性语句。

小结：新闻写作小口诀

标题要新颖　　导语要扼要

内容要新鲜　　事实要准确

主次有先后　　语言要简明

## 第二环节：标题导语我来拟

1. 学写标题。

（1）好题引路。

A. 让企业不再"抱着水缸喊渴"

B. 银证保都姓"监"

C. 西方之乱何以成了"灯下黑"

D. 行李箱再大，也装不下一个家

E. 一个人·一辈子·一道渠——贵州遵义老支书黄大发的无悔人生

（摘自《人民日报》2017年度好标题评选）

（2）补写标题。

请为下面这则新闻补写标题。（不超过18个字）

| | | | | | | | | | | | | | | | | | |
|---|---|---|---|---|---|---|---|---|---|---|---|---|---|---|---|---|---|
| | | | | | | | | | | | | | | | | | |

4月4日晚,经过九场精彩而紧张的诗词大比拼,央视《中国诗词大会》迎来了第三季总决赛。出人意料,这一季的总冠军是一位来自杭州的外卖小哥——雷海为!更让人意外的是,雷海为当天的对手竟然是来自北大的文学硕士。雷海为被对手彭敏称为《天龙八部》里的扫地僧,导师郦波说雷海为是一个内心特别笃定的人。

诗词素养讲究积累,非一朝一夕而得。为了这个总冠军,37岁的雷海为已经诗性地隐居了很多年。他的诗歌启蒙来自父亲。小时候,父亲会把诗词写出来,贴在厨房里,教他念。"那时候父亲希望我成为有文化涵养的人吧,将山川湖海藏在心中。"雷海为说。长大后,因为频繁的转学,雷海为错失了上大学的机会,但在工作之余,他拾起了诗歌,每周末都去书店看诗词,在书店里背完,回家后默写下来,下次去书店再校对一遍。

当上快递小哥后,等餐间隙,其他人在看直播打游戏的同时,雷海为还是在拿着手机背诗。他最近在看的一本书是《汉语语音史》。 (有改写)

拟题示例如下:

A. 外卖小哥雷海为完胜北大硕士成功夺冠
B. 外卖小哥雷海为VS文学硕士赢得总决赛
C. 外卖小哥雷海为对战北大硕士竟获冠军
D. 外卖小哥雷海为战胜北大硕士获总冠军

小结:拟题格式:什么人做什么事+结果。

2. 学写导语。

(1)导语写作要求。

① 突出重点,吸引读者。摒弃可有可无的内容,突出关键信息,集中呈现最有新闻价值、最受读者关注的新闻事实。

② 言之有物,事实说话。要浓缩、概括新闻事实,但不能流于抽象、空洞,尽量用事实而非概念来说话。

③ 简明扼要,开启全篇。要简洁明了,避免与主体部分重复,用精练的语言呈现精要的内容,同时为整篇消息定下基调。

④ 形式多样,体现特色。可以直接陈述新闻事实,也可以在不违背新闻真实性的前提下,表现场面,描写细节,渲染气氛,讲述故事。

(2)请就最近发生在班上或学校或所在小区社区等的有意义的事件拟写一则新闻导语。(特别注意同一事件面向不同读者时角度不同)

### 第三环节:完整新闻我来写

表6 重庆市字水中学语文项目学习·"我手写新闻"评价量表

| 维度 | 目标与要求 | 项目分值 | 得分 | 总得分 | 存在的问题 | 修改重点 |
|---|---|---|---|---|---|---|
| 标题 | 简明、醒目 | 20分 | | | | |
| 导语 | 见"导语写作要求表" | 30分 | | | | |
| 主体 | 新闻要素较全,采用倒金字塔结构 | 20分 | | | | |
| 语言 | 准确、简练 | 20分 | | | | |
| 视角 | 比较新颖,能吸引读者注意 | 10分 | | | | |

## 任务四：成果展示

### 第一环节：小组合作，制作《字水心语报》

把新闻阅读、新闻采访、新闻写作三个阶段学习成果综合制作成《字水心语报》。

① 编辑制作。运用各种方法，组织、收集、整理、修改、加工各种新闻素材，使之成为成形的新闻产品。

② 报纸版面。报纸上各种稿件编排布局的整体表现形式，通过对稿件所占地位的安排，标题及其字号的大小，栏行的划分和变化，线条和装饰、色彩的运用等，来体现报道的意图。

### 第二环节：开展"以新闻的方式学习新闻——字水书院·'我们的新闻'成果展示会"

（成果呈现方式：《字水心语报》，成果报告，PPT，视频等）

1. 小组代表展示成果。

表7　重庆市字水中学语文项目学习·"我们的新闻"成果展示评价量表

| 项目 | | 内容 | 得分 | 存在问题 | 提高建议 |
|---|---|---|---|---|---|
| 新闻阅读（10分） | | 新闻六要素、五结构等 | | | |
| 新闻采访（20分） | | A. 新闻主题选择有价值 | | | |
| | | B. 新闻报道角度巧妙 | | | |
| | | C. 采访提纲的操作性 | | | |
| | | D. 现场采访自然流畅 | | | |
| 新闻写作（20分） | | A. 标题新颖 | | | |
| | | B. 导语扼要 | | | |
| | | C. 主体充实 | | | |
| | | D. 语言简明 | | | |
| | | E. 视角新颖 | | | |
| 编辑制作（30分） | | A. 主题突出　内容充实 | | | |
| | | B. 版面美观　分布合理 | | | |
| 其他（20分） | 参与度、合作度（10分） | A. 参与度广<br>B. 合作度好 | | | |
| | 生长点（10分） | A. 听说读写思<br>B. 三维目标<br>C. 核心素养培养<br>…… | | | |

2. 总结收获。

撰写"学习新闻自评报告"，并在"字水书院·悦读分享会"上分享。

**【课后活动】**

1. 养成仔细观察认真思考身边事情的习惯，做生活的有心人。

2. 继续开展"字水书院·早间新闻直播间"活动，集"采、编、播"为一体。

【学习反思】

## 由"知"到"行"·学习过程化

新课标指出"语文课程是一门学习语言文字运用的综合性、实践性课程"。统编教材从八年级上册开始每学期安排一个活动探究单元，就是为此而设置的。这样学习内容"教学化""过程化"，在完成新闻阅读—新闻采访—新闻写作三个任务的过程中，由"知"到"行"，既重视新闻相关知识学习，又重视实践活动，帮助学生建构知识系统，培养其语文核心素养。

学习内容"过程化"，符合这个阶段学生的认知规律。那学习环节安排是否合理恰当呢？

1. 环节安排有梯度。新闻阅读—新闻采访—新闻写作—成果展示，学习环节安排有梯度，由"知"到"行"，渐次深入。

2. 阅读方式多样。有精读、泛读、选读、换读等，这样既学习了新闻知识，又提高了阅读兴趣。

3. 写作层次分明。从新闻写作的指导到标题导语的拟写再到完整新闻的呈现；从拟写标题如何醒目到提炼导语如何精彩再到展开主体如何翔实；从好题引路到补写标题；从导语要求到自拟导语……都体现了由阅读到写作，由吸收到吐纳，由"知"到"行"的过程化。

4. 新闻采访渐进。由已知到未知，由知识到能力，由个人学习到小组合作，真正体现了学习的"过程化"。

综上所述，只有活动探究单元学习"过程化"，学生核心素养的培养才可能落地生根。

八年级上册第一单元·活动

# 以读写的方式认识新闻特写

唐玉玲

**【学习课型】**

主题写作课

**【学习主题】**

新闻特写

**【学习内容】**

统编教材八年级上册第一单元:《"飞天"凌空——跳水姑娘吕伟夺魁记》

"语文主题学习"八年级上①:《梦碎雅典》

**【设计意图】**

本学期教材设置了新闻单元的活动探究课,《语文课程标准》也更加强调教师应该让学生自主活动、体验,引导学生在语文综合实践中获得相应的能力。在教学上要从教师授课、学生听课这种传统模式转变为突破时空、内容、手段等方面的封闭状态,把学习自主权真正交给学生,锻炼学生自主学习、合作学习的意识和能力。

**【学习目标】**

1. 具备一定的新闻阅读能力。
2. 了解新闻特写的基础知识。
3. 理解新闻特写的新闻价值。
4. 完成新闻特写的写作。

**【课前活动】**

跟随阅读引导,阅读《"飞天"凌空——跳水姑娘吕伟夺魁记》,初步了解并掌握新闻特写的阅读方法。

表1 阅读引导表

| 阅读问题 | 思路引导 |
| --- | --- |
| 这则新闻特写报道了一件什么事? | 跳水姑娘吕伟在新德里亚运会上赢得金牌的事 |
| 着重抓住什么场面来刻画的?哪部分略写?哪部分详写? | 课文抓住吕伟跳水动作来细致刻画的<br>"何人何事何地"等新闻要素略写,"如何"详写 |
| 本文是按照什么顺序来记叙的? | 本文是按照时间顺序来记叙的 |

续表

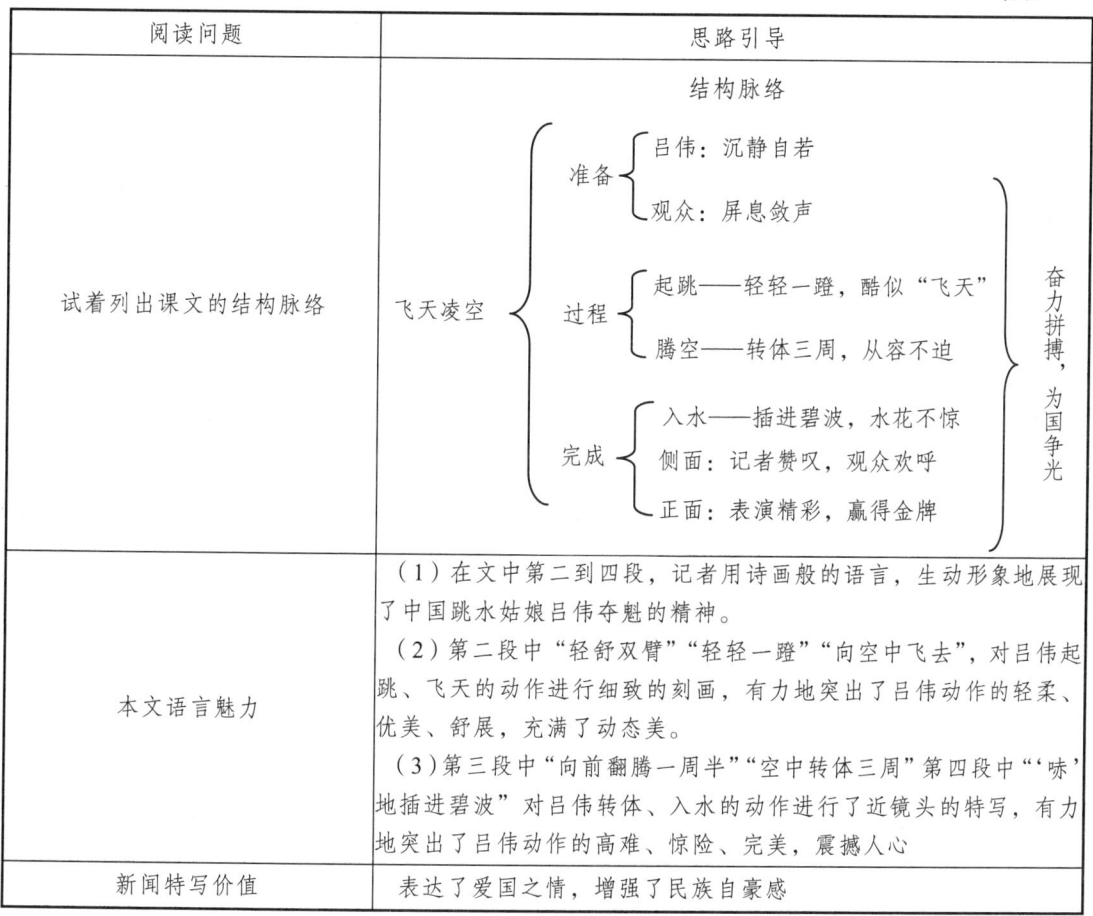

| 阅读问题 | 思路引导 |
|---|---|
| 试着列出课文的结构脉络 | 结构脉络<br>飞天凌空 { 准备 { 吕伟：沉静自若 / 观众：屏息敛声 }　过程 { 起跳——轻轻一蹬，酷似"飞天" / 腾空——转体三周，从容不迫 }　完成 { 入水——插进碧波，水花不惊 / 侧面：记者赞叹，观众欢呼 / 正面：表演精彩，赢得金牌 } } 奋力拼搏，为国争光 |
| 本文语言魅力 | （1）在文中第二到四段，记者用诗画般的语言，生动形象地展现了中国跳水姑娘吕伟夺魁的精神。<br>（2）第二段中"轻舒双臂""轻轻一蹬""向空中飞去"，对吕伟起跳、飞天的动作进行细致的刻画，有力地突出了吕伟动作的轻柔、优美、舒展，充满了动态美。<br>（3）第三段中"向前翻腾一周半""空中转体三周"第四段中"'哧'地插进碧波"对吕伟转体、入水的动作进行了近镜头的特写，有力地突出了吕伟动作的高难、惊险、完美，震撼人心 |
| 新闻特写价值 | 表达了爱国之情，增强了民族自豪感 |

**资料助推：**

新闻价值是新闻事实本身所包含的满足社会需求的素质的总和。新闻价值要素包括真实性、时效性等不变要素和重要性、显著性、接近性、趣味性等可变要素。新闻事实所包含的价值要素越丰富，级数越高，新闻价值就越大。

**【课中活动】**

导入：

播放《一出好戏》中黄渤中奖 6 000 万特写片段。

问题：

在看了这个电影片段后，你认为这个片段运用了什么电影拍摄手法？

（让学生初步感受特写镜头）

## 活动一：介绍新闻特写

### 第一环节：新闻特写的概念

新闻特写是截取新闻事实的横断面，即抓住富有典型意义的某个空间和时间，通过一个片断、一个场面、一个镜头，对事件或人物、景物做出形象化的报道的一种有现场感的、生动活泼的新闻体裁。是以描写为主要表现手段，形象化地再现与放大的一种新闻体裁。

**第二环节：消息、通讯和特写的区别**

表2　区分消息、通讯、特写方法参考表

| 维度 | 消息 | 通讯 | 特写 |
| --- | --- | --- | --- |
| 主题 | 虽然有一定的思想倾向，但主要是为了突出报道的新闻事实 | 有鲜明的主题和思想倾向 | 有鲜明的主题和思想倾向 |
| 选材 | 重事件，"何事"最重要。纵然是人物消息，也主要是写人做的事，以事显人。偶尔有细节（纵剖面） | 注重写人或写事中之人，即使重在写事，也不仅仅以交代清楚"何事"为最终目的，而是力图展现事件的全貌。没有细节不会有好通讯（纵剖面） | 镜头式的新闻片段，描写事件局部并放大细节（横断面） |
| 表达方式 | 以叙述为主，较少出现直接的抒情或者议论，看不到报道者明显的态度、立场或者评论 | 融叙述、描写、议论和抒情于一体 | 以描写为主，可以适当穿插议论、抒情，使读者对事实的认识得以升华 |
| 结构 | 一般采用"倒金字塔"结构，突出主要事实 | 结构灵活，类似于散文，结构有纵式、横式、层层递进式 | 结构灵活，如同讲故事，怎样好听怎样讲。用"文无定法"形容最恰当 |
| 语言 | 客观、冷静、简洁、明快 | 生动形象，富有文采 | 生动形象，富有文采。较通讯集中、精炼 |
| 时效性 | 讲究传播的时效。被称为"带着露珠的新闻" | 较消息时效性差些 | 讲究传播的时效 |

## 活动二：回顾课前活动，阅读类文

阅读相关资料并回答问题。

### 梦碎雅典

杨明　马小林

奥蒂又输了，这次依然输给了"坏运气"。

这位37岁的牙买加老将具备夺取世界女子百米冠军的实力已达17年之久，但好运却从未降临到她的头上。当奥蒂今晚闪着泪花走出第六届世界田径锦标赛赛场时，她追求了一生的梦想化作了一场噩梦。

奥蒂已经赢得过一次百米冠军。可以说，没有任何一个女子田径选手能在37岁"高龄"依然在世界赛场上奔跑；也没有任何一个世界名将比奥蒂遭遇更多的莫名其妙的不幸。

这次大赛前，她以10秒96的成绩排名今年世界第三。美国的奥运冠军德弗斯和世界冠军托伦斯因故不能参加本届的百米赛，这给了奥蒂一次绝好、也是最后一次竞争世界"短跑女皇"的机会。

经过三轮出色的表现，奥蒂最终站到了决赛起跑线前，观众送给她的激励掌声超过了所有其他选手。她太珍惜这次机会了,这将是她人生最关键的一次搏击,就像剑手要毕其功力于一击。

奥蒂蹲下了,全场静默着。发令员举起手臂。反常的两声枪响表明有人抢跑。所有人跑出后都停下来,惟独奥蒂没有听出是犯规的枪声。这对于比赛经验最丰富的她来说,真是不可思议。

起跑通常不好的奥蒂这次"启动"完美之极。她像旋风般掠过跑道,人们惊呆了。夜色中,孤独的奥蒂如黑色的闪电射向终点,转瞬之间,她已经跑过80米!

在全场的惊呼声中奥蒂停下来,她意识到发生了"可怕"的事情。此时,全场再次静默得反常。在这片静默之中,奥蒂转身,面无表情地朝起点慢慢地一步一步走着……

奥蒂,为什么总是不幸的奥蒂!人们想起在1993年的世界锦标赛百米决赛中,奥蒂和美国的德弗斯几乎同时撞线,成绩均为10秒82。但是,国际田联通过录像将金牌判给了对手。站在银牌领奖台上,奥蒂的那双泪眼给世界留下了难忘的印象。

历史居然惊人地再一次重演!1996年奥运会百米决赛上,奥蒂又一次在同样的情形下输给了德弗斯,又一次成为无可奈何的"伴娘",让世界唏嘘不已。

去年底,奥蒂曾经决定退役。捧着一大堆银牌和铜牌,心怀不甘的她宣布改当时装设计师。当时,世界上所有的体育爱好者都将深深的敬意,献给这位不是世界百米冠军的"女皇"。

现在,奥蒂那两条修长的腿沉重地走着,分明是一步一个坎坷,一步一个艰辛,那条跑道浓缩了她20多年的运动生涯和一个未能如愿的梦。数万观众以静默表示着他们的深深的同情。

出乎所有人的意料,奥蒂没有沮丧,没有发脾气。她的脸上是坚毅的神情。

起点前,奥蒂再一次蹲下,再一次使出毕生的气力去拼搏,但结局是大家可以预料的(仅获第七名)。

奥蒂以永不向厄运低头的勇气证明了什么是奥林匹克精神。她的世界百米冠军梦虽然没有实现,但在世人的心中,奥蒂何尝不英雄!

阅读问题:
(1)这则新闻特写报道了一件什么事?
(2)着重抓住什么场面来刻画的?
(3)哪部分略写?哪部分详写?
(4)本文是按照什么顺序来记叙的?
(5)试列出课文的结构脉络。

## 活动三:新闻特写写作

### 第一环节:分组准备写作素材

主题分组:
1. 校园文明A组,校园文明B组,校园文明C组。
2. 社会时事A组,社会时事B组,社会时事C组。

小组成员按照抽签选定所在小组的新闻特写主题,主题包括两个大类:一是校园文明,二是社会时事;小组成员先阅读新闻特写,总结出新闻特写的价值侧重点,然后再进行写作。

### 第二环节：新闻特写写作

根据积累素材完成新闻特写写作，在实践中加深对新闻特写的理解。

### 第三环节：小组成员互改

小组成员参与互动，并掌握新闻特写的要点。

## 任务四：新闻特写成果展示

每个小组派代表上台展示写作成果，其他小组的成员对成果进行评价。

表3 重庆市字水中学语文项目学习·以读写的方式认识新闻特写评价量表

| 维度 | 目标与要求 | 分值 | 得分 | 总分 | 建议 |
|---|---|---|---|---|---|
| 新闻价值 | （1）真实性、时效性<br>（2）重要性、显著性、接近性、趣味性等可变要素 | 10分 | | | |
| 语言符合 | （1）落笔集中，突出重点<br>（2）浓淡相宜，真切再现<br>（3）幽默风趣，耐人寻味 | 5分 | | | |
| 讲述效果 | PPT制作效果精美、发言人逻辑清晰、口齿清楚 | 5分 | | | |

附：学生新闻特写成果

奇怪的长跑

送走三月的微寒，我们迎来美丽的四月天！

4月11日下午，字水中学第四届体育节正式开始。明媚的阳光照耀在操场上，绿的草坪，红的跑道，在阳光底下显得鲜艳又明媚。跑道起点站着一排年轻朝气的学生，他们每六个人一组，每组都穿着统一颜色的背心。

站在一旁的裁判员用独特的音调喊出："各就各位，预备！"起点的运动员们立刻压低身躯，双眼紧盯前方，做出了冲刺的预备动作。

"嘭！"

随着一声枪响，运动员们却没像以往的跑步那样闷头向前冲，而是迅速分散成一个个奇怪的队形，仔细一看，原来每组队员里面有三男三女，长跑比赛需要所有队员都完成长跑才算结束。怪不得跑道上的各个小组开始"八仙过海，各显神通"。

红色队服的运动员们采取了"雁阵式"跑法，只见他们一组人排成一条线，由一位高大的男生领头，沿着跑道有节奏地跑着；黄色队服的运动员们则采取了"两两互帮"的跑步方式，一位男生手拉着一位女生，不让女生掉队。场外的啦啦队们也开始拼命地鼓劲呐喊，恨不得亲自上去跑上几圈。

长跑进行到一半，部分女生开始体力不支了。只见红队运动员更换了领跑人，保证了每个女生身后都有一位男生，男生喊着口号用手推着前方女生的背，他们采用了这种方式助力女生跑完全程；而另一边，男生则继续拉着女生在跑道上驰骋，眼看一位女生快要倒地，只见身旁的男生马上停在了女生前面，微微弯腰，示意女生爬上他的背，于是，当男生背起女生那一刻，大家都沸腾了！一千米的长跑，为了不让任何一个组员掉队，大家都用尽了各种力所能及的办法。在接近的地方终点，大家看不到矫健地飞奔冲刺，只能看见队员们互相搀扶着跨过终点线，看不到胜利或者失败的喜怒，只能看见互相安慰和询问的关怀。

这是一场奇怪的长跑，不依靠速度取胜，靠的是团结。

没有掌声的英雄

有的英雄万众瞩目，感受着大家的掌声和欢呼，而有的"英雄"却不能拥有这些。

4月11日，字水中学一年一度的运动会开始了。学校里洋溢着欢快的气氛，空气也弥漫着激动的呼喊，大家都不约而同地将注意力集中在了那条鲜红的跑道上。就连平时"优雅"的女生们也毫不顾忌地放开嗓子为运动场上的健儿们欢呼加油。

"杨婷婷！杨婷婷！下一个比赛就是你啦，别看啦，快去热身！"

"诶，你别把垃圾扔这里，走两步，到垃圾桶那儿扔去，扔这里我们班会扣分的！"

座位上的声音此起彼伏，负责班上叫号和卫生的段美思彤即使没有报比赛项目，却也成了运动会里的大忙人。班主任还要给初三的学长学姐们的上课，就安排段美思彤负责班上运动员的叫号和卫生纪律的维持，原本逃离了班主任"魔爪"的同学们，突然发现又来了个"小魔爪"。座位间不仅有段美思彤的叫号声，还伴随着各种不理解不配合的抱怨声。运动会中途休息时，段美思彤悄悄地走到了角落，在墙壁的阴影下，她委屈地哭着。

"谁有水？快来点水，她刚跑完长跑，着急喝水缓缓！"

听见运动场传来的声音，段美思彤抬眼便看见了一箱矿泉水，她立刻从里面抽出一瓶，快速向运动场跑去。

夕阳缓缓斜下，操场上对获奖的运动员和班级展开了表扬和颁奖，看着领奖台上站着的同学，段美思彤也扬起了笑容。

教师总结：

在这堂探究课上，我们不仅学会了如何阅读新闻特写，如何认识新闻特写，更学会了如何写一则新闻特写。新闻凭借其精简准确的特点，可以提高大家遣词造句的准确性和概括性。新闻特写又以其生动的写作特点，帮助大家提高描绘各种气氛的技巧。举一反三，更能达到教学所要求的自主学习的目的。希望大家平时在生活中积极发现新闻，接触新闻，感受世间百态。

**【课后活动】**

1. 每天坚持收看新闻联播，有意识地概括新闻的主要信息。
2. 留心生活中的各种事情，发掘有价值的新闻素材并写成新闻特写。
3. 每天在"字水书院·早间新闻直播间"分享以上成果。

**【学习反思】**

从问题中学习

八年级上册第一单元是新闻阅读单元，而这一单元有三个学习任务，分别为新闻阅读、新闻采访和新闻写作。

在新闻阅读中，我希望学生能转变新闻阅读方式，不要将文学作品阅读方式套用在新闻上，在阅读新闻时可以自觉寻找新闻要素并梳理结构。依靠学生的基础阅读能力，加之新闻自身通俗易懂的特点，学生对新闻的阅读理解没有太大问题。

在新闻采访中，学生遇上了许多问题。新闻采访是活动性最强的任务，在采访准备中，既要明确新闻采访是发现和全面了解事实过程这一目的，又要确立采访重点，既不能泛泛而谈，也不能完全是生活琐事，否则就没有采访价值。仅仅是选材和设计问题，就让初二的同学们焦头烂额，并且由于大家较少接触新闻，因此我认为在学习这堂课以前，学生至少要有半个月的时间关注电视新闻，阅读报纸，让学生对新闻的初步感知能更深刻一些。

在新闻写作中，更是问题频发。新闻特写与新闻有所差异，新闻特写是描绘新闻瞬间并放大瞬间，而同学们却将此粗浅又错误地理解为夸大和出人意料，于是学生的新闻特写中不乏大量故事、微小说等。自主写作新闻特写对于才接触新闻的孩子们来说确实很困难，我认为不足的地方在于对新闻、新闻特写的接触太少，平时生活中的引导也不够充分，大家对新闻特写的了解也模糊不清。

因此，在这个大数据时代，这个时时刻刻被各种真假新闻包围的世界中，我们有必要在日常生活中带领孩子们去阅读新闻、分辨新闻，甚至尝试寻找新闻，撰写新闻，让孩子们懂得从旁观者角度去发现社会事、记录社会事、做社会人。

八年级下册第四单元·活动

# 听说读写话演讲

周晓红

【学习课型】

主题专题课

【学习主题】

演讲

【学习内容】

统编教材八年级下册第四单元"活动·探究"有三个任务：① 学习演讲词；② 撰写演讲稿；③ 举办演讲比赛。

相关主题文章：《我有一个梦想》（马丁·路德·金）、《年轻人能为世界做什么》（刘媛媛）。

【设计意图】

《语文课程标准》中要求学生：能就适当的话题作即席讲话和有准备的主题演讲，有自己的观点，有一定说服力。

生活中，我们常常需要在某一特定的、正式的场合，面对听众把自己对某一问题或事件的看法较为系统地、全面地说出来，这就是演讲。

演讲词，是为演讲准备的文稿或演讲内容的记录，是一种直接面对听众，凭借口头表达，进行宣传、教育、思想交流的一种论说性文章。

【学习目标】

1. 学习演讲词，理解作者观点，感受演讲词的风格，获取有益的启示，把握演讲词的主要特点。

2. 了解写作演讲稿的常见技法，运用阅读所得，学习撰写演讲稿。

3. 通过多种方式学习演讲的技巧，进行演讲实践，举办演讲比赛，在"演讲—聆听—评议"的综合活动中提高在公开场合的表达能力。

4. 成果展示。

【课前活动】

1. 学生自读第四单元的课文。

《最后一次讲演》（闻一多）、《应有格物致知精神》（丁肇中）、《我一生中的重要抉择》（王选）、《庆祝奥林匹克运动复兴25周年》（顾拜旦）。阅读相关文章《我有一个梦想》（马丁·路德·金）、《年轻人能为世界做什么》（刘媛媛）。随时圈点勾画并做简单批注。

2. 查阅资料，了解演讲相关知识。

（1）演讲。

生活中，我们常常需要在某一特定的、正式的场合，面对听众把自己对某一问题或事件的看法较为系统地、全面地说出来，这就是演讲。《语文课程标准》中要求学生：能就适当的话题作即席讲话和有准备的主题演讲，有自己的观点，有一定说服力。

（2）演讲词。

属于议论文文体，具备较高的实用性，它的特点可以从内容和语言两个方面来进行总结。

① 内容上有三个特征。

a. 针对性：结合一定的背景及特殊情况，有的放矢，无泛泛之谈。

b. 启发性：通过充实的内容，晓之以理，使听众心悦诚服地接受演讲词要阐明的观点，明确努力的方向和行动的目标。

c. 感染力：语言明白晓畅，自然朴素，有感染力。

② 语言上有三个特征。

a. 句式运用：多用整散结合的短句，具有整饬美、音乐美，从而加强感情的表达。

b. 多用人称及称呼语，使演讲充满感情，富于感召力。

c. 多种修辞的灵活运用，使文章形象生动，富有极强的感染力。

3. 预估学生自读时可能存在的问题。

文体不明。可能把演讲词当作一般议论文来读，不会抓演讲词的特点。

【课中活动】

## 任务一：学习演讲词

**第一环节：细读《最后一次演讲》**

（设计意图：以此演讲词为例，了解演讲词的基本知识）

1. 整体感知。

（1）默读课文，说说闻一多演讲的主要内容是什么？

参考：

闻一多在李公朴的追悼会上义正词严地当众揭露、痛斥反动派的罪恶和卑劣行径，表达了对民主和平的坚定信心。

（2）整篇文章中作者的情感辐射到哪些对象？各是什么样的情感？

参考：

反动派——痛恨，憎恶，彻底失望。

牺牲者——悲伤，沉痛，自豪。

听众——热切，希望。

（3）根据提示，理清文章的结构层次。

参考：

第1~3段，痛斥国民党反动派暗杀而且诬陷的卑劣行径，歌颂李公朴为争取民主而献身的无上光荣。

第4~5段，揭露国民党反动派的虚弱本质，指明敌人必然灭亡，人民必然胜利的历史规律，鼓舞群众的斗志。

第6~7段，鼓舞群众发扬光荣传统，为争取民主和平而斗争，表达自己勇敢直前、不怕牺牲的坚强意志和决心。

2. 合作探究。

（1）文章从哪三个方面痛斥国民党反动派的卑劣无耻？请根据文章内容归纳。

参考：

第一，李公朴无罪而遭毒手，足见反动派卑劣无耻。

第二，要杀又不敢"光明正大"地打杀，只会偷偷摸摸地暗杀，更见其卑劣无耻。

第三，杀了人为推脱罪责，反造谣污蔑共产党，最见其卑劣无耻。

（三层意思逐层深入，彻底揭露了反动派制造暗杀事件的险恶用心）

（2）闻一多预言敌人"快完了"，人民一定胜利，有什么根据？请从文章中找答案。

参考：

第一，他们这样疯狂制造恐怖，这是他们自己在恐怖。

第二，杀死一个李公朴，会有千万个李公朴站起来。

第三，历史上没有一个反人民的势力是不被人民毁灭的。

3. 小结归纳：讲演者的观点。

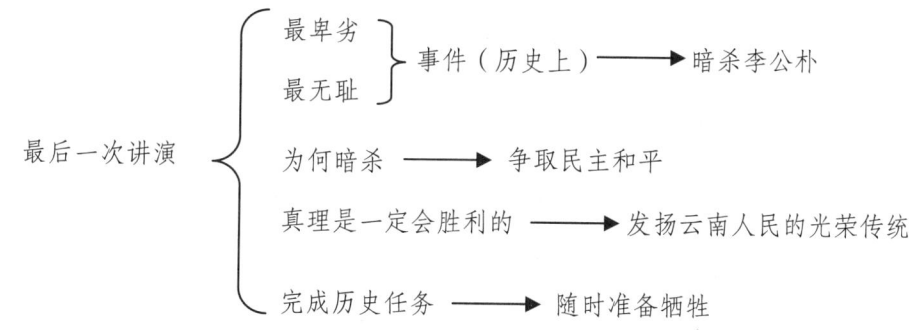

最后一次讲演 { 最卑劣 最无耻 } 事件（历史上）→ 暗杀李公朴

为何暗杀 → 争取民主和平

真理是一定会胜利的 → 发扬云南人民的光荣传统

完成历史任务 → 随时准备牺牲

文章主旨：

这篇演讲词围绕李公朴被害事件，揭露了反动派的无耻暴行和虚弱的本质，赞颂了烈士们的斗争和牺牲精神，鼓舞了人民为争取民主和平而斗争的信心和勇气，表达了自己热爱祖国、为革命事业不惜献身的斗争精神。

4. 写作特色。

（1）这篇演讲词有什么特色？

参考：

感情强烈，爱憎分明，富有战斗力和感染力。

（2）这篇演讲词为了传达作者强烈的感情，在行文上用了哪些方法？

参考：

句式、人称多变；富有感情色彩的词语；修辞。

① 褒贬色彩的词语形成强烈对比，表达讲演者的强烈的爱憎。

② 句式的灵活运用，具有格外感人的力量。

③ 反复、排比、对比的运用，更增加了表达的效果。

④ 人称代词不断变换，有利于配合讲演者表达感情。

## 第二环节：泛读其他演讲词

（设计意图：通过泛读，充分体会演讲词的特点）

1. 略读《应有格物致知精神》。

（1）本文论点：应有格物致知精神（课文标题）。

（2）全文分四部分。

第一部分（第1段），提出论题：中国学生应该怎样了解自然科学。

第二部分（第2~5段），举例证明传统的中国式教育的弊端是不重视真正的格物致知。

第三部分（第6~12段），理例结合，证明真正的格物致知是科学的实验精神。

第四部分（第13段），强调培养实验精神的重要意义。

小结：本文思路清晰，说理充分，极雄辩地阐明了"格物致知"精神的重要性。

2. 略读《我一生中的重要抉择》。

本文主要讲作者的第六个重要抉择：大力扶植年轻人。

（1）文章结构。

第一部分（第1段），交代自己当前的人生、思想状态，并引出演讲内容。

第二部分（第2~7段），讲述自己第六次的重要抉择，列举实例，使人警醒。

第三部分（第8~10段），表达出了自己的期待和美好的期许。

（2）小结归纳：作者思路。

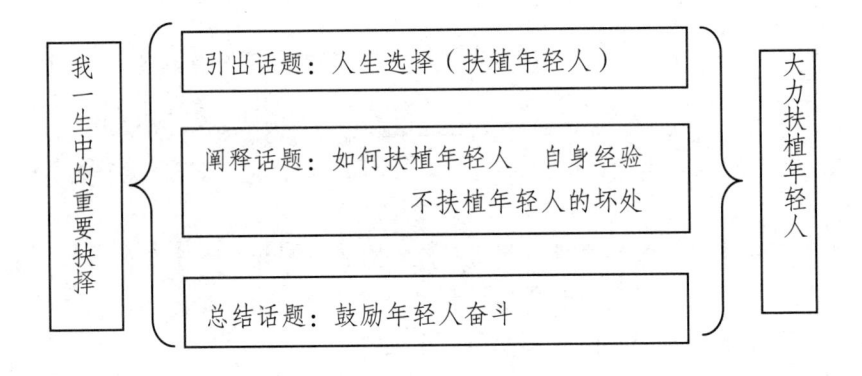

我一生中的重要抉择 { 引出话题：人生选择（扶植年轻人） / 阐释话题：如何扶植年轻人 自身经验 不扶植年轻人的坏处 / 总结话题：鼓励年轻人奋斗 } 大力扶植年轻人

3. 略读《庆祝奥林匹克运动复兴25周年》。

（1）文章结构。

第一部分（1）回顾过去5年，指出奥林匹克运动会的美好前景。

第二部分（2~7）指出恢复奥林匹克运动的原因，阐述了奥林匹克精神的内涵——大众参与、公平性、教育性。

第三部分（8~10）盛赞今天的聚会，憧憬美好的未来。

（2）文章主旨。

① 顾拜旦倡导的奥林匹克精神的内涵是什么？

参考：

大众参与，促进和平，促进公平，促进教育。

参考：

奥林匹克精神致力于让社会底层的人们接触到现代工业所塑造的各种锻炼形式，享受到强身健体的乐趣。

② 作者为什么倡导奥林匹克精神？

参考：

当时是历史的转折关头，第一次世界大战等重大事件导致世界政治格局剧变，形势严峻。"渴求进步但又常常因夸大某种正确思想而误入歧途的人类精神，开始致力于将青少年从平衡状态中挣脱出来。于是，青少年开始为呆板而复杂的教育枷锁所套牢，被在愚蠢的放纵和不明智的严厉交互作用下的道德说教以及拙劣肤浅的世界观所束缚。"世界应该重新找到和平，这就要求人们具有坚韧不拔的进取精神和克服一切困难的勇气与自信，那么促进人与自然、人与人之间和谐相处的奥林匹克精神就应肩负起这一使命。

4. 课外阅读《我有一个梦想》《年轻人能为世界做什么》，把握其观点及写作特色。（选文略）

表1　重庆市字水中学语文项目学习·学习演讲词成果评价量表

| 维度 | 状况 | | | 总评（按星评级） | 主要问题 | 再读建议 |
|---|---|---|---|---|---|---|
| | 很准确 ★★★ | 较准确 ★★ | 不够准确 ★ | | | |
| 主观点 | | | | | | |
| 内结构和内容 | | | | | | |
| 结语语言 | | | | | | |

（说明　总评优秀：8~9★；良好：6~7★；不太好：少于6★）

## 任务二：撰写演讲稿（演讲词）

### 第一环节：回顾演讲词的特点

1. 针对性。

（1）演讲词要有明确的目的性和针对性，不要空谈泛论。其话题要有很强的现实针对性：作者提出的问题是听众所关心的问题，要能为听众所接受并心悦诚服。这样，才能起到应有的社会效果。

（2）演讲词要关注听众各方面情况的。包括听众的年龄、职业、文化程度等客观情况，以及听众可能有的疑惑、情绪等主观情况。

（3）演讲词要预先考虑演讲现场的氛围。对内容和表达方式做有针对性地调整。

注意：以上目的都是为了保证演讲的效果。

2. 启发性。

要通过充实的内容，晓之以理，让听众心悦诚服地接受演讲词中阐明的意见和观点，明确努力的方向和行动的目标。必要的设问、反问，深入浅出的比喻、引用，是增强演讲词启发性常用的方法。

3. 感染性。

演讲词的语言要深入浅出，逻辑性强。让听众在听到每一句话的瞬间都能对讲话内容有最大限度的理解，好的演讲自有一种激发听众情绪、赢得好感的鼓动性。做到这一点，就要依靠思想内容的丰富、深刻，有独到之处，发人深思，语言表达要形象、生动，富有感染力。

### 第二环节：理清演讲词的结构

1. 开头。

演讲词的开头通常是对听众的呼语和开场白。呼语要得体。如在班里演讲要写上"老师们""同学们"等称呼。开场白的地位比较重要，好的演讲词一开头就应该用最简洁的语言、最经济的时间，把听众的注意力和兴奋点吸引过来，这样才能达到出奇制胜的效果。

2. 正文。

这是演讲词的主体部分。内容要丰满充实，有起伏波澜。结构要环环相扣，层层深入。这一部分的写作大体同于议论文，但语言要注意口语化。

3. 结尾。

这是演讲词的自然收束。应当言简意赅，余音绕梁，促使听者不断地思考和回味。有时也可以激情洋溢，使听者精神振奋。

### 第三环节：掌握撰写演讲词的技巧

1. 演讲词开头方式的撰写技巧。

注意写好开头，吸引听众的关注。

（1）开门见山法：直切主题。

（2）迂回带入法：列举引发共鸣的事实、数据；新奇的小故事等。

（3）要点提问法。

（4）出人意料法。

2. 演讲词主体部分的撰写技巧。

明确表达观点，把思路展现出来。

（1）观点明确，层次分明。可采用明显的语言标志：首先、其次、然后；第一、第二、第三；关联词语，过渡性语句；还可采用重复式语句等。

（2）表达方式多变。综合运用多种表达方式，适当穿插诗文、逸事等内容。

3. 演讲词结尾的撰写技巧。

精心设计结语，提升演讲的效果。

（1）重申观点，加深印象。

（2）提出号召，鼓舞人心。

（3）幽默调侃，逗笑大家。

（4）调动情绪，思考回味。

4. 演讲词语言的撰写技巧。

着力锤炼语言，增强演讲的感染力。

（1）口语化、大众化，避免使用文言、方言、生僻词语。

（2）多用短句，少用结构复杂的长句。

### 第四环节：精心撰写演讲词

1. 三个主题任选其一，写一篇演讲稿。

（1）我的梦想。

（2）让爱永驻心间。

（3）书香，伴我成长。

2. 写作要求。

（1）称谓要得体。开场白要有吸引力，能给听众一个良好的印象。

（2）结构要简单，论题要明确。

（3）要表达出真情实感来。

（4）运用修辞手法，使演讲词更有气势，更有感染力。

（5）请拟写一个较详细的提纲再写作。

### 第五环节：完善演讲比赛稿件

表2　重庆市字水中学语文项目学习·撰写演讲词评价量表

| 项目 | 要求 | 得分 | 总得分 |
|---|---|---|---|
| 主题 | 主题鲜明、深刻，观点正确，见解独到，符合主题内容 | | |
| 内容 | 内容充实、新颖，事例动人，贴近生活，富有鲜明的时代感 | | |
| 结构 | 结构完整合理、层次分明，详略得当 | | |
| 语言 | 行文流畅，用词精练，口语化效果 | | |

（说明　每一项10分。非常符合9~10分，符合7~8，基本符合5~6分。其他视为不合格，重写）

## 任务三：演讲比赛

### 第一环节：演讲技巧指导

1. 精彩的演讲词。

（1）确立明确的中心，表达新颖的主题。

演讲词应针对特定环境中的特定对象来选题，而且一篇演讲词只宜安排一个中心，这样才可能多层次多角度地将问题写深写透。最好表达出具有时代感的新颖主题，给人以新的认识和新的启迪，讲出新意来。（例文《爱迪生欺骗了世界》——马云的另类演讲。内容略）

（2）选择典型材料，借助形象说理。

演讲词应该选择那些具有代表性，而且对听众的情感具有影响力的材料。材料不在多，而在精，重要的是要能够证明演讲的中心，且富有说服力和感染力。

（3）结构要合理，思路要严谨。

演讲词主要是用于演说的，而现场演说有一听即过的特点。因此，演讲词的思路以简洁清晰为宜，以使听众易于理解和接受演讲的内容。

（4）情理交融，语言生动。

演讲词的语言风格多样，有的慷慨激昂，有的平易亲切，有的庄重严肃，有的风趣幽默。动之以情，晓之以理是演讲成功的基石。在语言中显露出真情实感，就容易营造出良好的演讲氛围。采用什么风格，要根据演讲的内容、演讲者的身份、演讲的场合和听讲的对象来确定。（例文《在马克思墓前的讲话》——恩格斯。内容略。在这篇演讲词中，恩格斯总结了马克思一生的伟大贡献，表达了全世界无产阶级对马克思的无比崇敬和哀悼之情。整篇文章情理交融，语言准确生动，富有极强的感染力）

2. 熟练的演讲技巧。

（1）独特的视角和切入点。

好的视角会带来好的观点，好的切入点能在最短时间内激发听众的兴趣，令听众很容易进入演讲者设计的语境。

（2）适当的激情。

符号演讲内容的适当的激情，能带动听众的情绪，从而带来好的演讲效果。

（3）演讲的技巧。

①肢体语言要自然恰当，包括手势、站姿、目光、表情。

②语速适中，富于变化。

③语音和语调适中，有起伏。

④突出关键词。

⑤适当的停顿。

⑥吐词有力，清晰。

⑦设计开头和结尾的形式。

（4）语言技巧。

①语言适度夸张。

②采用适当的问句。

③悬念设计。

④适当的排比。

⑤运用情景描述、比喻、类比等手法。

⑥适当的情绪调动。

3. 演讲的注意事项。

（1）演讲稿：先写好演讲稿，抓住演讲的重点内容，理解透彻，条理清晰。演讲内容备好，可以提高演讲时的自信。

（2）开场白，上台演讲时表情要自然，注意和观众眼神交流。

（3）恰当的肢体语言及语气、语调、语速。

（4）恰当地表达感情。注重以情动人，以情感人。

（5）注意服饰仪态。演讲者的穿着应该庄重、整齐，适合特定的环境。

（6）要提高应变能力。演讲时，环境可能发生变化，要有应变能力，处理意外的变故。

（7）有些场合可以适当和听众互动，活跃气氛，调动听众积极性，吸引听众注意力，防止听众因时间长了而疲劳走神。

### 第二环节：演讲比赛

1. 模拟演讲。

（1）观看演讲录像：《最后一次讲演》（闻一多）、《我有一个梦想》（马丁·路德·金）、《年轻人能为世界做什么》（刘媛媛）。

（2）学生可选取一篇或者一段学过的或者自己喜欢的演讲素材进行演讲。

（3）师生共评演讲者的得失。

注意：演讲要根据不同的演讲稿，不同的场合等确定具体的演讲策略。

2. 拟订比赛规则及评分标准（由同学和老师共同拟定）。

附："我的梦想·让爱永驻心间·书香伴我成长"主题演讲比赛比赛规则和评分标准

一、比赛规则

1. 比赛设两名主持人。

2. 各参赛选手以抽签方式确定出场顺序。

3. 每位参赛选手的演讲时间为5分钟以内，演讲满5分钟时由计时员提示，选手中止演讲。

4. 比赛由评委现场打分，但不当场亮分，选手演讲结束后，由计分人员统计选手的得分，在下一位选手演讲结束后进行公布。

5. 评委必须坚持准确、客观、公正的原则，按照评分标准进行打分。

6. 比赛采取百100分制，选手演讲结束后，由评委按照评分标准打分，计分人员去掉一个最高分和一个最低分后，统计出的平均分（保留小数点后2位），即为该选手的最后得分。

7. 比赛决赛设一等奖1名，二等奖2名，三等奖3名，所有获奖选手均颁发荣誉证书和物质奖品。决赛前设初赛和预决赛。

8. 比赛完后由一名学生评委和一名老师评委做点评。

二、评分标准

表3 评分标准表

| 评分项目 | 评分要点 |
| --- | --- |
| 演讲内容（40分） | 思想内容要紧紧围绕主题，观点正确、鲜明，内容充实、具体、感人（20分） |
| | 材料真实、典型、新颖，事迹感人，实例生动，体现时代精神（10分） |
| | 演讲结构严谨，文字简练流畅，构思巧妙，引人入胜（10分） |
| 语言表达（35分） | 用普通话，语言规范，吐字清晰，声音哄亮圆润（15分） |
| | 演讲表达清楚，流畅，自然（10分） |
| | 语言技术处理得当，语速恰当，语气、语调、音量、节奏有张有弛（10分） |
| 形象风度（15分） | 精神饱满，会运用姿态、动作、手势、表情等肢体语言（15分） |

续表

| 评分项目 | 评分要点 |
|---|---|
| 综合效果<br>（10分） | 着装、举止自然、得体，端庄大方，有风度，富有感染力（5分）<br>与听众共鸣，演讲效果良好，时间在5分钟左右（5分） |

3. 比赛分阶段进行。

第一阶段：组内演讲，选出小组代表。

第二阶段：班内演讲，选出班级代表。

参考流程：

（1）征求主持人。（两名，男女各一）

（2）主持人联系评委。（各组一名代表，可以找相关的老师）

（3）主持人联系记分员。（两名，一起算分，互相监督）

（4）主持人收集8名演讲者演讲稿，写主持人串词。

（5）演讲者可以找老师、同学帮助熟悉演讲内容、技巧。

（6）班内比赛，选出三名代表参加两班（同一年级）对垒比赛。

第三阶段：两班（同一年级）比赛。

（流程同上）

## 任务四：成果展示

小组合作制作《字水心语报·演讲专版》

1. 关于演讲的相关知识，包括著名演讲词，整理编辑成《字水心语报·演讲·相关知识》。

2. 修改整理自己创作的演讲词，分成三个主题制作成《字水心语报·演讲·学生演讲词作品展》。

3. 将演讲比赛的整个过程写成新闻报道，再编辑《字水心语报·演讲·演讲比赛报道》。

制作方法如下：

（1）收集、整理、加工各种资料，使之成为完整的演讲知识介绍文字

（2）编辑制作作品展，分成三个主题，每一个主题有卷首语。每一篇文章后有简评。

（3）报纸版面，可以有自己的小特色。比如栏行的划分和变化，线条、装饰和色彩的运用等。

【课后活动】

1. 收看演讲类节目，积累更多演讲技巧。

2. 按照所学演讲知识开展课前三分钟演讲活动，将所学运用到实践中去。

【学习反思】

演讲激热情　活动提能力

演讲词是一种实用性很强的文体。精彩的演讲不仅可以很好地传达出自己的人生理念，

对生活的认识，甚至可以给他人带来巨大的影响。梁启超的《少年中国说》《敬业与乐业》，丘吉尔的《我们将战斗到底》，马丁·路德·金的《我有一个梦想》等等给了我们许多精神的营养。今天的许多演讲类电视节目之所以吸引了人们的眼球，也源于这些演讲会带给人们的人生启迪。

初二阶段的学生集中学习一些演讲方面的知识，既能读得懂别人的演讲词，听得懂别人的演讲，从他人那里获得更多的人生体验；也能通过撰写演讲词，传达出自己的人生感悟；还能通过开展演讲活动，提高语言表达能力。

本单元的教学，主要从读，写，听，说几个方面进行，同学们不仅系统地掌握了一些演讲的知识，还具备了一定的写作演讲稿的能力以及一定的演讲技巧。同学们热情地投入到演讲他人的作品，创作自己的演讲词，演讲自己的演讲词的活动中。反复打磨演讲词，主动请教演讲技巧，背诵演讲稿，不亦乐乎！特别是在准备与他班的演讲比赛中，更是不遗余力，集体荣誉感、团体精神都显露了出来。更值得一提的是最后让同学们做的《字水心语报·演讲专题》的成果展示活动，以"演讲知识—学生演讲词作品展—演讲比赛报道"的形式展开，让同学们从演讲知识储备到演讲知识运用，再到演讲与新闻的结合，呈现出一种能力层级的提升，切实地体现了这种活动探究课对同学们综合能力的培养。

活动探究课，只要方法得当，组织有序有力，同学们的参与积极性会很高，我们应该给同学们提供更多的平台。

## 八年级下册第五单元·活动

# 即席讲话提能力

杜在琴

**【学习课型】**

主题综合课

**【学习主题】**

即席讲话

**【学习内容】**

统编教材八年级下册第五单元:"即席讲话"

**【设计意图】**

《语文课程标准》对口语交际的要求是"能就适当的话题作即度讲话和有准备的主题演讲,有自己的观点,有一定说服力。"

口语交际是一种综合素质,是知情意行的统一体,它要求学生在日常人际交往中,不但要会听、会说,还得讲究文明礼貌。但现在的语文课堂,大部分学生缺乏主动讲话的意识,即使发言也是对教师提出的问题作答,而且大都是对已有知识和文本原有信息的阐述,缺乏深度思考和独特见解,还经常出现语无伦次、词汇匮乏、抓不住问题要点、条理性差、语言组织能力薄弱等情况。学生即席讲话能力和水平亟待进一步提高。

**【学习目标】**

1. 了解即席讲话的概念及其特点。
2. 学习克服即席讲话紧张心理的方法。
3. 通过创设情境进行思维训练,提高应变能力和即席讲话能力。

**【课前活动】**

1. 收集名人即席讲话的有关资料,小组交流。
2. 参观"春·熙公益画展"。

("春·熙公益画展"是重庆市江北区有关单位为实现重庆市字水中学一位身患绝症却酷爱绘画的坚强女孩张熙苓的夙愿而举办的个人画展。参加此活动,既教育学生,又为创设即席讲话情境做准备)

3. 小组准备即席讲话情境或话题。

**【课中活动】**

## 活动一:演一演

福建师大中文系的卢佳音在以《假如没有改革开放》为题的演讲中,本来准备的开头是:

今天我做了一个小小的统计，刚才上台的 18 位演讲选手当中，穿着 14 种款式的衣服，10 种颜色，9 种发型，除了性别，一如既往的只有两种之外，我们的色彩变得丰富了，选择变得多元了。这就是改革带给我们的真真切切的变化。可是假如没有改革呢，这些丰富的色彩就将退出今天的画面，而大家呢，则不分男女，统一着装，先背毛主席语录，再喊政治口号，想想吧，这样的日子多么枯燥。

但是，临场，她觉得这样引起共鸣的力度还不够，就把稿子改动了：

谢谢大家的掌声！我分析了一下，掌声这么热烈有三个原因：一我是师大的学生，鼓掌的都是我的啦啦队；二是，大家都累了，累坏了，精疲力竭，终于是最后一名选手上台了，可以松一口气了；三是，我今天穿得还算漂亮。我之所以这样穿着打扮站在这里，实际上是改革的功劳。

——选自《语文学习》2014 年第 1 期

请两位同学分别演说两种开头，比较一下引起共鸣力度的差异产生的原因。

（设计意图：明确即席讲话要有目的，有临场性，语言要得体等）

## 活动二：品一品

品读两则优秀的即席讲话，学习即席讲话的三个特点：临场性、针对性、简洁性。

第一则

1936 年 10 月 22 日，鲁迅先生的灵柩在上海万国公墓安葬，出版界代表邹韬奋即席讲话，他说："今天天色不早，我愿用一句话来纪念鲁迅先生：有的人是不战而屈，鲁迅先生是战而不屈。"

第二则

**莱特兄弟的即席讲话**

美国莱特兄弟飞机试飞成功之后前往欧洲旅行，在法国的一次欢迎酒会上，各界人士聚集一堂，再三邀请莱特演讲，他盛情难却，于是说道："据我所知，鸟类中最会说话的只有鹦鹉，而鹦鹉是飞不高的。"

——选自《修辞学理论新探与现象分析》，中国文联出版社 2004 年版

（设计意图：1. 明确什么是即席讲话。2. 学习即席讲话的三个特点：临场性、针对性、简洁性）

## 活动三：试一试

### 第一环节：《春·熙》画展

1. 请在《春·熙》画展上对身患绝症的学姐张熙苓表达祝福。
2. 请代表全体同学接受"重庆电视台·今天教育"栏目的现场采访。

（设计意图：1. 对孩子们进行思想教育和情感引导。2. 试试即席讲话要分清场合、情境和对象）

### 第二环节："真假田汉"

1929年1月，著名戏剧家田汉率南国社从上海到南京演出。陶行知郑重邀请南国社下乡演出。晓庄师范的师生和农民们在大礼堂"犁宫"举行了盛大的欢迎会，陶行知致了热情而又幽默的欢迎词。他说："今天，我是以'田汉'的资格欢迎田汉。晓庄是为农友而办的学校，农友是晓庄师生的朋友，我们的教育是为种田汉而办的教育。所以我是以一个'种田汉'代表的资格，在这儿欢迎田汉……"田汉高兴地作了答词，他说："陶先生说，他是以'田汉'的资格欢迎田汉，实不敢当！我是一个假'田汉'，陶先生是个真'田汉'。我这个假'田汉'，能够受到陶先生这个真'田汉'以及在座的许多真'田汉'的欢迎，实在感到荣幸！我们一定要向真'田汉'学习，让革命的艺术同'田汉'大众携起手来！"他们两人的讲话赢得了全场热烈的掌声。

田汉和陶行知先生的讲话为何获得全场掌声的？

参考：言之有物，就地取材，随机而发。

### 第三环节：情境再现

1. 清明扫墓——言之有序（即有条理）。

创设情境：执教老师小学时代表全校同学在烈士墓前讲话的情境再现。

**资料助推 1：**

克服紧张心理的方法是微闭眼，深呼吸，手握紧，慢放松，默数数，心神静……

**资料助推 2：**

即席讲话"黄金万能公式"：回顾昨天，对比今天，展望明天。

**资料助推 3：**

即席讲话结构方式有纵式、横式、总分式、并列式、递进式等。

小结：即席讲话要言之有序。

2. 获奖感言——言之有"色"（即"特色"）。

#### 不说一句话

1948年，珍惠曼因在《心声泪影》中成功地扮演了一个聋哑人而获奖。在颁奖大会上，她的答谢词既简单又机巧。她说："我因一句话没说而获奖，我想我该再一次闭嘴"。

——摘自《语文教师教学用书》八年级下册

评价：这是一次成功的即席讲话。讲话者把自己的获奖感言和所演的角色联系起来，加深了观众对其角色的印象。她也因简洁明了的讲话，再次给观众留下了深刻的印象。

小结：即席讲话要言之有"色"。

## 第四环节：小试牛刀

随机抽取各小组课前准备的话题，练习即席讲话。
1. "不忘初心　砥砺前行"主题班会发言
2. "因为爱·献出爱"国旗下讲话
3. 《夏之风吟》假期自编书获奖感言
4. "对于网红该不该追捧"辩论会正方（反方）发言
5. 电影《反贪风暴》观后感
6. 对"杜牧墓地变菜地"的看法
7. "隐形栋梁程开甲"追悼会上的悼词
……

（设计意图：1. 引导学生由留意身边—了解社会—关注世界，由学习生活—娱乐追星—人生哲思，开阔视野，学以致用。2. 引出即席讲话的八种开场和六种结尾方式）

**资料助推 4：**

1. 八种开头，一鸣惊人。
（1）开门见山　　（2）语出惊人　　（3）制造悬念　　（4）自嘲幽默
（5）故事案例　　（6）触景生情　　（7）旁征博引　　（8）设问疑问
2. 六种结尾，余音绕梁。
（1）总结式　　（2）幽默式　　（3）号召式
（4）高潮式　　（5）决心式　　（6）名言式

**【评价活动效果】**

表1　重庆市字水中学语文项目学习·即席讲话活动课评价量表

| 维度 | 状况 |  |  | 总评（据星评级） | 主要问题 | 再讲建议 |
|---|---|---|---|---|---|---|
|  | 很准确 ★★★ | 较准确 ★★ | 不够准确 ★ |  |  |  |
| 言之有物 |  |  |  |  |  |  |
| 言之有序 |  |  |  |  |  |  |
| 言之有"色" |  |  |  |  |  |  |

（说明　总评优秀：8~9★；良好：7~8★；不太好：少于7★）

## 活动四：讲一讲

### 第一环节：同学讲话

请同学就本课学习情况做点评。

（设计意图：及时检测即席讲话效果）

### 第二环节：老师寄语

一人之辩，重于九鼎之宝；三寸之舌，强于百万之师。

——《战国策·东周策》

【课后活动】

1. 每天在"字水书院·直播间"开展即席讲话活动，使同学们养成观察、思考、表达的习惯。
2. 选取优秀的即席讲话，在自创微信公众平台"字水书院"里推送。

附：板书设计：

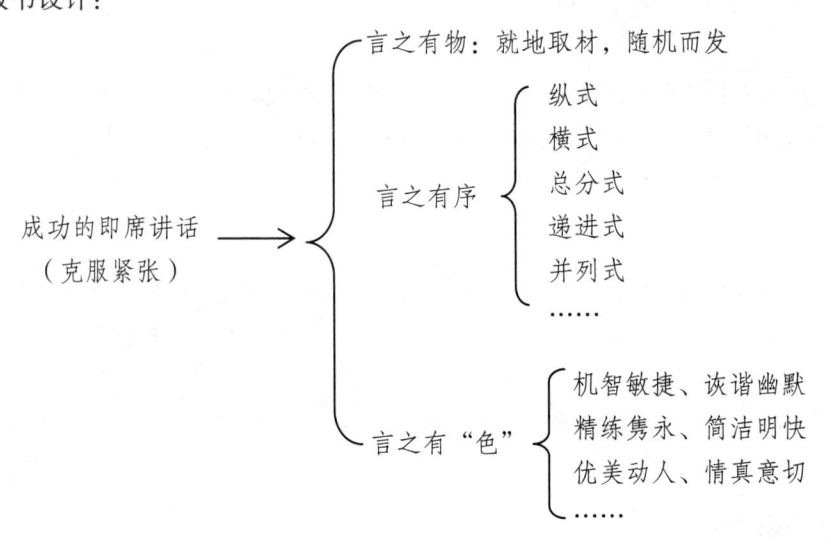

成功的即席讲话（克服紧张）
- 言之有物：就地取材，随机而发
- 言之有序
  - 纵式
  - 横式
  - 总分式
  - 递进式
  - 并列式
  - ……
- 言之有"色"
  - 机智敏捷、诙谐幽默
  - 精练隽永、简洁明快
  - 优美动人、情真意切
  - ……

【学习反思】

#### 即席讲话提能力

口语交际以听话、说话为基本表现方式，但它绝对不是听话、说话的简单相加，而是基于一定的话题，或陈述事实，或抒发情感，或议论评析，展开交流，从而达到特定的交际目的。所以说口语交际能力是以听话、说话能力为核心，包括交往能力在内的一种综合能力。尤其是即席讲话，对学生的思维能力和语言表达能力有更高的要求。

针对学情，确立了比较恰当的学习目标。首先了解即席讲话的概念及特点，然后学习如何克服即席讲话时的紧张心理。在此基础上，再创设情境进行思维训练，提高应变能力和即席讲话能力。自认设计较好的环节是"品一品"和"试一试"。先品读两则优秀的即席讲话，有了一定的感性认识，再创设情境"试一试"来学习"即席讲话"的三要素，最后回到生活场景中"小试牛刀"，这就由学知识到用知识，由学学法到用学法，进而完成知识和能力的迁移，达成目标。

整堂课，不仅训练学生的语言表达能力，更关注学生思维的训练，真正提高其应变能力和即席讲话的能力。

## 九年级上册第四单元·活动

# 走进小说天地

杨文静

**【学习课型】**

主题活动课

**【学习主题】**

小说的品读

**【学习内容】**

统编教材九年级上册第四单元:"走进小说天地"

统编教材推荐名著:《水浒传》

**【设计意图】**

《语文课程标准》明确指出：综合性学习主要体现为语文知识的综合运用、听说读写能力的整体发展、语文课程与其他课程的沟通、书本学习与生活实践的紧密结合。综合性学习应突出学生的自主性，重视学生主动积极的参与精神，主要由学生自行设计和组织活动，特别注重探索和研究的过程，要加强教师在各环节中的指导作用。综合性学习应强调合作精神，注意培养学生策划、组织、协调和实施的能力。本活动方案旨在培养学生自主探究、合作学习、深入思考的能力。这些能力的训练都是在对人物的分析和情节的梳理中展开的。

**【学习目标】**

1. 通过自主探究，梳理阅读书目，拟写"好书推荐语"，交流阅读感受，陶冶高尚情操。

2. 通过合作学习，抓住人物的肖像和性格特征，概括主要情节。

3. 在读懂小说的基础上，能够对人物命运做出合理的推断，尝试创作小说。

**【课前活动】**

1. 教师准备。

① 根据名著导读的有关内容，推荐学生阅读文学名著《水浒传》。

② 梳理读过的小说，编成一份完整的书目，向同学推荐自己最喜欢的一部小说，并写好推荐语。

③ 课前将全班同学分成四个学习小组，围绕"走进小说天地"的话题，力求以多种形式读《水浒传》。分配任务如下：第一小组给本单元所学课文或者《水浒传》中的主要人物编写小说人物履历卡；第二小组根据人物的外貌特征、性格特点，为水浒人物用语言"画"像。第三、四小组自编自演课本剧《风雪山神庙》或《智取生辰纲》。

2. 学生准备。

（1）自主探究：

① 整理书单，编写"好书推荐语"，为课上交流做好准备。
② 用两周时间阅读《水浒传》，做好读书笔记，为分组活动做准备。
（2）分组合作：
① 按照划分的四个小组，合作完成该小组对应的活动任务，准备课上交流。

【课中活动】

## 任务一：有奖竞猜·走进小说天地

1. 听歌猜名。
播放《三国演义》主题歌《滚滚长江东逝水》，《水浒》主题歌《好汉歌》，《西游记》主题歌《敢问路在何方》，《红楼梦》主题歌《枉凝眉》，《三生三世之十里桃花》主题歌《凉凉》，《花千骨》的主题歌《年轮》，请同学们说出歌的名字，分别与哪部作品有关。（设计意图：音乐激趣）

2. 读"对"猜人。
猜猜与下面这副对联有关的小说的名字和它的作者。
"写鬼写妖高人一等，刺贪刺虐入木三分。"
参考：
《聊斋志异》；蒲松龄

3. 读"联"猜书。
下面这副对联暗含了金庸的哪些作品？
"飞雪连天射白鹿，笑书神侠倚碧鸳。"
参考：
上联——《飞狐外传》《雪山飞狐》《连城诀》《天龙八部》《射雕英雄传》《白马啸西风》《鹿鼎记》。
下联——《笑傲江湖》《书剑恩仇录》《神雕侠侣》《侠客行》《倚天屠龙记》《碧血剑》《鸳鸯刀》。

过渡语：
小说就像是一部部生活的教科书，引领我们了解丰富多彩的大千世界，陶冶性情，净化灵魂。今天就让我们携手一起，走进神奇的小说天地。

## 任务二：好书推荐·畅谈独特感受

学生活动：
1. 学生分成四人小组，交流自己整理的书目。
2. 朗读课前拟写的"好书推荐语"，向同学推荐自己最喜爱的一部小说。
3. 各小组评选出最好的推荐语，在全班交流展示。

## 任务三：形象勾勒·梳理人物履历

过渡语：

　　小说家通过对生活的细致观察和深刻体验，借助超凡的想象力，用语言塑造了一个个鲜活的人物形象，下面有几段同学们用文字给小说人物"画"的像，大家能猜出他（她）是谁吗？

　　学生活动一：猜猜他是谁？（主持人：第一小组组长）

　　（展示本小组成员对人物肖像或性格的精彩描写，由其他三组同学用抢答的形式来猜人物的名字。）

　　（1）他，排行第二，人称二郎。一双眼光射寒星，两弯眉浑如刷漆，身长八尺，浑身上下有千百斤气力，是个顶天立地的男子汉。他有勇有谋，胆大心细，刚烈正直。他是梁山泊一名虎将，在他的身上，寄托了人民战胜邪恶势力的理想。他就是——（行者武松）

　　（2）她很早就死了父母，寄人篱下。她多愁善感，孤高自许，秉着"质本洁来还洁去"的高尚情操，执着地维护自己的尊严和个性自由。她才华横溢，文思奇妙，诗社里多次独占鳌头。她的爱情婚姻却受到了封建家长的干涉。她葬落花，焚诗稿，以死与黑暗的社会做最后的抗争。她是作者用心上的血、眼中的泪塑造的不朽形象。她就是——（林黛玉）

　　（3）他没有什么模样，使他可爱的是脸上的精神。头不很大，圆眼，肉鼻子，两条眉很短很粗，头上永远剃得发亮。腮上没有多余的肉，脖子可是几乎与头一边儿粗；脸上永远红扑扑的，特别亮的是颧骨与右耳之间一块不小的疤——小时候在树下睡觉，被驴啃了一口。他不甚注意他的模样，他爱自己的脸正如同他爱自己的身体，都那么结实硬棒；他把脸仿佛算在四肢之内，只要硬棒就好。是的，到城里以后，他还能头朝下，倒着立半天。这样立着，他觉得，他就很像一棵树，上下没有一个地方不挺脱的。他就是——（骆驼祥子）

　　（4）他家穷得几乎什么东西都没有，他的妻子自从嫁给他以后，一年连猪油都难得吃上两三回，想去参加考试连盘缠都要向别人借，可是他还是死心塌地地热衷于科举考试，当得知自己金榜题名以后，他竟然欢喜至极而导致发疯。他就是——（范进）

　　（5）他是一个专横的沙皇警犬，但同时也是一个见风使舵的变色龙。作为一个沙皇政权的走狗，他具有专制、蛮横、欺凌百姓等特点。他同时还具有趋炎附势、对弱者耀武扬威、欺下媚上、随风转舵等特点。因此他也是一个厚颜无耻的两面派。这两方面的特点构成了他的完整的性格——"变色龙"。他就是——（奥楚蔑洛夫）

过渡语：

　　每个人物都有一段不平凡的经历，也正因为这些经历才使人物变得鲜活。我们除了用直接描写的方法向大家推荐人物，我们还可以通过人物卡片的形式，让人物一目了然。下面就让我们一起欣赏大家做的人物卡片。

　　学生活动二：人物履历卡大展示

　　要求：抓住与人物相关的主要事件，并用一句话评价人物。由其他小组同学评选优秀者，

汇编成人物履历小册。（主持人：第二小组组长）

示例：

孔乙己履历

姓名：姓孔名不详。

籍贯：鲁镇。

年龄：五十多岁。

出生年月：晚清（具体不详）。

学历：童生。

特长：写得一笔好字。

主要优点：不拖欠酒钱，善良而且热心。

主要缺点：好喝懒做、偷东西、迂腐、死要面子。

工作生活经历：

① 读过书，但终于没有进学。（大半生考功名）

② 替人家抄抄书，连人和书籍、纸张、笔砚一齐失踪。（顺手牵羊）

③ 偶然做些窃书的事，被吊打。

④ 常去咸酒店喝酒，受人嘲笑。

⑤ 分茴香豆给孩子吃。

⑥ 教小伙计识字。

⑦ 因偷丁举人家的东西，被丁举人打断了腿。

⑧ 倒立着用手走路并喝酒。（笑声中出场，笑声中退场，用手走着退场）

总评价：孔乙己是个热衷功名，轻视劳动，好喝懒做，死要面子，迂腐可笑而又不乏诚实、善良的读书人。

## 任务四：经典再现·展现自我风采

（主持人：第三、四小组组长）

学生活动：

1. 课前准备，每组推选一位编剧，一位导演，选择全组中最好的剧本自导课本剧《风雪山神庙》《智取生辰纲》。

2. 课堂表演，时间各为20分钟以内。

3. 评比最佳导演、最佳编剧、最佳演员、最佳小组。

**【课后活动】**

1. 合理想象，尝试创作小说。

《水浒传》中有很多悲情的人物，比如宋江。他的一生是曲折的，先是仗义英雄，梁山首领，后来接受招安，成为朝廷忠臣，最后还是得不到朝廷信任，难逃一死。他这样的悲惨的结局是否命中注定呢？如果他没有选择招安，他的命运会不会改写呢？请选择《水浒传》中的一个英雄人物，合理想象，尝试对人物的命运进行改写。请以《如果我是_____》为题进行小说创作，字数不少于600字。

**【活动评价】**

表1　重庆市字水中学语文项目学习·走进小说天地活动评价表

| 活动主题 | | 活动组长 | | |
|---|---|---|---|---|
| 姓名 | | 指导教师 | | |
| 评价内容（按A、B、C、D四个等级评价） | | 自评 | 组评 | 师评 |
| 活动准备 | 积极参与 | | | |
| | 主动与同学配合 | | | |
| | 认真听取同学的建议 | | | |
| 实践活动 | 善于收集整理资料 | | | |
| | 敢于表达自己的看法 | | | |
| | 认真完成组长分配的任务 | | | |
| 活动成果 | 及时完成成果交流，积极主动 | | | |
| 我的感想 | | | | |
| 同学对我说 | | | | |
| 老师对我说 | | | | |

**【学习反思】**

让小说点亮人生　让活动提升素养

　　这次活动课实际上是一次小说的读书报告会。因此，我课前先布置学生回忆自己的阅读经历，将以前读过的小说整理成一份完整的书单，并选择最喜欢的一部拟写"好书推荐语"向同学推荐。学生通过相互交流，既扩大了阅读视野，又激发了学生的阅读兴趣。

　　课中活动时，我采取一些生动活泼的形式：为人物"画"像，为人物写履历，表演课本剧等，使学生成为课堂真正的主角。这些活动既培养了学生主动探究、团结合作、勇于创新的精神，又让学生在自主活动中全面提高了语文素养。

　　课后活动，我选择了改写人物命运的形式。这就要求学生在深入了解人物的一生后，大胆想象，对人物提出自己独到的看法。其实这是从价值观上对学生提出要求，鼓励学生各抒己见，写下自己独特的读书体验。

　　本次活动课，全体学生参与度高，收获颇丰。学生真正走进了小说，读懂了情节，读懂了人物，也读懂了作者。

九年级上册第六单元·活动

# 一个人·一座园·一本书
## ——《刘姥姥进大观园》阅读设计

陈小刚

【设计意图】

关于阅读教学，《语文课程标准》中提到"要重视培养学生广泛的阅读兴趣，扩大阅读面，增加阅读量，提高阅读品位"，"加强对课外阅读的指导，开展各种课外阅读活动，创造展示与交流的机会，营造人人爱读书的良好氛围"。《红楼梦》属于有阅读品位的经典著作，也是学生耳熟能详但不一定涉猎过的书籍。《刘姥姥进大观园》正好是利用课内文章带动课外阅读，扩大阅读面，增加阅读量，提高阅读品位的表现。即使在忙碌的初三，也不妨继续坚持阅读，使阅读成为一种终身受益的习惯。

"欣赏文学作品，有自己的情感体验，初步领悟作品的内涵，从中获得对自然、社会、人生的有益启示。对作品中感人的情境和形象，能说出自己的体验；品味作品中富于表现力的语言。"因此，设计一堂课，让学生去梳理故事情节，通过刘姥姥所看、所做、所说，揭示人物形象，尤其关注细节描写中的人物形象。

"重视培养学生的创新精神和实践能力"，"尤其要注重激发学生的好奇心、求知欲，发展学生的思维，培养想象力，开发创造潜能，提高学生发现、分析和解决问题的能力，提高语文综合应用能力"。因此，设计这堂课时，通过对缺席的薛宝钗进行质疑探讨，初步了解曹雪芹的留白艺术。

"语文教师应高度重视课程资源的开发与利用，创造性地开展各类活动，增强学生在各种场合学语文、用语文的意识，通过多种途径提高学生的语文素养。"学语文，用语文，增强学生的语用意识，也是中考乃至未来语文学习的一个方向。因此，在熟悉课文情节及《红楼梦》思想的基础上，通过课堂的讲解思考，课后的查阅资料及影视资料的补充，将《刘姥姥进大观园》的情境再现于课堂，更能激发学生学习兴趣，语文课的创新及活力便能体现得淋漓尽致。

### 《刘姥姥进大观园》第一课时

【学习课型】

主题专题课

【学习主题】

走进古典小说

【学习内容】

统编教材九年级上册第六单元：《刘姥姥进大观园》阅读导趣

【学习目标】

1. 默读全文，勾画出场人物、人物所处的地点变化以及相关语言描写。
2. 了解作者曹雪芹，梳理《红楼梦》人物关系及主要故事情节，激发阅读兴趣。

【课前活动】

1. 阅读《红楼梦》原著前六回，查阅刘姥姥、贾宝玉、林黛玉、薛宝钗等人物资料，并完成作者资料表。

表1　作者资料参考表

| 作者 | 重要评价 | 主要成就 | 背景介绍 |
| --- | --- | --- | --- |
| 曹雪芹（约1715—约1763），名霑，字梦阮，号雪芹，清代小说家。 | "至于说到《红楼梦》的价值，可是在中国底小说中实在是不可多得的。其要点在敢于如实描写，并无讳饰，和从前的小说叙好人完全是好，坏人完全是坏的，大不相同，所以其所叙的人物，都是真的人物。总之自有《红楼梦》出来以后，传统的思想和写法都打破了。——它那文章的旖旎和缠绵，倒是还在其次的事。"——鲁迅 | 《红楼梦》位列四大名著之首，封建社会的百科全书，古典小说的巅峰之作。 | 曹雪芹活动于雍正、乾隆时期，家族的衰落，让曹雪芹晚年过着"举家食粥酒常赊"的生活。贵族生活与穷困生活的巨大落差，以及生平所见奇人奇事，让他写就了"满纸荒唐言，一把辛酸泪"的《红楼梦》 |

2. 学情预估：没有读过《红楼梦》，搞不清《红楼梦》人物关系，不理解《红楼梦》的伟大与精妙。

【课中活动】

## 活动一：看一看原文

要求：标出段落（共11段），勾画文中出场人物以及人物所处地点的变化，标注各不同人物的语言描写。

1. 课文中出现的人物：（依次出现）

贾母（老太太）、刘姥姥、凤姐、王夫人、三妹妹（探春）、李纨、鸳鸯、琥珀、薛姨妈、宝玉、湘云、黛玉、宝钗、迎春、惜春、板儿、仆人（婆子、丫鬟、媳妇）。

2. 课文中出现的地点：潇湘馆、紫菱洲蓼溆、秋爽斋晓翠堂。
3. 语言描写：以鸳鸯、凤姐、刘姥姥语言为主要对象。

小结：刘姥姥进大观园——洋相百出/看花了眼。

## 活动二：说一说人物及情节

1. 曹雪芹。（略）
2. 贾母。
3. 众多人物关系。

4. 刘姥姥与贾府的关系。("刘姥姥一进荣国府",本文是二进荣国府)
5. 主要故事情节。

(设计意图:训练学生听说能力)

小结:刘姥姥进大观园,从外人的角度写贾府的繁华与衰败,她作为一个王府兴衰的见证者,也是曹雪芹笔下非常重要的人物,她走进大观园会给读者带来什么样的阅读体验呢?将在《刘姥姥进大观园》第二课时介绍。

【课后活动】

再读《刘姥姥进大观园》,再次查阅《红楼梦》相关章节以熟悉人物关系。

## 《刘姥姥进大观园》第二课时

【学习课型】

主题专题课

【学习主题】

走进古典小说

【学习内容】

统编教材九年级上册第六单元:《刘姥姥进大观园》阅读方法指导

【学习目标】

1. 梳理故事情节。弄清刘姥姥进大观园后看到了什么,做了些什么,说了些什么。
2. 学会从细节分析人物形象的刻画。

【课前活动】

以分小组的形式交流初读感受。

【课中活动】

过渡语:同学们经过上一课时的学习,想必很想知道刘姥姥进大观园到底发生了什么趣事,那么让我们一起随着刘姥姥进入大观园吧。

## 活动一:刘姥姥进大观园之所看——阅读、勾画、分类

标注刘姥姥走过的大观园地名,并注明见到了哪些人,见到了哪些稀奇东西,请画出刘姥姥进园的路线图。

1. 走过的地点:潇湘馆、紫菱洲蓼溆、秋爽斋晓翠堂。

提示:潇湘馆(林黛玉住处,略写);紫菱洲(贾迎春住处,略写);秋爽斋(贾探春住处,详写)

2. 见到的人及人物关系:

长辈——贾母、王夫人、薛姨妈。

平辈——李纨、凤姐、宝玉、黛玉、宝钗、迎春、探春、惜春。

丫鬟——鸳鸯、琥珀、众婆子、丫鬟。

（重点叙写凤姐与鸳鸯的捉弄，贾母众人的笑）

3. 见到的稀奇：大房子、梯子、小屋子、船。

4. 饭前餐具准备：食盒：摄丝戗金五彩大盒子、乌木三镶银箸、老年四楞象牙镶金筷、小楠木桌子、鸽子蛋。

5. 饭前人人吃茶。

6. 吃饭有先后：李纨、凤姐、鸳鸯后吃饭。

7. 吃饭的规矩：吃饭按人物等级亲疏分桌而食、吃饭有人服侍。（漱盂、麈尾、巾帕之物）

8. 吃饭要热闹，不要冷清：凤姐鸳鸯的提前安排。（因此才有歇后语"刘姥姥进大观园——洋相百出"）

小结：细节中见大气派，王府气象铺垫愈深，后面的喜剧效果更明显。

## 活动二：刘姥姥进大观园之所乐——赏析、交流、讨论

合作探究：一次吃早饭，为何写得如此出彩？为何成为经典片段？请与小组同学交流讨论，特别注意人物的言行。

### 第一环节：刘姥姥吃鸽子蛋

刘姥姥吃鸽子蛋却未夹到嘴里，因为……

可笑之一：蛋之奇形——刘姥姥的食物（客观原因）

鸽子蛋小巧，刘姥姥没有见过，且只有刘姥姥一人享有鸽子蛋；刘姥姥使用的筷子（老年四楞象牙镶金筷子）。四棱的方筷子，如何能夹起圆溜溜的鸽子蛋？

可笑之二：言之搞笑——刘姥姥的语言（语言描写）

① "这个叉巴子，比我们那里的铁锹还沉，那里拿的动他？"（村人本色）→引起众人大笑。

② "老刘，老刘，食量大如牛：吃个老母猪，不抬头！"（言语粗俗、幽默、有趣、饭前表演助兴）→引起众人大笑（历来为文人称道的一段细节描写）。

③ 这里的鸡儿也俊，下的蛋也小巧，怪俊的。我且得一个！（拍马屁，说脏话）→引起众人再次大笑。

④ 这个菜里有毒，我们那些都成了砒霜了！那怕毒死，也要吃尽了。→引起贾母疼爱。

可笑之三：行之夸张——刘姥姥的动作（动作描写）

"刘姥姥便伸筷子要夹，那里夹的起来？满碗里闹了一阵，好容易撮起一个来，才伸着脖子要吃，偏又滑下来，滚在地下。忙放下筷子，要亲自去拣……"

小结：刘姥姥的村俗与世故与贾母的豪富、等级、礼数的反差，引起了喜剧效果，鸳鸯、凤姐的逢迎，众姊妹的不拆台……

### 第二环节：一石激起千层浪——众人之笑反映出各自的性格特征

贾母这边说声"请"，刘姥姥便站起身来，高声说道："老刘，老刘，食量大如牛：吃个

老母猪，不抬头！"说完，却鼓着腮帮子，两眼直视，一声不语。众人先还发怔，后来一想，上上下下都一齐哈哈大笑起来。湘云①掌不住，一口茶都喷出来。黛玉②笑岔了气，伏着桌子只叫"嗳哟"！宝玉③滚到贾母怀里，贾母④笑的搂着叫"心肝"，王夫人⑤笑的用手指着凤姐儿，却说不出话来。薛姨妈⑥也掌不住，口里的茶喷了探春一裙子。探春⑦的茶碗都合在迎春⑧身上。惜春⑨离了坐位，拉着他的奶母，叫"揉揉肠子"。地下⑩无一个不弯腰屈背，也有躲出去蹲着笑去的，也有忍着笑上来替他姐妹换衣裳的。独有凤姐鸳鸯二人⑪掌着，还只管让刘姥姥。——《刘姥姥进大观园》第7段

贾府饭桌上的人物形象：

① 湘云：性格直爽、活泼可爱。

② 黛玉：柔弱文静。

③ 宝玉：地位特殊。

④ 贾母：疼爱宝玉。

⑤ 王夫人：沉稳、老练。

⑥ 薛姨妈：防不胜防，失态。

⑦ 探春：大气、豪放。

⑧ 迎春：可有可无，性格懦弱。

⑨ 惜春：柔弱。

⑩ 地下的人：无一不笑，姿态各一。

小结：每一个人的笑都符合各自的身份、地位、性格，曹雪芹巧妙地将其刻画出来，惟妙惟肖，令人折服。

## 活动三：刘姥姥进大观园之所悟——场面描写，刻画人物性格

请以与班级有关的某个生活场景为例，写作一个片段，效仿曹雪芹写众人大笑的方法，写出同中之异。

学生片段选摘：

当陈老师一走进教室，躁动的我们即刻安静下来。是他的"杀气"让我们噤若寒蝉吗？非也！转动眼珠子，瞅瞅同桌，感到他似笑非笑。再看看前面同学的背影，似乎有抽动又忍住的趋势。这种状况，让观察细微的我预感肯定有什么不对。再看看陈老师一脸严肃，似要发飙。我们不就是课前没有静息到位嘛，不至于让陈老师借此发火吧？此刻，我感到同学们的眼睛都盯着陈老师的那个脑袋。聚焦，凝神，才发现了怪异之处。原来，陈老师今天的发型有点爆炸，突破了以往的形象。"噗嗤"，我没有忍住，尴尬地一笑，糗大了。没有想到的是，我这一笑，引发了哄堂大笑。坏坏的同桌赶紧撇清干系，"陈老师，是他，不是我。"安静的场面又炸开了。陈老师一脸发懵，就近问了第一排的小张同学，边笑边用手指指陈老师头发的小张，告诉了陈老师我们大笑的秘密。于是，一脸严肃化为春风，陈老师跟我们一起笑了起来。

（点评：学生模仿大观园饭桌一笑，临时编写，生动逼真，较好地刻画出场景中众人的表现）

课堂总结：围绕刘姥姥进大观园之所看、所乐、所悟，懂得《红楼梦》是一部世情小说。它与历史演义《三国演义》、英雄演义《水浒传》、神魔小说《西游记》共同构成古典小说中的四大名著。世情小说以展示个人生活场景和人物心理见长。因此阅读《红楼梦》需要在字句中找到一些有所思的地方，反复咀嚼，才能领会古典名著之妙。在把握人物性格的同时，探讨其性格形成的原因。同时结合具体描写，感受古代白话小说的艺术特色。

——参考教材第 139~140 页的《古典小说读书方法指导》

【课后活动】

再读并仔细揣摩课文第七段关于众人之笑的描写，再次感受各具特色的人物形象和精妙的刻画手法。

## 《刘姥姥进大观园》第三课时

【学习课型】

主题鉴赏课

【学习主题】

走进古典小说

【学习内容】

统编教材九年级上册第六单元：《刘姥姥进大观园》阅读鉴赏

【学习目标】

1. 回答薛宝钗的缺席是曹雪芹的有意还是无意。探讨其缺席是否有意义。
2. 初步感受曹雪芹的留白艺术，学习其"不写之写"。（难点）

【课前活动】

查阅薛宝钗的章节，了解宝钗与宝玉、黛玉之间的感情纠葛，了解其性格及为人。

【课中活动】

活动一：浏览"大观园"——"走进大观园"

活动二：定位第七段——"全都齐了吗"

活动三：一问连一问——"宝钗在何处"

问题1：在安排座位的时候明确安排了薛宝钗的座位，但轮到描写众人之笑时，独独没有写宝钗。这是作者的失误，还是版本不同造成的。"学而不思则罔"，学生如果就这个问题进行深入思考，便会发现薛宝钗真的在众人之笑中被遗失。

参考：宝钗从刘姥姥的身上看到了自己的影子。刘姥姥的装乖卖俏，以牺牲自尊为代价，讨得贾府上下的欢心，目的还是很明显：打秋风。农村人质朴的本质与实在的特质，加上刘姥姥精于人情世故，与凤姐、鸳鸯配合的这出"苦肉计"在心思单纯的众姐妹眼中无一不是新鲜、刺激、好玩的。唯独在家道中落，入京待选失败的薛姨妈一家眼中，重振家庭的担子，便落在了果敢大方、赢得人心的宝钗身上。同是依附贾府，宝钗自然收敛性格，得到贾府上下的欣赏。但不管如何伪装，宝钗毕竟是玲珑心，一点就透。当她看到装疯卖傻的刘姥姥在眼前被大家取笑时，她是否想到了自己的身世与在贾府的尴尬处境。因此，不笑便是最好的反抗。但写宝钗不笑，只会适得其反，也会破坏大观园上下和乐的气氛。然而，所有人的注意力都在刘姥姥身上，又有谁会关注到宝钗呢？只有曹雪芹将宝钗放在了"不写之写"中，仔细的读者便会发现，在这欢乐的喜剧中也暗含了心酸。联系课文节选的整第四十回"史太君两宴大观园，金鸳鸯三宣牙牌令"的细节描写，我们便会发现贾府在"烈火烹油，鲜花着锦"之盛后的步步衰败。只有细心才能慢慢找到蛛丝马迹。宝钗的身份与刘姥姥有差别，因此宝钗的悲只能在心里，她不会成为第二个刘姥姥，但也受不了一个同样寄食的人在眼前提醒自己家道已中落。

问题2：人们都喜欢拿宝、黛做比较，黛玉笑，难道她意识不到自己也是寄人篱下吗？为何多愁善感的黛玉竟会笑得肚子疼，而宝钗却不笑呢？

参考：黛玉更多的是自然性情的流露。刘姥姥的粗俗可笑本就可笑，值得笑。

问题3：湘云身世亦悲，为何她笑得最豪放？

参考：她的性格与宝、黛不同，率先第一个笑，其实也是她性格大大咧咧，不矫揉造作的体现。

小结：通过两两对比，更能发现人物的不同形象，更能对不同的人物了然于胸。因此，阅读的过程中，思维能力的培养非常重要，它是语文核心素养的体现。

精彩片段"众人之笑"，一方面可以看出曹雪芹的笔力之雄之细，也看出曹雪芹对人情刻画之深之毒，每个人在他的笔下都形神兼备，活灵活现。从侧面也可看出《红楼梦》不愧为中国古代小说四大名著之首、明清小说的集大成者。

（设计意图：通过对《刘姥姥进大观园》场面描写的分析，引导学生课外去阅读《红楼梦》更多的章节，实现读整本书、读原著、扩大阅读量的目的）

【课后活动】

搜索电视剧版《红楼梦》中刘姥姥二进荣国府的剧情，加深课堂印象，形象直观地了解相关的人物形象。

## 《刘姥姥进大观园》第四课时

【学习课型】

主题展示课

【学习主题】

走进古典小说

【学习内容】

统编教材九年级上册第六单元：《刘姥姥进大观园》阅读"成"真

【学习目标】

1. 表演课本剧，让人物形象生动鲜活，让贾府的热闹氛围再现于课堂上。展示学习成效。
2. 进一步感受《刘姥姥进大观园》里人物形象和众人的思想感情，感受古典小说的魅力。

【课前活动】

观看 1987 年版《红楼梦》第 16 集《刘姥姥嬉游大观园》影视资料，编写剧本，招募演员，准备道具，请相关老师指导语言动作，利用课余时间排练两周。

【课中活动】

1. 表演课本剧。
2. 教师点评。

【课后活动】

抽时间继续阅读《红楼梦》原著，感受古典小说的魅力。

【学习反思】

### 深入浅出品经典 涵泳品藻读文章

深入才能浅出，对古典名著的阅读教学，需要涵泳其间，品藻其味。由一个人，带我们游一座园，结识一本书，了解一个时代，在"满纸荒唐言，一把辛酸泪"中，我们更能体会古典小说的经典魅力。四个课时下来，我有如下思考：

1. 初三学习任务重，学业压力大，时间安排上比较紧张。因此需要提高课堂效率及做好前期的阅读安排。磨刀不误砍柴工，让学生懂得阅读，爱上阅读，才是本堂课的最终目标。这个目标的实现，需要老师的耐心和学生的配合。

2. 课堂的容量，时间的处理，学生的反应及文中人物形象的自然生成是难点。

3. 问题的抛出是否自然？是否在学生理解能力范围内。解读如何让学生信服？学生是否解读得更到位？是否存在最合理的解释？任务重，需要准备的资料多。

4. 古典小说单元的学习，需要真正走进人物形象，真正激发学生的阅读兴趣及表达欲望，才能学有所获。

# 附　录

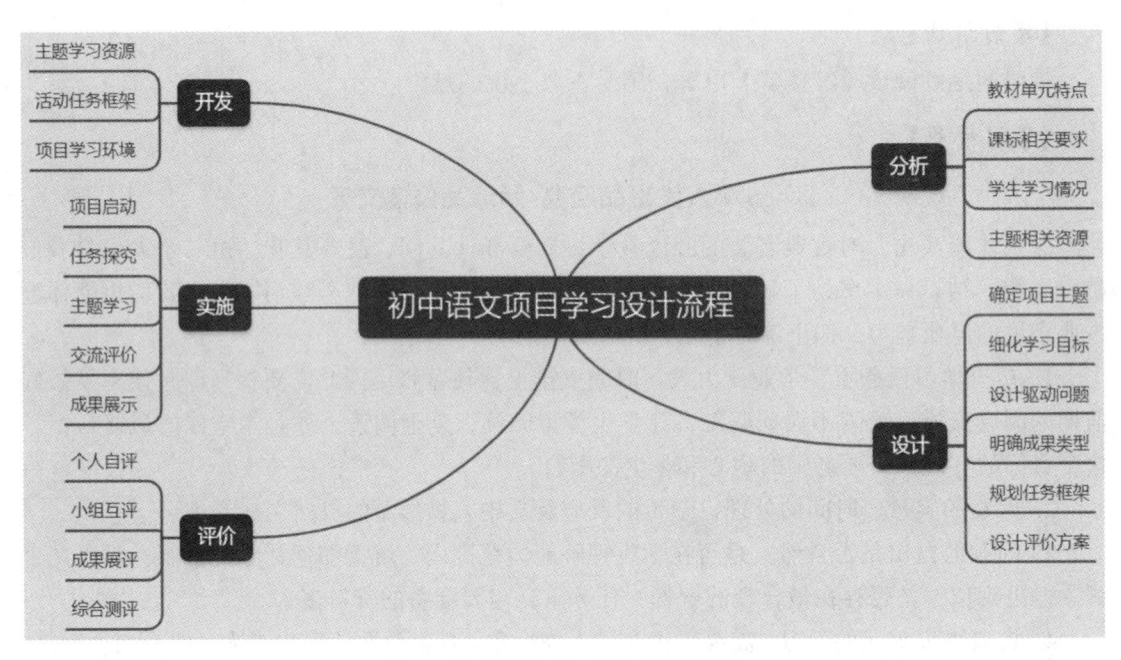

图 1　初中语文项目学习设计流程

表1  重庆市字水中学"初中语文项目学习·自主学习 合作探究"多元评价表

| | A 等 | B 等 | C 等 | 自评 | 互评 | 师评 |
|---|---|---|---|---|---|---|
| 学习态度 | 学习态度积极，学习兴趣浓厚 | 学习态度良好，有一定的学习兴趣 | 参与学习活动兴趣不大 | | | |
| 合作情况 | 1. 合作意识强，能组织小组学习，且经常提出好的建议<br>2. 能和同学共同承担任务，完成任务良好<br>3. 在小组活动中积极分享 | 1. 有时能组织小组合作学习，并能提出一些建议<br>2. 能承担责任，能完成学习任务<br>3. 能在小组活动中分享 | 1. 听小组成员提出建议<br>2. 在小组成员帮助下，基本能完成任务<br>3. 有时能在小组活动中分享 | | | |
| 知识获取 | 1. 发现问题、提出问题积极主动，常能提出解决问题的多种方法<br>2. 熟练运用多种方法搜集信息 | 1. 能发现问题，提出问题，有时能提出解决方法<br>2. 会用多种方法搜集信息 | 1. 有时能发现问题，思考片面，不能独立解决问题<br>2. 搜集信息方法单一，不会筛选信息 | | | |
| 能力提高 | 1. 读：朗读流利，声情并茂，能准确表达情感<br>2. 写：表达准确并有创意。自主互评作文，能自如地与他人交流写作评改心得<br>3. 听、说：能专注倾听同学和老师发言并能准确判断对方的真实意思。积极回应别人发言<br>4. 思：深入思考问题，基本能把握事物本质或规律 | 1. 读：朗读顺畅，读音正确，能表达情感<br>2. 写：表达文从字顺，能互相评改作文，能与他人交流写作心得<br>3. 听、说：能倾听同学和老师的发言。能回应别人发言<br>4. 思：能思考问题，能找出事物本质或规律 | 1. 读：能顺利读完文章，有时能表达情感<br>2. 写：表达基本清楚，能参与作文评改<br>3. 听、说：有时能倾听同学和老师的发言。在他人的提醒下，能回应别人发言<br>4. 思：有一定思维能力，在同学帮助下能明白事物本质，找出联系 | | | |
| 最终成果 | 达到学习目标，能体现个性化学习过程，成果丰富，形式多样，有自己独到的观点或主张 | 基本达到学习目标，基本能够体现个性化学习过程，有自己的观点或主张 | 部分达到学习目标，个性化学习过程体现不充分，有一些自己的想法 | | | |

表2 重庆市字水中学"初中语文项目学习·作文"评价量表

| | A等 | B等 | C等 | 自评 | 互评 | 师评 |
|---|---|---|---|---|---|---|
| 立意30% | 观点鲜明,情感真挚,中心明确,有时代感 | 符合题意中心较明确,情感真实 | 基本符合题意,中心基本明确,情感基本真实 | | | |
| 选材20% | 内容具体、材料恰当充实、题材新颖、有个性 | 内容较具体,材料较恰当,题材平实 | 内容不够具体,有材料,题材空泛 | | | |
| 构思20% | 结构完整、详略得当、材料能恰当表现中心 | 结构基本完整,有详略,材料基本能表现中心 | 结构不够完整,详略不够得当,材料不能表现中心 | | | |
| 语言25% | 语言流畅、生动,句意明确、语义连贯,有文采 | 语言通顺,句意较明确连贯 | 语言不够通顺,基本能表达自己意思 | | | |
| 书写5% | 字体端正美观、卷面整洁 | 字体工整规范,卷面较整洁 | 卷面不够整洁,字迹较清楚 | | | |

# 后　记

2019年底,我们到贵州为"国培计划(2019)——贵州省中西部项目青年教师助力培训"做了一场题为《基于核心素养的教与学方式变革》的专题讲座。会后有老师说我们的课程改革走在统编教材的改革之前。细思量,我们开展的"初中语文项目学习的实践与评价研究"课题确和统编教材有不谋而合之处。

"初中语文项目学习的实践与评价研究"的课题是在"语文主题学习"课题基础之上逐步演变、完善、深化而来的。

经过六年的实践与研究,我们最大的收获就是构建了"以阅读写作为抓手,学生活动为支架,学习评价为阶梯"的"四位一体"学习体系。这和统编教材编写框架及体例结构"阅读+写作+综合性学习/口语交际/名著导读/古诗词诵读"有相通之处。

以前的教学,老师们更多强调老师"教",忽视学生"学",教学主体不清,教学目的不明。开展课程改革以来,我们坚持以学生为本,守正创新,突出语文核心素养的培养。针对学生读书较少、阅历较浅、眼界较窄、格局较小的现状,除了要求阅读义务教育《语文课程标准》推荐的名著,更为其配备了"语文主题学习"丛书(每期6本,3年36本),初中3年共增加了千万字的阅读量,这契合了统编教材总主编温儒敏教授"读书为要"的理念。

面对统编教材,老师们一开始有点迷糊。在专家们的指导和学校领导的引领下,经过语文组同仁的团结协作、细心研究、实践提炼,终于改变过于强调单篇教学的状况,进而强调由单篇文章学习到更多同类文章或整部作品学习的整合,更好地起到举一反三的作用。同时,还强调由课内向课外的延伸,从而改变学生普遍读书太少的状况。

在教学实践中,老师们用心设计,仔细推敲,反复磨课,悉心修正,精心提炼,几易其稿,今天终于结集成册。它是老师们呕心沥血之作,殚精竭虑之果。愿与语文同仁共享之。

由于编著者水平有限,定有偏颇和不足之处,敬请各位专家及语文同行批评指正。感激不尽!

杜在琴<br>2020年5月